Events – Erlebnismarketing für alle Sinne

EBOOK INSIDE

Die Zugangsinformationen zum eBook inside finden Sie
am Ende des Buchs.

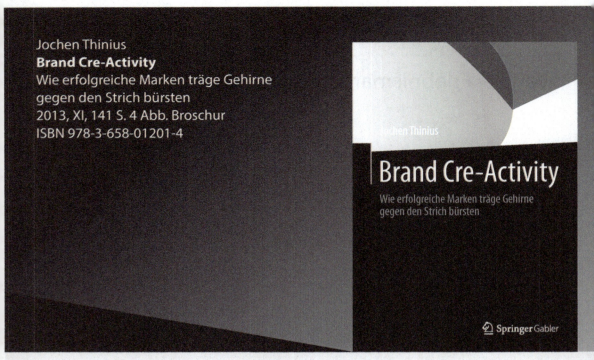

Jochen Thinius • Jan Untiedt

Events – Erlebnismarketing für alle Sinne

Mit neuronaler Markenkommunikation
Lebensstile inszenieren

2., überarbeitete Auflage

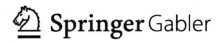

Jochen Thinius
Essen, Deutschland

Jan Untiedt
Dortmund, Deutschland

ISBN 978-3-658-07134-9   ISBN 978-3-658-07135-6 (eBook)
DOI 10.1007/978-3-658-07135-6

Die Deutsche Nationalbibliothek verzeichnet diese Publikation in der Deutschen Nationalbibliografie; detaillierte bibliografische Daten sind im Internet über http://dnb.d-nb.de abrufbar.

Springer Gabler
© Springer Fachmedien Wiesbaden 2013, 2017

Lektorat: Manuela Eckstein

Gedruckt auf säurefreiem und chlorfrei gebleichtem Papier

Springer Gabler ist Teil von Springer Nature
Die eingetragene Gesellschaft ist Springer Fachmedien Wiesbaden GmbH

Vorwort zur ersten Auflage

Im Zeitalter des Internets als dem vielleicht wichtigsten Kommunikationsmedium überhaupt stellen sich im Verkauf, aber auch in der Bewerbung von Produkten und Marken eine Vielzahl von Fragen: Wie kann man heute neue Käufergruppen erschließen? Wie kann man vorhandene Käuferschichten binden? Und mit welchen Mitteln lassen sich diese Ziele erreichen?

Bei diesen spannenden Fragestellungen ist unbestritten: Markenkommunikation führt nur zum Vertriebserfolg, wenn man die Menschen wesentlich direkter erreicht als in einer Zeit, in der es nur ein paar TV-Sender gab und das AIDA-Modell Geltung hatte. Bei der Vielzahl der Kommunikationskanäle heute und dem damit verbundenen Informationsüberfluss zählen wieder stärker individuelle Emotionen, Nähe und Anerkennung unter den Menschen, die aus Produktsicht so gerne in verschiedene Zielgruppen „zerlegt" werden. Um diese Grundannahme beweisen und gleichzeitig wichtige Erkenntnisse für eine Marke gewinnen zu können, fand im Auftrag der Bitburger Braugruppe GmbH eine Event-Studie beim Public Viewing anlässlich der UEFA Fußball-Europameisterschaft 2008 in der Arena in Recklinghausen mitten in der Stadt auf dem Rathausplatz statt. Die aus dieser Studie gewonnenen Erkenntnisse über Emotionen, Nähe, Anerkennung, aber auch Liebe stellen die Grundlage für dieses Buch dar. Diese Erkenntnisse werden in der Zukunft weitreichende Konsequenzen für Produktanbieter und Marken haben. Es geht um das Erreichen der Menschen.

Wir sind davon überzeugt, dass in Zukunft nur die Produkte und Marken erfolgreich sein werden, denen es gelingt, die Menschen ganzheitlich mit all ihren Sinnen zu treffen, einzubinden und gleichzeitig dabei eine ergänzende – integrierte – Kommunikation über verschiedene Kommunikationskanäle durchzuführen, mit dem Ziel, das Unbewusstsein der Menschen zu erreichen. Denn nur so sind Kaufanreiz, Neukundengewinnung und Kundenbindung möglich. Mit dieser Betrachtungsweise sind wir mit unseren unterschiedlichen Berufserfahrungen an dieses Buch herangegangen. Neben der Event-Studie geht es auch um eine Betrachtung von Events in der Vergangenheit bis in die heutige Zeit, die sich sowohl mit Fakten, aber auch mit Interpretationen und Sichtweisen der heutigen Gesellschaft befassen. Teilweise provokativ, vielleicht polarisierend, sicherlich auch mit philosophischen Tendenzen. Alles in allem aber in jeder Hinsicht mit dem Wunsch, das Denken in den Köpfen der Menschen anzuregen und Veränderungsprozesse einzuleiten.

Aufgrund der Kommunikationsvielfalt sind bereits vielzählige Veränderungsprozesse in unserer Gesellschaft erfolgt. Nun müssen Produkte, Marken, Organisationen, Strategien und Denkhaltungen nachziehen. Dabei wird es kein Patentrezept geben. Aber wir sind davon überzeugt, dass Events und Eventmarketing im Sinne einer integrierten Kommunikation ein hervorragendes Instrument darstellen, um Menschen in der heutigen Zeit nachhaltig zu erreichen. Eine Marke, der es gelungen ist, nachhaltig in der Erinnerung und somit im Unbewusstsein seiner Kunden zu bleiben, wird auch der Gewinner bei der Kaufentscheidung des Kunden sein.

Entdecken Sie für sich die gültigste aller Währungen im zukünftigen Erlebnismarketing, den „share of heart", und verabschieden Sie sich ein bisschen vom „share of market", vom „share of voice" oder dem berühmten, aber deshalb nicht effektiveren Media-Leistungskriterium, dem Gross Rating Points.[1]

Essen/Dortmund, im Juni 2012   Jochen Thinius
                                                                          Jan Untiedt

---

[1] Bruttoreichweite in Prozent innerhalb des Zielgruppenpotentials.

Vorwort zur 2. überarbeiteten Auflage

Wo stehen wir heute? Sind wir gerade noch in 2.0 oder schon in 3.0 oder gar in 4.0? Ganz gleich, wie Sie und wir das einstufen, in diesem Buch, einer intensiv überarbeiteten Neuauflage, geht es um das Marketing nach dem Marketing. Unserer Auffassung nach können das nur Events für alle Sinne sein.

Im Vergleich zur ersten Auflage ist die vorliegende Ausgabe eine noch größere Herausforderung, weil sie Fragen stellt. Diese 2. Auflage stellt insbesondere in den neuen Kapiteln *Geometric-Feeling* und *Trance* Fragen, mit denen Sie sich möglicherweise noch nicht beschäftigt haben. Sie erhalten generell und grundsätzlich Antworten zu diesen Zukunftsperspektiven – keine philosophischen Ausführungen, sondern Handlungsvorschläge, die Ihnen Möglichkeiten eröffnen, aus einem Event für die bekannten fünf Sinne ein Event für mindestens acht oder neun Sinne zu machen.

Nehmen Sie uns beim Wort und gehen Sie mit uns diese Sinn-Pfade – vollkommen unabhängig davon, ob wir gemeinsam bei 3.0, 4.0 oder 5.0 stehen. Speziell in diesen Bereichen geben wir klare Antworten, statt knackig und allfällig klingende Marketing-Floskeln herunterzubeten. Das Buch beantwortet nicht nur die Fragen nach dem „Warum", sondern auch nach dem „Wie", nach dem „Was" und nach den Werten – und das in einer Zeit, in der viele an der Beerdigung von AIDA und ähnlichen überkommenen Methoden noch nicht teilgenommen haben.

Dortmund und Essen im Januar 2016

Jochen Thinius
Jan Untiedt

Das Danke!

Philosophen und auch Soziologen sind sich in einer Auffassung einig:

Ein Danke verweist darauf, dass Bücher nicht durch Vereinzelung entstehen, sondern über viele Kontakte. In diesem Sinne daher ein

herzliches Dankeschön an alle Herz-Kontakte dieses Buches:

Anna Stollwerk

Adelheid Klipphahn-Kramer

Inge Haubrich

Laura Kleinsimlinghaus

Ein Manual und kein Manual

Braucht man für ein Buch ein Manual? – Eigentlich nicht! Aber dennoch sei uns der Hinweis erlaubt, dass das vorliegende Buch so gelesen werden kann, wie neuronales Erlebnismarketing funktioniert. Kreuz und quer, mal hinten mal vorne, mal in der Mitte, vielleicht auch chaotisch – ganz wie es beliebt. Wir denken und wissen, dass auch das Gehirn in seiner Funktion überwiegend chaotisch arbeitet. One-two-three-Listen, lineares Abarbeiten von Tagesordnungspunkten gibt es nicht.

Dieser Hinweis soll Ihnen die Begegnung mit dem Buch und einer sehr ungewöhnlichen und neuen Sichtweise auf das „Marketing nach dem Marketing" erleichtern. Neuronales Marketing arbeitet selektiv oder so wie eine Kerze, die Sie an zwei Seiten anstecken können. Deshalb ist es eigentlich gleichgültig, ob Sie erst die Einführung lesen und anschließend zwei Hauptkapitel oder bei der Zusammenfassung anfangen und über die Literaturliste in die Einführung einsteigen. Neuronales Vorgehen hält das nicht nur aus, sondern erwartet es geradezu, weil wir es schon immer so gemacht haben oder machen wollten. Sie können dieses Buch selektiv lesen und nutzen und werden feststellen, dass Sie, auch wenn Sie an einem x-beliebigen Punkt einsteigen, diesen Punkt ausreichend und – wie wir hoffen – möglichst auch mit hohem Interesse lesen und erfassen, dann aber auch zu weiteren Kapiteln inspiriert werden. Wir glauben, dass sich dann das, was wirklich kommuniziert wird und ins Unbewusstsein dringt (volkstümlich häufig als Unterbewusstsein bezeichnet), besser verankert. Ihr Gehirn mag es eigentlich nicht, wenn Sie von Anfang bis Ende alles der Reihe nach abarbeiten.

Probieren Sie doch einmal aus, ob Sie mit diesem Lese-Nutzungs- oder Kreuz-und-quer-Aufnahmeverhalten von Inhalten nicht genauso weit oder sogar weiter kommen als mit dem „gewohnten" Leseverhalten. Vielleicht haben Sie sich in der Vergangenheit auch schon häufiger dabei ertappt, dass Sie mal ein Buch ganz gerne von hinten gelesen haben oder zunächst auszugsweise? – Das wäre ganz in unserem Sinne, denn das ist Neuro-Marketing live! Diese Vorgehensweise bringt Ihre Vernetzungsaktivitäten mit neuen Synapsenverbindungen in Ihrem Kopf nachgewiesenermaßen in Schwung. Vielleicht klappt es nicht direkt von Anfang an, aber nach ein bis zwei Kapiteln schweifen Sie doch einmal ab und verhalten sich so, wie die kognitiven Strukturen des Gehirns schon immer waren.

Machen Sie sich die Aufnahme des Stoffes leicht und stellen Sie für sich selber fest, was bei Ihnen schließlich im Oberbewusstsein, dem sogenannten expliziten System, und was vielleicht im Unbewusstsein, dem impliziten System, landet.

Wir wünschen Ihnen viele Anregungen, Spaß, Vergnügen und professionelles Wissenstanken!

Inhaltsverzeichnis

Abbildungsverzeichnis

Die Autoren

Jochen Thinius war viele Jahre Berater, Creative Director und geschäftsführender Gesellschafter in verschiedenen internationalen Design- und Kommunikationsagenturen (Grey, McCann Erickson, Thinius/Partner). Seit 1982 ist er geschäftsführender Gesellschafter der Thinius/Partner Institut für Zukunftsforschung und angewandte Kreativität GmbH. Darüber hinaus ist er Dozent für Kommunikationspsychologie, Rhetorik und Ästhetik mit den Fachgebieten tiefenpsychologische Basisforschung, Story-Telling und Story-Building sowie Neuromarketing.
E-Mail: jochen.thinius@thinius-partner.de
Internet: www.thinius-partner.de

Jan Untiedt verfügt über langjährige Erfahrung im Eventmarketing. Bei Coca-Cola, WDR Eins Live (Tochterunternehmen) und der Bitburger Baugruppe war er u.a. für die Konzeption sowie Implementierung von Eventmarketing und Kundenbindung verantwortlich. Er arbeitete als Projektleiter bei der Fußball-WM 2006 in Deutschland und war beratend bei der UEFA Europameisterschaft 2008 (Österreich/Schweiz) tätig. Darüber hinaus entwickelte er u.a. neue Vertriebs- und Hochschulmarketing-Konzepte in Hochschulen und setzte sie erfolgreich um. Er ist Gründer und Inhaber eines eigenen Beratungsunternehmens und zudem als Dozent für Marketing, Eventmarketing und Corporate Communication tätig und coacht junge Menschen bei der Fragestellung „Abi und was dann?".
E-Mail: jan.untiedt@macsis-united.com
Internet: www.macsis-united.com

Was sind, was wollen, was sollen Events?

Zusammenfassung

Ein Ausflug in die historische Entwicklung von Eventmarketing, hin zur Abgrenzung von Eventmarketing gegenüber Sponsoring sowie Sales Promotion und schließlich ein Halt bei den Anforderungen an Eventmarketing aus heutiger Sicht.

Events kommen immer öfter, es gibt sie immer häufiger, denn sie bieten auch mehr! Sie bieten mehr als das klassische Instrumentarium des Marketings, so unsere These. Denn spätestens seit der Nutzung des Internets werden die klassischen Marketing-Konzepte und ihre klassischen Medien, zumeist Printmedien, immer mehr in Frage gestellt. Die Verlage kämpfen um Aufmerksamkeit und Unternehmen haben Schwierigkeiten, ihre zentralen Botschaften wirkungsvoll zu kommunizieren. Events dagegen finden immer häufiger – mit Erfolg – statt.

Liegt es daran, dass die Media-Leistungsdaten der klassischen Printmedien oft nur so viel wert waren wie das Papier, auf dem sie gedruckt waren? – Oder geht es um noch etwas anderes, nämlich darum, dass im Zeitalter der kommunikativen Überflutung, des „information-overload" oder gar der „Kommunikationsbesoffenheit," nur noch das wirkt, was gut inszeniert und subtil konzipiert in die Tiefen des menschlichen Bewusstseins eindringt? – In der heutigen Zeit geht es um Wirkung. Doch was verschafft heute Wirkung? Welche Marketing-Konzepte erreichen nachhaltige Wirkung und was sollen sie bezwecken? Wachstum oder eher Kundenbindung? Oder beides?

Marketing und Kommunikation müssen heute tiefer gehen, um beim Individuum Wirkung zu erzielen. Das Gehirn des Menschen nachhaltig zu erreichen, das wird die entscheidende Aufgabe sein, die ein erfolgreiches Marketing zu bewältigen hat.

Im menschlichen Gehirn gibt es zwei Arten von Aufmerksamkeit: eine explizite, klar gerichtete, eher eng gefasste Aufmerksamkeit und eine implizite, die peripher wirkt und eine viel größere Speicherkapazität aufweist als die explizite. António Damásio[1] beschreibt diesen Vorgang in abgestuften Ausprägungen zwischen den Instanzen Bewusstsein und Aufmerksamkeit als eine Art sich ständig wechselseitig beeinflussender Aufwärts- oder Abwärtsspirale. Entscheidender Katalysator ist die implizite Aufmerksamkeit, die Prozesse in Gang setzt, die das explizite Kernbewusstsein hervorbringt.

---

[1] Damásio (2007a, b).

© Springer Fachmedien Wiesbaden 2017
J. Thinius, J. Untiedt, *Events – Erlebnismarketing für alle Sinne*,
DOI 10.1007/978-3-658-07135-6_1

Jedes Gehirn ist anders – die neuronale Struktur eines jeden Menschen ist unterschiedlich. Marketing – insbesondere Eventmarketing – zielt auf das implizite System. Es ist in kommunikativer Hinsicht ein neues Festzelt geworden, insbesondere deshalb, weil langsam klar wird, dass kommunikative Ströme, Informationen, Botschaften, Anzeigen, Prospekte und TV-Spots, wenn sie im expliziten System, also in der Ratio bleiben, nur wenig bewirken. Der Verstand, die Vernunft und alle anderen Gedankenkonstrukte, die dazugehören, sortieren aus – und zwar gnadenlos!

Jeder Mensch unterscheidet sich in der neuronalen Struktur und damit in seiner Persönlichkeit insofern signifikant vom anderen, als dass ein ständiger Selektionsprozess abläuft, der das scannt, was schon da ist und Neues mit bekannten Bildern und Mustern vergleicht. Für das Marketing stellen sich in diesem Zusammenhang vielfältige Fragen:

- Welche Muster müssen durch welche Muster bedient werden?
- Wie können Reiz-Leiter-Systeme neu determiniert werden?
- Wie ergibt sich das, was sich ergeben muss, wenn etwas wirklich wirken soll?
- Wie kommt man mit Durchbrechungsmustern in vorhandene Gedankenlinien und Gedankenkonstrukte hinein?
- Was bringt die Marketing-, Kommunikations-, Unterhaltungs- und Event-Branche da hin und welche Mittel stehen ihr zur Verfügung, um Disruptionen im wahrsten Sinne des Wortes zu erzeugen?
- Wie lassen sich die Spielregeln neu definieren, die Regeln, die man kennen muss, um sie zu brechen und das neue *„Rule Making By Rule Breaking"* zu etablieren?

Bislang war ein Event eben ein Event. Man dachte wenig daran, welche Reiz-Leiter-Schemen oder welche neuronalen Muster hier bedient werden können. Events waren häufig die Abrundung zu großen Marketing-Konzepten. Es ging um das Erlebnis „Marke", es war eine Art äußerer Randbereich der Markenaura, wo Feste oder kleinere und größere Arten von „Kirmes" gefeiert wurden. Ganz einfach das, wo etwas los war. Oftmals mehr für einen internen Kreis, für die homogene Acht-Mann-Zielgruppe des Vorstands oder die nicht mehr ganz so homogenen Zielgruppen von Händlerschaften, bei fünfzig Personen beginnend und aufsteigend bis zu dreihundert.

Diese Zeiten sind vorbei! Der Entwicklungsstrang stellt sich heute wie folgt dar: von der puren Feier einer Marke zum Event, zum Live-Act, ähnlich einem Schauspiel oder einer Oper und ganz besonders in Richtung wirkungsvoller, neuronal aufgestellter Live-Communication, konzeptionell fundiert mit Live-Erlebnissen und mit gewichtigen Beiträgen zu Differenzierung und Markenerfolg.

Wenn wir nach einem Treib- und Triebmittel, einem Katalysator und einer Transmission für Wachstum suchen, kommen wir an Events nicht vorbei. Das Gestalten und Umsetzen von Events schafft Erlebbarkeit für die Besucher. Diese Erlebbarkeit dringt, wenn sie gut gemacht ist, nachhaltig in das Gehirn des Besuchers ein. Der Moment auf dem Event, der sich einprägt, wird zum Eventum. Eventum ist der Moment „wo es passiert", wo kommuniziert wird. Das ist der Augenblick, in dem die neuronalen Ströme des Gehirns stärker sind als vor- und nachher. Der Moment, in dem neue Erkenntnisse entstehen, wo Reiz-Leiter-Schemen kreativ bedient werden, wo im wahrsten Sinne des Wortes etwas erlebt wird.

Events sprechen alle Sinne des Menschen an. Die verschiedenen Eindrücke werden im Gehirn des Menschen nicht in einer einzigen „Schublade" abgelegt, sondern an unterschiedlichen Orten im Gehirn gespeichert. Das Gedächtnis verknüpft gewisse Dinge mit einem Ereignis. Die Forscher nennen dieses Phänomen „priming".[2] Daraus ergibt sich, dass viele Geschehnisse, die sich auf einem Event ereignet haben, auch wesentlich nachhaltiger in Erinnerung behalten werden.

Diese Erlebnisse und diese neuen Verknüpfungen wollen und brauchen die Menschen. Deshalb gehen wir ins Kino, in Theaterstücke, in Konzerte, zu Sportveranstaltungen und besuchen Shopping Malls. Event, Unterhaltung, Abwechslung vom Leben: Ist das ein Teil des Glücks, des Lebensglücks? Diese Spur führt geradewegs zum „*Entwurf des schöneren Lebens*" nach Gerhard Schulze.[3] Nur ist es das nicht allein.

Glück stellt sich meistens dann erst ein, wenn wir wissen, dass es uns besser geht als anderen. Der Differenzierungsgrad und die Ausdifferenzierung sind hier entscheidend. Dabei tritt in den Hintergrund, dass sich Glücksempfinden oftmals auch dann nicht einstellt, wenn wir mehr haben als früher. Zum Wachstum gehört der Glaube an das bessere Leben, zum Wachstum gehört das Glück und zum Wachstum gehören Anleitungen und Muster vom Glück. Events haben hier eine beinahe religiöse Funktion für jeden einzelnen Besucher. Festivals machen es schon seit zweieinhalb Jahrzehnten vor. Hier setzen *Entfesselungs- und Entgrenzungsmechanismen* ein, die neue Hörgewohnheiten auslösen. Denn gehört wird nicht mit den Ohren, sondern mit dem Gehirn.

Worum geht es hier? – Es geht hier um den unerschütterlichen Glauben an Wachstum und damit verbunden den Glauben an eine Verbesserung aller Lebensumstände. Wenn man diesen Ursache-Wirkungsmechanismus jetzt auf Veranstaltungen mit einer starken Komponente Erlebnismarketing überträgt, dann ist es so, dass Events in unserer ausgehenden Industriegesellschaft so etwas darstellen können wie Ersatzhandlungen. Das bedeutet, Events übernehmen eine Rolle, die aus der Wachstumsgläubigkeit kommt: der Glaube an das Wachstum der Wirtschaft, der Glaube an Produkte, der Glaube an Marken, der Glaube an den Nutzen der Marken und vor allen Dingen der Glaube an das emotionale Versprechen von Marken. Wenn all dies zusammengenommen auf einer Veranstaltung abläuft, dann wird deutlich, das Erlebnismarketing Wachstum bedeutet. Zugleich bedeutet es aber auch, dass Leben und Wachstum nur dann stattfinden, wenn es Veränderung gibt und zwar permanent.

Events haben das Zeug, Märkte und Marktplätze zu beleben – den alten Marktplatz im besten Sinne, wo man sich zum Wäsche waschen traf –, sie neu zu erfinden, Anstöße zu geben, Informationen auszutauschen und Träume zu installieren, die möglichst in die Realität umgesetzt werden sollten.

---

[2] Traufetter (2007, S. 89).
[3] Schulze (2000).

Bei strategischen Events im Sinne von Live-Communication und besonders bei denen, die in Richtung Zukunft weisen, geht es in erster Linie um die geniale Idee und nicht um den großen, überbietungsstrategischen Salto mortale technischer Machbarkeiten, nicht um die Größe von Zelten, Bühnen und Buffets. Hier gilt: „Big idea statt big bang!" Das ist nicht einfach, weil sich die „big idea" auch immer noch in begleitenden – vielleicht auch klassischen – Medien fortsetzen lassen soll, ja sogar muss. Eben im Sinne einer integrierten Kommunikation. Events wurden aber von den meisten Agenturen oftmals aus dem technisch-organisatorischen Tätigkeitsfeld heraus entwickelt.

Events arbeiten schnell und intensiv. Das ist seit acht Jahren durch viele Untersuchungen bewiesen. Kundenbindung, Markenaffinität, Glaubwürdigkeit – alles das wird durch Events in idealer Weise transportiert. Was natürlich dazu gehört und nicht ursächlich Sache des Events ist, ist eine eindeutige Positionierung der Marke im Sinne einer Ausdifferenzierung. Auch im Sinne des emotionalen Versprechens und ganz spezieller Werte, die leicht transportierbar und adaptierbar sind, wenn sie in Richtung Glückserlebnis weisen. Wobei für Events wie auch für das Marketing feststeht: Es gibt kein „Richtig" und kein „Falsch". Beides kann „wirksam" oder „nicht wirksam" sein und „low" oder „high involvement" hervorrufen.

Eine weitere „Wahrheit" ist auch: Events lassen sich nur schwer messen. Die klassischen Pre- und Posttests dienen mit ihren willfährigen Frage- und Antwortbatterien nicht der Wirkungsmessung. Hier muss man tiefer gehen, hier geht es um die tiefenpsychologische Auslotung dessen, was auf dem Event wirklich erlebt und assoziiert worden ist. Dies war unter anderem das Motiv, eine Event-Studie beim Public Viewing anlässlich der Fußball-Europameisterschaft 2008 in der Arena Recklinghausen durchzuführen. Wir werden später noch auf einige Beispiele eingehen.

Die Rahmenbedingungen für das „Marketing nach dem Marketing" haben sich grundlegend verändert. Die Treiber sind hier nicht nur der Wertewandel, die Freizeit und die Orientierung zum erlebnisorientierten Lebensstil. Fakt und breiter Trend ist: Es gibt immer mehr *Prosumenten* als *Konsumenten*. Das heißt Menschen, die nicht einfach nur konsumieren, sondern kritisch und differenziert Kaufmotive abwägen, also Menschen, die die Marke mitgestalten.

Darüber hinaus gibt es eine zunehmende Austauschbarkeit der Angebote, eine Polarisierung und auch Segmentierung der Märkte, viel Kommunikations- oder eher Werbemüdigkeit. Die TKPs, GRPs und viele in den letzten drei Jahrzehnten lieb gewordene Messgrößen und Leistungsverfahren von Kommunikation haben ausgedient. Statt des *Share Of Market* und des *Share Of Voice* ist der *Share Of Heart* die neue überzeugende Größe, die deshalb entscheidend ist, weil sie, wenn gut konzipiert, auf der tatsächlichen Wirkungs- und Veränderungsebene der Menschen platziert werden kann, im Unbewusstsein! Eine Marke, die das geschafft hat, wird auch der Gewinner bei der Kaufentscheidung des Kunden sein, wenn er vor dem Verkaufsregal steht. Dabei geht es dann nicht mehr nur um Kundengewinnung, sondern auch um die Kundenbindung. Events in Form der bisherigen Markengroßereignisse konnten schon dazu beitragen, Kunden zu begeistern und zu binden. Viel stärker gelingt dies jedoch mit Events, die, strategisch am Kern der Marke ausgerichtet, ins implizite System wandern. Der zunehmende Einsatz von Events und die umfassende Berücksichtigung des Eventmarketings erfordern eine Professionalisierung der Entwicklung von Idee, Konzept und Strategie. Ein Event ist somit schon lange kein Selbstzweck mehr, sondern ein elementares Kommunikationswerkzeug.

Dieses Buch bietet keine Patentrezepte, sondern Ansätze, die den Weg zu neuronal gestalteten Eventmarketing-Maßnahmen aufzeigen, die die Effizienz steigern, die Chance der wirklichen Erreichbarkeit von Zielpersonen maximieren und die Wege in das Unbewusstsein und die Psyche erhöhen. Wir stellen deshalb bewusst in zwei Kapiteln Analogien zu Religionen, zu Mythen und der Mythologisierung und vor allen Dingen zu Ritualen her. So viel sei hier schon vorweggenommen: All dies sind wesentliche Bausteine und Konstruktionskomponenten für nachhaltig wirkende Events, die auf den wesentlichen Moment abzielen, der in unserem Gehirn, in unseren Reizleitersystemen neue Wege, neue Bahnen, neue Gedankenstrukturen und Überzeugungen auslöst.

Emotionen sind entscheidend für menschliches Handeln. Wir haben uns häufig schon entschieden, bevor wir uns entscheiden. Das implizite System im Menschen ist das Epizentrum des Eventmarketings. Hier kann der Freizeitorientierung, aber auch den gesättigten Kommunikationsmärkten oder der Substituierbarkeit der Produkte begegnet werden. Bedeutet dies: Je gesättigter die Märkte, desto mehr Events? – Ganz so einfach ist es leider nicht. Denn im Marketing geht es auch um gestiegene Kosten, um Rahmenbedingungen und um die konsequente und zielgruppengerechte Einbindung von Medien. Aber es geht auch um die Veränderung und teilweise Auflösung der alten Printmedienstruktur hin zu digitalen Botschaften, die im Wechsel mit Events das Maß an Emotion und Wahrhaftigkeit oder Glaubwürdigkeit liefern, das erforderlich ist, um Menschen zu Veränderungen zu bewegen.

Der zunehmenden Ausdifferenzierung, der Homogenität der Produkte und den gesättigten Märkten kann nicht mehr mit dem Produkt selbst, der Dienstleistung und dem entsprechenden Nutzen begegnet werden. Es geht vielmehr darum, ein Überhören, Überblättern und Übersehen des Konsumenten zu verhindern. Es geht darum, den Konsumenten überhaupt noch mit Botschaften zu erreichen, die emotional und erlebnisorientiert sind und dem Involvement der Situation und des Moments gerecht werden.

Dieses Buch soll dazu einen entscheidenden Beitrag leisten. Es geht um die Richtung, um unternehmensinterne Organisations- und Ablaufprozesse, aber nicht nur um Marke, Markenkern, Markenaura und die Botschaft, sondern auch zunehmend um die fluide Marke, die vom Konsumenten vereinnahmt und betrachtet wird. Es geht um den Konsumenten, der die Marke mitgestaltet, den Prosumenten.

1.1 Ansichtssache: Was ist Eventmarketing heute?

Im Gegensatz zum Sponsoring, bei dem lediglich eine externe, bereits existierende Veranstaltung „belegt" wird, ist Eventmarketing im Kern die Inszenierung eines eigenständigen, herausragenden Ereignisses. Beim Eventmarketing werden die Kommunikationsziele und die daraus folgenden Ereignisse selbst geschaffen. In diesem Sinne haben Events immer einen direkten Unternehmens- und Produktbezug. Sie dienen der Vermittlung von Kommunikation, sind kein Selbstzweck, sondern die Inszenierung der Marke oder des Markenkerns. Damit ist ein Event zugleich Medium und Botschaft. Eventmarketing hat schon lange den „Below-The-Line-Status" verlassen und ist heute eines der wenigen Instrumente, die im Neuromarketing eine emotionale und tiefenpsychologische Beeinflussung der Ziel- und Stilgruppen gewährleisten. Das impliziert, dass es hier nicht nur um die Vermittlung von Informationen geht, sondern um Unterhaltungsfunktionen und Erlebnischarakter.

Das kollektive Erleben ist ein emotionales Verstärkungselement zwischen potenziellen Kunden und dem Unternehmen bzw. einer Marke. Die Einstellung und die Überzeugungen, die bis ins Unbewusstsein eindringen können, werden durch das aktive Erleben der Marke erst möglich. Events unterscheiden sich von den meisten anderen Kommunikationsmaßnahmen, da sie einmalig sind. Sie können nicht wiederholt oder nachgebessert werden. Pre-Tests sind deshalb nicht zweckdienlich. Es geht um bleibende Bilder, um durch einen einzigen Auftritt hervorgerufene Botschaften. Allerdings können diese Bilder und Botschaften hinterher auf den unterschiedlichsten Kommunikationskanälen genutzt werden. Events bieten eine Chance emotionaler Einmaligkeit und insofern einen Mix aus dezidierter Dramaturgie von Marketing, Logistik und den Regel- und Gesetzlosigkeiten von Fantasie, Show und Traum.

Eventmarketing ist integrierte Kommunikation pur, jenseits modischer Betrachtung von Dreihundertundsechzig-Grad-Attitüden. Integrierte Kommunikation ist der Normalfall, eigentlich gab es das immer schon. Dieser Hinweis ist wichtig, weil unzählige Fachbeiträge in den letzten Jahren es so aussehen lassen, als ob integrierte Kommunikation eine neue Erfindung sei.

Events sind reine Stimulus-Wirkungen, sie sind momentane Reaktionen aus Reiz und Informationen mit längerfristiger und finaler Verhaltenswirkung. Das geschieht nicht immer sofort, sondern durch die Verarbeitung im expliziten und dann im impliziten Teil des Gehirns, also in „Kopf" und „Bauch". Indikator ist die momentane Reaktion, die Aufmerksamkeit und das spontane Interesse. Events im Eventmarketing besitzen die wesentliche Charaktereigenschaft, aus einer Marke oder dem jeweiligen Unternehmen heraus eigenständig kreiert worden zu sein. Hierin besteht ein wesentlicher Unterschied beispielsweise zum Sponsoring von Events (siehe auch Abb. 1.1).

1.2   Eventkommunikation mit Blick in den Rückspiegel

Events als Kommunikationsinstrumente werden vor Mitte der 90er-Jahre nicht explizit in der damals vorhandenen Literatur erwähnt, obwohl es sie zu dieser Zeit selbstverständlich schon gab. Wenn überhaupt, fanden sie eher versteckt in den klassischen Marketing-Tools „Sales Promotion", „Persönlicher Verkauf" oder klassischem Sponsoring Erwähnung.

Philip R. Cateora und John L. Graham erklären in ihrem Buch „Internationales Marketing" eine Vielzahl von Marketing-Kampagnen, die von Weltmarken wie Coca-Cola, Sony, McDonald's, Toyota oder Marlboro durchgeführt wurden. Aber keiner erklärt das Wort „Event" oder gibt dazu eine Definition.[4]

---

[4] Cateora und Graham (1999, S. 345 ff.).

Abb. 1.1 Zyklus
Eventmarketing: „Der
scheinbare Regelkreis des
regelmäßig Unregelmäßigen!"

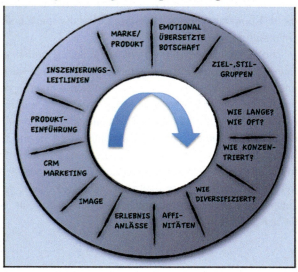

Auch bei Meffert, „Marketing"[5] (7. Auflage) oder in „Marketing" von Joel R. Evans und Barry Berman[6] aus dem Jahr 1992 wurden Events nicht angeführt. Veranstaltungen waren vielmehr ein Teil des Kommunikationsmixes und fielen unter die Rubriken Persönlicher Verkauf, Werbung, Sales Promotion oder Public Relations. Im Rahmen der Definition von Sales Promotion beschrieb Meffert damals Aktivitäten wie Verkäufertrainings, Produktpräsentationen und Werbung am POS, die der Erlebbarkeit von Marken nach heutiger Kenntnis nahekommen und nach heutiger Betrachtung aufgrund einer speziellen Inszenierung als Events beschrieben werden könnten. Allerdings nicht dann, wenn man bestimmte Event-Kriterien zugrunde legt. Von daher ist die Ableitung des Eventmarketings aus dem klassischen Sponsoring heraus wesentlich deutlicher und logischer. Aus Markensicht ist Sponsoring die Belegung von Fremdereignissen, daher also eher eine Art „Fremdsteuerung" der Marke, dennoch aber mit einer gewissen Schnittmenge hinsichtlich des Images, das von der Veranstaltung auf die Marke „abfärben" sollte. Dabei ging es im Wesentlichen um Konzerte und Sportveranstaltungen, die mehr und mehr als große Shows angelegt waren. Eine Überbietungsspirale setzte ein.

Es gab sicherlich auch Einzigartigkeit für die eine oder andere Marke, was aber nicht gleichzusetzen ist mit Exklusivität vor Ort. Eine „Individualisierung" des Produkts konnte daher beim Sponsoring nur bedingt gewährleistet werden. Zu sehr standen andere Dinge der Veranstaltung im Vordergrund, wie beispielsweise die Künstler, die Sportart oder die Sportler. Gelang es nicht, durch Sponsoring einen emotionalen Mehrwert für die Marke und deren

---

[5] Meffert (1991, S. 119 f.).
[6] Evans und Berman (1992, S. 508–516).

Kunden zu schaffen, ergab sich eher eine Art Distanz zwischen Markenprodukt und Publikum und aus Sicht des Käufers oder Konsumenten eher Low-Involvement. Durch den Einsatz von Technik wurde mehr konfrontiert als interaktiviert. Vielfach standen bombastische und gigantische Komponenten im Vordergrund. Events spielten sich häufig in dem Dreieck „Show – Unterhaltung – Abwechslung" ab.

Die rückblickende Betrachtung zeigt, dass Eventbelegung und Sponsoring bis vor einigen Jahren in erster Linie ein Below-the-Line-Instrument war und additiv zur klassischen Werbung und zu einer größeren kommunikativen oder marketingstrategischen Linie eingesetzt wurde.

Die damaligen Events funktionierten eher nach dem alten AIDA-Modell. Dieser Kommunikations-Prozessablauf von „Attention – Interest – Desire – Action" wird im Verlauf dieses Buches noch genauer betrachtet, weil er mit Blick auf die vielfältigen subtilen Kommunikationswelten und auf Erkenntnisse der Gehirnforschung und der Neuropsychologie in Frage gestellt werden muss. Alles in allem in jedem Fall Maßnahmen, die zunächst der Verkaufsförderung zugeordnet werden können. Heute geht es um integriertes Marketing mit entsprechenden Strategien und Konzepten. Das heißt: *Weniger Verkaufsförderung als viel mehr Käuferförderung.*

Die Abgrenzung von Eventmarketing zu Sponsoring und Sales Promotion

Auch in den oben beschriebenen Fällen von Eventmarkting ist nicht auszuschließen, dass gewisse Inhalte von Sponsoringmaßnahmen den Weg ins implizite System der Gäste, Besucher oder Kunden schaffen. Um dies jedoch zu erreichen, ist es vonseiten der Sponsoren und Gesponserten notwendig, neue Sponsoringinhalte oder Sponsoringbausteine zu gestalten. Diese gehen weit über Bandenwerbung oder die Bereitstellung von z. B. VIP-Logen hinaus. Individuelle Sponsoringbausteine müssen erfunden, angeboten und realisiert werden, um Nachhaltigkeit im Gehirn, also lebenslange Erinnerungen an eine Marke, bewirken zu können. Als richtungsweisend für ein solches nachhaltiges Sponsoring können hier Meet & Greets genannt werden. Hierzu ein Beispiel:

Beispiel

Im Rahmen einer Musikveranstaltung trat eine Band auf, die zugleich auch auf ihrer eigenen Tour von einem Markenartikler gesponsert wurde. Da die Bühne für den Auftritt dieser Band noch viel freie Fläche bot, also eigentlich viel zu groß für deren Auftritt war, bot die Musikgruppe an, dass der Sponsorpartner während des Auftrittes der Band kurzfristig vier Besucherinnen als Tänzerinnen im hinteren Teil der großen Bühne ausloben durfte. Die Auswahl der Tänzerinnen fand vor Ort in Form einer Verlosung am Informationsstand des Markenartiklers statt. Dieses Erlebnis – als Tänzerinnen auf der Bühne dieser berühmten Band – wird für die Gewinnerinnen untrennbar mit der Marke verbunden sein.

Als weiteres Beispiel kann hier ein Sponsoring im Rahmen des Straßenkarnevals kurz ausgeführt werden:

Beispiel

Für die Vertriebsabteilung des Getränkeherstellers war es außerordentlich wichtig, die exklusiven Ausschankrechte in einer der Karneval-Hochburgen in Deutschland erwerben und die eigenen Ausschankwagen auf dem gesamten Veranstaltungsgelände platzieren zu können. Aus Sicht von Marketing und Kommunikation war das aber zu wenig. Der Plan sah vor, dass es eine längerfristige Kommunikation vor und während der Veranstaltung geben sollte, die gleichzeitig auch eine hohe Aufmerksamkeit in der jeweiligen Region sicherstellen sollte. Dies gelang durch die Einbindung des führenden Karnevalsvereins (Veranstalter) und des regionalen Radiosenders. Ausgelobt wurde ein Gewinnspiel, bei dem die Karnevalisten ihre Kostümierungen zum Thema Fußball beim Radiosender einsenden sollten. Die Gewinner durften auf dem ersten Wagen des Karnevalsumzugs (live übertragen im TV) mitfahren. Die enorme Anzahl der Einsendungen zeigte, welche Begehrlichkeit dieses Gewinnspiel in der Region erzeugte. Der Gewinn, den man mit Geld nicht kaufen konnte, weckte hohes Interesse, die Kommunikation rund um die Marke konnte in vielen Kanälen (PR, Internet und regionaler Gastronomie) eingesetzt werden. Die Gewinner erlebten einen unvergesslichen Tag auf dem ersten Karnevalswagen und der Verkauf vor Ort verzeichnete sehr positive Absatzzahlen.

Für den Sponsor ist es deshalb wichtig, außergewöhnliche Erlebnisse in Zusammenarbeit mit dem Sponsorpartner zu identifizieren, weiterzuentwickeln und vertraglich auszugestalten. Auf dieser Basis kann eine integrierte Kommunikation über PR, über eine Internetkampagne oder spezielle Vertriebskanäle folgen. Ziel ist es, Wünsche und Träume nachhaltig in den Köpfen derjenigen zu verankern, die dieses Ereignis einmal erleben möchten. Gleichzeitig muss fairerweise darauf hingewiesen werden, dass solche besonderen Absprachen im Rahmen eines Sponsorings den Preis für das Sponsoring eventuell in Dimensionen treiben können, die über ein gesundes Preis-Leistungs-Verhältnis hinausgehen.

1.3   Anforderungen an Eventmarketing

Um sich also noch deutlicher vom Sponsoring abzuheben und Markenbotschaften noch klarer kommunizieren zu können, müssen Events immer wieder neu erfunden werden. Es gibt heute tradierte Ausprägungsformen, die sich ständig wiederholen. Die Zukunft im Neuromarketing erfordert aber eine viel stärkere Ausrichtung von Events auf die Botschaft der Marke und auf Sinn- und Wertvermittlung. Bei all diesen Prozessen darf die Glaubwürdigkeit einer Marke deshalb nie außer Acht gelassen werden. Denn das würde der Prosument merken und entsprechend negativ bewerten.

Klassische Events orientierten sich am Ist-Zustand der Marke. Sie mussten ökonomische und vor allen Dingen psychologische Ziele berücksichtigen. Erlebnisorientierte Kommunikationsstrategien sind und waren dafür ideal. Das galt in der Vergangenheit und trifft auch noch in der Gegenwart zu. Die Zukunft wird in Eventinszenierungen liegen, die vor allem signifikante und glaubwürdige Bilder eines Produkts oder einer Marke prägen, die hinterher auf unterschiedlichen Kommunikationsebenen und mit völlig divergenten Kommunikationsmitteln zu den Zielpersonen transportiert werden können.

Aus der Perspektive der Markt-Situationsbetrachtung kamen Events eher in gesättigten Märkten zum Einsatz. Zunehmende Ersatznachfrage ist das Kriterium für gesättigte Märkte. Härtere Wettbewerbe, Absatzsteigerungen und sinkende Marktanteile sind die Folge. Unternehmen und Marken müssen Marktnischen entwickeln, um Preiskämpfe zu vermeiden. Hier kommen Events ins Spiel. Das Event ist der Hero der Nische!

Die Prosumenten und nicht mehr die Konsumenten entwickeln immer differenziertere Erwartungen an eine Marke. Es geht um Bedürfnisindividualisierung. Das Resultat sind Produkte mit hohem Reifegrad in ihrem Lebenszyklus. Mit funktionalen, objektiven und überlegenen Produktleistungskriterien ist es hier nicht mehr getan. Es gibt kaum etwas Individuelleres als ein Event, um psychologisch geprägte Bedürfnisse an die Frau oder an den Mann zu bringen.

Events sollen und müssen als einzelnes Erlebnis die Gefühle von vielen Menschen ansprechen, diese Menschen überzeugen und dafür sorgen, dass sie das Erlebte möglichst bis ins Unbewusstsein hinein übernehmen und dort verankern. Auch deshalb müssen Events immer wieder neu erfunden und inszeniert werden. Prosumer-Insights sind hier das Thema:

- Was erwarten ihre Ziel- und Stilgruppen?
- Was denken und was wissen sie?
- Welches Weltbild besteht?
- Was sind ihre Wünsche und Träume?
- Was sind die No-Gos?

Durch die Marketingstrategie und die Positionierung muss klar definiert sein:

- Was ist der Kern der Marke?
- Für welche Gedanken und Bilder, Träume und Sehnsüchte steht die Marke?
- Welche Gefühle oszillieren auf der Achse Zielgruppe und Marke?
- Wie kann daraus ein emotionaler Fokus für ein Event werden?
- Inwieweit spielt sogar die Sprache ein Rolle?

Auf einige dieser Fragen werden wir in Abschn. 13.5 „Events als Identitäts-Stifter" noch detaillierter eingehen.

Eine Idee ist eine Idee, nicht mehr, aber auch nicht weniger. In einer Zeit von Adaptionen via Internet, Imitationen und vielfältigen Synthetisierungen, die häufig Neues suggerieren, ist eine Idee durch nichts zu ersetzen, außer … durch eine bessere Idee! Jede Idee muss jedoch auf folgende Punkte abgeklopft werden:

- Wie transportiert eine Idee den Markenkern?
- Wie macht sie die Marke oder den Markenkern konkret?
- Lässt sich der Markenkern in einem möglichst populären Slogan zusammenfassen, damit die Zielgruppen die Positionierung verstehen?

Ein Bild sagt mehr als tausend Worte. Aus Bildern lassen sich rhetorische Kristalle entwickeln. Sie codieren Botschaften und sind Vermittler von Gefühlen und Eindrücken. Schlüsselbilder sind ideal, weil sie Aufmerksamkeit erzeugen und dann den Transport in die entscheidenden Regionen des Gehirns gewährleisten, indem sie Filme im Kopf ablaufen lassen. Motto und Slogan sind die übergeordnete Dramaturgieklammer. Damit wird deutlich, dass die Umsetzung einer Vielzahl von Events nicht nur die Aneinanderreihung von – zufällig – guten Ideen ist, sondern einer sorgfältigen, detaillierten Planung sowohl beim Aufbau als auch bei der Umsetzung bedarf.

1.4   Der Aufbau von Eventmarketing

Das Wesentliche und Wichtige ist die Storyline, die die Kernaussage transportieren muss. Story-Telling findet im Eventmarketing auf der Dramaturgieebene statt. Entscheidend ist der Spannungsbogen, vom überraschenden Einstieg bis zum Plot. Die Storyline ist der rote Faden, der sich durch das gesamte Event zieht, sämtliche Events zu einem schlüssigen Kommumnikationsgebäude verbindet und Kraft und Größe einer Marke und deren Nutzen, besonders den emotionalen Nutzen des Markenkerns, erleben lässt. Das und die Stimulation aller Sinne führt zu einer Intensität des Erlebens, die ohne Überforderung der Prosumenten ablaufen sollte. Hier ist weniger mehr!

In einem neuronal konzipierten Event und im Eventmarketing generell konkretisiert sich die Idee der Marke in drei erlebbaren Schritten (siehe auch Abb. 1.2):

1. Schritt:
Die Pre-Event-Phase, die Propädeutik für das Event mit Einladung und Ankündigungen, zeigt den Verlauf der Event-Dramaturgie und den Spannungsaufbau auf.

2. Schritt:
Die Event-Dramaturgie beginnt mit dem Hauptevent und der Weiterführung über verschiedene Stationen bis zu einem finalen Spannungsaufbau, geschrieben in einem Drehbuch, das eine Geschichte erzählt, bei der das Besondere, das Einmalige vermittelt wird. In dieser Phase erfolgt das Eintauchen in eine Welt mit neuen neuronalen Verknüpfungen, die jenseits von den bisherigen Produkterlebnissen hin zu neuen Wahrnehmungen die Auslöser für zukünftige neue Überzeugungen und Motivationsstrukturen sind.

Entscheidend ist in dieser Phase, das Drehbuch so zu schreiben, dass das Ergebnis des Events quasi vorweg genommen wird. Erst danach sollten die nächsten Schritte geplant und eingeleitet werden. Hier kommt das Stichwort Dramaturgie zum Tragen. Dieses

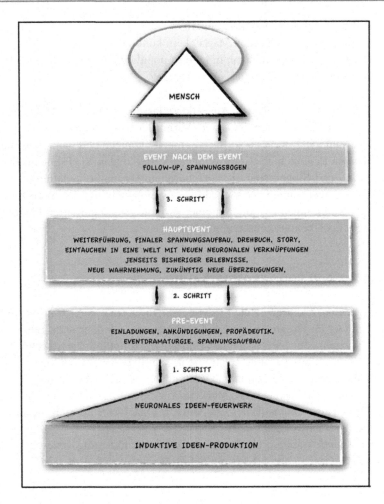

Abb. 1.2 Deduktive Organisation mit induktiven Genen!

Thema wird in den Abschn. 7.5 „Dramaturgie und Bedeutungskontrolle" und Abschn. 13.2 „Dramaturgie des (Irr-)Sinns" weiter ausgeführt.

3. Schritt:

Den in Zukunft vermutlich wichtigsten Teil der Event-Dramaturgie bildet das Event nach dem Event, einschließlich aller Follow-up-Aktivitäten. Das Event nach dem Event sorgt für einen gleichbleibenden Höhepunkt im Spannungsbogen, um beispielsweise eine dauerhafte Kundenbindung zu gewährleisten.

Die Vorteile eines sinnvoll aufgebauten Eventmarketings

Die sinkenden und stagnierenden Nutzungsraten multisensorischer Medien, vor allem aber der Printmedien zeigen: Es wird immer mehr überhört, überblättert und übersehen! Informationen werden flüchtiger, bruchstückhafter und haben ein ziemlich geringes Involvement, Stichwort „information overload". Das Wahrnehmungsverhalten und jegliche kognitiven strategischen Überlegungen erhalten eine neue Ausgangsbasis und eine neue Qualität. Diese Qualität, gepaart mit dem Anspruch, in das implizite System des Menschen zu gelangen, kann durch Events in hohem Maße erfüllt werden. Dazu müssen Trends und Selbstverantwortung für das eigene Glück sowie veränderte emotionale Bedürfnisse der Prosumenten als konzeptionelle Komponenten mit eingepreist werden.

Es versteht sich von selbst, dass wir hier ausschließlich von Events sprechen, die als Instrument der Kommunikationspolitik und zur Erreichung von Organisations- oder Marketingzielen durchgeführt werden. Das reine Abfeiern von Festen nach dem Big-Bang-Prinzip hat hier keine Daseinsberechtigung und erfordert auch keine weitreichenden strategischen Überlegungen.

Sinnvoll aufgebautes Eventmarketing lässt keine Lücken und berücksichtigt Details. Von der Dramaturgie bis hin zur Erzeugung von Botschaften und nachhaltig wirkenden Bildern im Kopf des Prosumenten muss alles berücksichtigt werden. Das betrifft im Übrigen auch die Sprache. Sprache kann ein weiterer Baustein für eine eigene Event-Identität sein, die wiederum implizit wirkt.

1.5   Eventmarketing und die Messbarkeit – Qualität kontra Quantität

Zurück zum Thema quantitative Untersuchungen und empirische Ergebnisse. Empirische Ergebnisse dienen als Bausteine für theoretische Ergebnisse. Deshalb ist es wichtig, weitere Bausteine in der theoretischen Analyse der Heuristik und Hermeneutik anzuwenden. Hier geht es um Erfahrungen, um Gedankenkonstrukte, um Experimente, Sozial- und Kulturgeschichte im Kontext von qualitativen Erhebungen, aber auch viel um Intuition und induktives Denken im Gegensatz zu deduktivem Denken.

In den Sozialwissenschaften gibt es immer Unschärfen, wie beispielsweise im Verhältnis von Manifestation und Kognition oder beim Schritt von der Zeichenebene zur Bedeutungsebene. Wenn sich Untersuchungen darüber hinaus mit Milieus und Szenen beschäftigen, gibt es ein weiteres Unschärfeproblem. Eine tiefenpsychologische Auslotung kann nur über eine tiefenpsychologische Gruppendiskussion zu verwertbaren Ansätzen kommen. Dabei geht es nicht darum, Zahlentabellen und Grafiken für ungültig zu erklären, sondern darum, den künstlich konstruierten Gegensatz zwischen qualitativen und quantitativen Methoden auszuräumen.

Uns geht es um morphologische Psychologie und morphologische Sozialpsychologie im Hinblick auf die Auslotung von neuen Möglichkeiten im Eventmarketing, die zu moderneren, professionelleren und wirksameren Stufen im Erlebnismarketing führen. Das morphologische Wissen kann vom numerologischen Wissen profitieren und umgekehrt. Die Ergebnisse in diesem Buch sowie die Ausführungen im Hinblick auf die Methode von Untersuchungen, Analyse von Bewegungen, Strömungen und Tendenzen haben einen morphologischen Ansatz. Und – es wird Sie kaum überraschen – auch hier gibt es Unsicherheiten! In der Praxis hat sich allerdings gezeigt, dass die Treffsicherheit des morphologischen, sprich auch des qualitativen, tiefenpsychologischen Ansatzes trotz Ungenauigkeiten treffsicherer ist. Und auch wir orientieren uns natürlich an den Idealtypen der Psychologie und der Soziologie und ihrer Unschärfetoleranz.

Aber zurück zum Event. Ein Event hat dem neuen Selbstverständnis nach emotionale und tiefenpsychologische Ziele, die sich mit dem gewohnten Instrumentarium nicht messen lassen. Umfragen quantitativer Art helfen hier wenig, auch nicht die ausschließliche Orientierung an wirtschaftlichen Größen wie zum Beispiel Umsatz, Gewinn oder Marktanteil.

Emotionale Bindungen, Involvement und kommunikative Interaktionen, das, was wirklich wirkt, muss anders, das heißt qualitativ, gemessen werden. Das Beispiel der Bitburger Braugruppe und Public Viewing, das im nachfolgenden Kapitel ausgeführt wird, gibt darüber Auskunft. Eine tiefenpsychologische Gruppendiskussion, die die wirklichen Gründe hinter den Gründen, hinsichtlich Motivation und Entscheidung, überprüfen helfen kann, ist eine rein qualitative Maßnahme, die umso mehr aussagt und beschreibt, je weniger man versucht, sie mit quantitativen Daten aus dem Market-Research-Baukasten der herkömmlichen Art zu relativieren. In diesem Ansatz geht es um Konnotation als Reaktion, kognitive Reaktionen und affektive Reaktionen. Die affektiven und damit auch vegetativen kognitiven

Abb. 1.3 „Reaktionspyramide des kognitiven Kapitalismus"

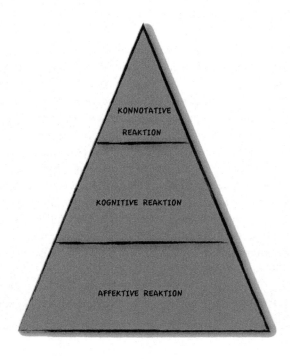

Abläufe und Wirkungsweisen sind die Basis und die Informationsreize, die wirklich überzeugend in das implizite System vom Menschen eindringen können (siehe auch Abb. 1.3).

Literatur

Cateora, P. R., und J. L. Graham. 1999. *International marketing*, 10. Aufl. New York: McGraw-Hill.

Damasio, A. R. 2007a. *Ich fühle, also bin ich. Die Entschlüsselung des Bewusstseins*, 7. Aufl. Berlin: List-Verlag.

Damasio, A. R. 2007b. *Der Spinoza Effekt. Wie Gefühle unser Leben bestimmen*, 4. Aufl. Berlin: List-Verlag.

Evans, J. R., und B. Berman. 1992. *Marketing*, 5. Aufl. New York: McMillan Publishers.

Meffert, H. 1991. *Marketing,* 7. Aufl. Wiesbaden: Gabler.

Schulze, G. 2000. *Die Erlebnisgesellschaft,* 8. Aufl. Frankfurt am Main: Campus Verlag.

Traufetter, G. 2007. *Intuition – Die Weisheit der Gefühle*. Reinbek bei Hamburg: Rowohlt.

Basisüberlegungen für eine qualitative Marktforschungsstudie anlässlich der Fußball-EM 2008 in Recklinghausen

2

Zusammenfassung

Public Viewing ist ein sozialpsychologisches Phänomen. In diesem Kapitel werden die Erkenntnisse, die die tiefenpsychologische Studie erbracht hat, ausgeführt.

Da ein Public Viewing die klassischen Event-Merkmale aufweist, haben wir diese im Auftrag der Bitburger Braugruppe erstellte Studie anlässlich der UEFA Fußball-Europameisterschaft 2008 für unsere Ausführungen ausgewählt.

Mehrere Dinge spielten bei den Basisüberlegungen für eine qualitative Marktforschungsstudie der Bitburger Braugruppe eine Rolle. Da gab es zum einen den Blick auf die These, dass das AIDA-Modell heute vielleicht nicht mehr funktioniert. Zum anderen ließ sich beobachten, dass immer öfter eine Vielzahl von Menschen zu bestimmten Anlässen zusammenkommt und ihre Bedürfnisse nach sozialer Nähe bei Sportveranstaltungen und Konzerten erfüllt, insbesondere seit den Public Viewings im Jahr 2006. Und darüber hinaus existierten UEFA-Regelungen, die einem Unternehmen, das nicht offizieller Partner der UEFA war, nur sehr geringe Werbemöglichkeiten bei den Public Viewings einräumte. Dieses Prinzip herrschte auch schon bei der FIFA Weltmeisterschaft 2006 in Deutschland und wurde von der UEFA mehr oder weniger eins zu eins übernommen.

Aus Sicht einer Biermarke, die die strengen, werbereduktiven Regelungen der UEFA beachten musste, war es daher von Bedeutung herauszufinden, inwieweit die Marke, die werblich vor Ort nicht auffällig in Erscheinung treten durfte, trotzdem von den Besuchern vor Ort wahrgenommen bzw. registriert wurde und welche Erkenntnisse sich aus dem Erlebnis „Public Viewing" für die Marketingstrategie und zukünftige Event-Konzeptionen ableiten lassen.

Mit den Erkenntnissen dieser speziellen und in Deutschland wahrscheinlich einzigartigen Studie wurden neue Fragestellungen im Marketing und insbesondere im Eventmarketing aufgeworfen, die sich auf das Neuronale Marketing konzentrieren. Denn beim Public Viewing

© Springer Fachmedien Wiesbaden 2017
J. Thinius, J. Untiedt, *Events – Erlebnismarketing für alle Sinne,*
DOI 10.1007/978-3-658-07135-6_2

geht es um Erlebnis und Erleben im Sinne der neuen Erlebnisgesellschaft und um Produkte und Dienstleistungen, die in Zukunft antizipiert und konsumiert werden sollen. Dabei geht es nicht nur um Erleben und Fühlen im Generellen, sondern es geht auch um das Neue Marketing, um Neuronales Marketing und um das Marketing hinter dem Marketing.

2.1   Public-Viewing-Studie als sozialpsychologisches Phänomen anlässlich der Fußball-EM 2008

Public Viewing hat als Phänomen begonnen. Es ist eine neue „Nische" im Fußball geworden, eine Verortung für Gemeinschaft, Zugehörigkeit und Zelebrierung. Es ist Nähe, Gleichfühlen und Mitfühlen (Abb. 2.1 und 2.2). Aber was passiert dort genau? Um welche psychologischen, sozialpsychologischen und tiefenpsychologischen Orientierungen und Beweggründe geht es hier? Kann ein Sponsor oder eine Marke davon profitieren?

Kernziele der Gruppendiskussion

Die Gruppendiskussion erlaubt mittels neutraler Beobachtung anschauliche und authentische Einblicke in die psychische Wirklichkeit von Menschen. Ziel der Studie war es, die wirklichen Gründe hinter den genannten Gründen zu eruieren.

Die Probanden der Studie wurden beim Besuch des Public Viewings durch ein vorher geschultes Promotion-Team angesprochen und rekrutiert. Nachfolgend einige Auszüge aus den Statements, die die Probanden während der Studie äußerten:

Abb. 2.1 Public Viewing in Recklinghausen bei der Fußball-Europameisterschaft 2008 (Foto: Jochen Thinius)

Abb. 2.2 Public Viewing in Recklinghausen anlässlich der UEFA Europameisterschaft 2008 (Foto: Jochen Thinius)

Eva-Maria L., 22 Jahre, Studentin

- „Ich habe ein tiefes Glücksgefühl beim Public Viewing, wenn man dabei, hinterher, nach einem Tor gemeinsam feiern und mit fiebern kann und sich die Hoffnung auf Sieg erfüllt!"
- Sie fände es besser, wenn Public Viewing mehr an außergewöhnlichen Orten wie beispielsweis an einem See stattfinden würde und man dabei auch noch mit Freunden chillen könnte.
- Public Viewing ordnet sie die Farbe Grün zu, es erinnert sie von der Stimmung her an ein Konzert.

Andreas M., 23 Jahre, Student

- Ein tiefes Glücksgefühl beim Public Viewing hat er, wenn ein Tor fällt, aber auch das Treffen mit Freunden davor und das Feiern danach machen ihn sehr glücklich.
- Er fände es besser, wenn Public Viewing neue Wege ginge und es zu einem besonderen Erlebnis würde (bessere Platzgestaltung, außergewöhnlichere Orte).

Michael K., 22 Jahre, Soldat

- Er hat seinen Urlaub in die EM-Zeit gelegt, damit er Public Viewings besuchen kann.
- Ein tiefes Glücksgefühl beim Public Viewing empfindet er, wenn die eigene Mannschaft ein Tor schießt, aber auch das euphorische Feiern in der Gruppe macht ihn glücklich.
- Er würde ältere Menschen und Kinder nicht zum Public Viewing mitnehmen, weil die Massen unkontrolliert emotional reagieren („Ist zu gefährlich, vor allem vorne. Wenn da ein Tor fällt, springen alle hoch, umarmen sich, schreien, es ist zu eng. Da kann immer was passieren!").
- Public Viewing riecht für ihn nach Bier und Bratwurst.

Jerome J., 22 Jahre, Azubi

- „Public Viewing macht mich glücklich, weil ich im Vorfeld in und mit der Gruppe feiern kann."
- Er hat ein gutes Gefühl, wenn er etwas Besonderes erlebt hat und sich keine Sorgen machen muss.
- Er mag das Feiern beim Public Viewing, findet Public Viewing so okay, das Bier allerdings zu teuer. Viele Leute hat er zufällig wiedergesehen, die er lange nicht getroffen hatte.
- Der Geruch von Public Viewing besteht für ihn aus: Bier, Rauch und Bratwurst.

Monika P., 26 Jahre, Krankenschwester

- Für sie bedeutet die Gemeinschaft beim Public Viewing ein tiefes Glücksmoment, das gemeinsame Fiebern und Freuen.
- Sie findet beim Public Viewing die Platzgröße, Platzaufteilung und die Sicherheits-vorkehrungen sehr wichtig und findet es schade, dass es kein Public-Viewing-Angebot für Senioren gibt.

Andreas B., 23 Jahre, Krankenpfleger

- „Public Viewing sollte so riechen, wonach es riecht: nach Schminke, Bier, nach Rauch, Schweiß – auf jeden Fall sollte Public Viewing nicht nach Rosenwasser riechen!"

Anne P., 29 Jahre, Studentin

- „Bei der WM konnte man ein wenig stolzer sein, weil alle Augen auf Deutschland ge-richtet waren und man sich als einen Teil von dem Ganzen gefühlt hat. Jetzt macht man das hier nur für den eigenen Spaß mit Freunden!"
- „Public Viewing kann man nicht mit anderen Veranstaltungen vergleichen, weil man den Ausgang ja nicht kennt. Den Spannungsmoment gibt es nur beim Public Viewing!"

2.2 Erkenntnisse und Schlussfolgerungen der Studie vor Ort

Zunächst erschien es so, dass die Probanden in Recklinghausen eine deutlich geringere Ergie-bigkeit in Bezug auf ihre Aussagen zeigten als in vergleichbaren Gruppengesprächen. Nach der Anmoderation baute sich jedoch Vertrauen auf und der Verlauf der Gruppendiskussion im Hinblick auf tiefenpsychologische Erkenntnisse erwies sich als äußerst fruchtbar. Der Ein-satz einer Moderatorin bewirkte, dass nahezu zu keinem Zeitpunkt der Eindruck entstand, dass es sich um ein Forschungsprojekt handelte. Als „Vertrauensbeweis" ergab sich, dass alle Proban-den ausnahmslos die Einverständniserklärung zur Veröffentlichung der persönlichen Daten mit Name und Bild unterschrieben. Trotz Skepsis und anfänglichem „Abblocken" wurde das

Thema sofort verstanden und führte schließlich zu differenzierten, sehr wertvollen Aussagen. Obwohl sich die Probanden teilweise untereinander kannten, entstand kein Gruppenzwang im Hinblick auf Aneinandereihungseffekte in der Beantwortung der thematisierten Fragen.

- Was ist Public Viewing für die Probanden?
- Das Leben draußen, das Leben drinnen?
- Das gefährliche Leben in Form der Scheinidentität eines Fußballspiels auf einer Leinwand und nicht im Stadion?
- Ist Public Viewing das Erzählen von Geschichten, das Kämpfen und das Selbstbehaupten oder der Kampf gegen die Vereinzelung?

Die nachfolgenden Ausführungen werden einige dieser Fragen beantworten.

Public Viewing hat viel mit Urtrieben zu tun und dem Sitzen in einer großen „Höhle", in diesem Fall dem Public-Viewing-Rathausplatz in Recklinghausen. In der Höhle erzählt man sich Geschichten und berichtet darüber, wie gefährlich das Leben draußen mit dem Säbelzahntiger ist. Einerseits! Es kommen aber auch noch viele andere Aspekte dazu. Recklinghausen ist vielleicht nicht das Kinshasa des Ruhrgebiets. In Bezug auf soziale Strukturierung und Arbeitslosigkeit gibt es noch härtere „Fälle", wie zum Beispiel Bottrop oder Gelsenkirchen. Allerdings lag die Arbeitslosigkeit in Recklinghausen 2008 auch bei etwa 18 Prozent. Auf dem Public-Viewing-Platz konnte durch den Untersuchungsleiter beobachtet werden, dass das Publikum dort, im Gegensatz zu Probanden in Köln oder Düsseldorf, hinsichtlich eloquenter Ergiebigkeit eher potenzielle Nicht-Probanden waren. Für dieses Publikum ist Fußball das Leben oder ein wesentlicher Teil davon. Laut sein gehört dazu. Laut sein artikuliert sich auch so, dass es darum geht, eine Meinung und keine Angst zu haben (zumindest scheinbar) und dass man präsent ist. Natürlich konnten auch „Kerngruppen" vor Ort beobachtet werden, für die Fußball offensichtlich fast den einzigen Sinn im Leben darstellte.

Die Studie brachte erstaunliche Erkenntnisse über die Motivation, ein Public Viewing zu besuchen, hervor. Demnach geht es um fünf elementare Begrifflichkeiten, die im Leben eines jeden Menschen eine besondere Rolle spielen (siehe dazu auch Abb. 2.3):

Nähe

Nähe ist eine sehr begehrte, aber sehr rare Ware, und es ist heute schwierig, sie in der Form zu bekommen, die sozial „zulässig" ist, das heißt weniger von Partnern und Angehörigen, sondern im gesellschaftlichen und sozialen Umfeld. Umso begieriger wird nach Möglichkeiten und Anlässen gesucht, diese rare Ware in den eigenen Gefühlshaushalt einzuspeichern.

Sport schafft grundsätzlich Nähe, Nähe gegen Vereinsamung und Vereinzelung in unserer Gesellschaft. Dies trifft nicht nur auf Fußball und Public Viewing zu. Wie stark dieses Bedürfnis ist, kann bei Public-Viewing-Veranstaltungen beobachtet werden, wenn zusammen gesungen oder angefeuert wird oder andere Rituale beschworen werden. Je lauter und krasser, umso größer ist der zugrundeliegende Wunsch – das Gefühl nach Nähe und Anerkennung.

Abb. 2.3 Fünf elementare
Begrifflichkeiten

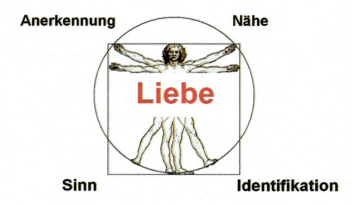

Diese Nähe ist im Sport und ganz besonders im Fußball nicht nur räumlich zu verorten, sondern insbesondere auch mental. Insofern ist beim Public Viewing für das menschliche Gehirn das Wichtigste, dass es weiß, dass alle, die auf dem Platz „vor mir, neben mir und hinter mir stehen in dieser Sekunde vermutlich dasselbe fühlen und empfinden wie ich selbst". Weil Nähe so schwierig zu bekommen ist, wird sie auch gerne für kurze Zeit, wie etwa bei Sportveranstaltungen oder hier dem Public-Viewing-Event, auf Vorrat gehortet. Die Kurzzeitnähe hat den Vorteil, dass daraus keine Verpflichtung entsteht. Allerdings entsteht daraus eine Stärke der Gemeinsamkeit, die sich teilweise sehr hart in Fangesängen, Trommeln und verschiedenen anderen Zeremonien artikuliert.

Public-Viewing-Besucher fühlen sich dadurch sicher. Alle diese Momente liefern sehr wichtige Gründe, warum Public-Viewing-Veranstaltungen besucht werden.

Zum Thema Nähe ist Folgendes interessant: Laut Aussagen der Probanden werden hier Bekanntschaften geschlossen, aber mit ungewissem Ausgang. Bei den meisten fand anschließend kein weiteres Treffen statt und viele Bekanntschaften hielten noch nicht einmal bis zum nächsten Spiel auf dem Public-Viewing-Platz. Örtliche Sponsoren können sich diesen Umstand zunutze machen und beispielsweise auf Facebook die Public Viewings als „Räume" einrichten, um den Besuchern im Nachhinein die Möglichkeit zu bieten, untereinander Kontakt zu halten oder einfach nur, um ihre Anwesenheit vor Ort zu bekunden.

Public Viewing enthält in der Location eines abgeschlossenen Platzes auch ein Moment von Abgrenzung und Differenzierung im Sinne von „wir sind hier drinnen – die anderen sind da draußen". Dieses tiefenpsychologisch erklärbare „Drinnen-Draußen-Moment" ist ein ganz entscheidender Punkt in der Abgeschlossenheit, denn diese Abgeschlossenheit bedeutet auch Exklusivität und darüber hinaus entsteht eine verschworene Gemeinschaft. Tiefen- oder evolutionspsychologisch sieht das so aus:

Wir sind in der sicheren Höhle. Der Kampf ist vorbei. Der gefährliche Säbelzahntiger bleibt draußen oder er wurde von uns besiegt.

Ein Verweis auf den Erfolg von Public-Viewing-Veranstaltungen. Dieses „Drinnen-Draußen-Moment" lässt sich in anderen sozialen Situationen, wie zum Beispiel in einem Club, einem Verein oder in der Stammkneipe, so nicht nachstellen oder empfinden.

„Drinnen", beim Public-Viewing, gibt es die noch begehrtere Ware, die für Glück, Zufriedenheit, Selbstwert und Lebensoptimismus entscheidend ist: Anerkennung und Identifikation. In dem Mechanismus „drinnen/draußen" wird dieser Effekt und Identifikationsgeber durch Abgrenzung und Differenzierung sowie durch das klare Wissen, dass es glücklicherweise viele gibt, die nicht dazu gehören, noch verstärkt.

Darüber hinaus waren auf dem Public Viewing in Recklinghausen keine „gegnerischen Fans" erkennbar bzw. bildeten ein eigenes Lager, wie es in Stadien oftmals in separaten Fan-Blöcken vorzufinden ist. Auch dadurch wird das Gefühl der starken, gleichgesinnten Gemeinschaft beim Public Viewing möglicherweise noch weiter verstärkt oder zumindest nicht beeinträchtigt, weil „der Gegner" nur auf der Public-Viewing-Leinwand existiert und keine Bedrohung im direkten Umfeld darstellt.

Liebe

Liebe ist nicht das selige, zuckrige Gefühl von Verliebtsein oder Liebelei. Liebe ist das, was Liebe tut. Liebe ist nach dem bereits beschriebenen Komplex und wechselseitigem Mechanismus von Anerkennung, Nähe und Identifikation der zweitgrößte „Suchtstoff":

Liebe wird beim Public Viewing als Gleichheitsgesetz in einer abgegrenzten Gruppe wirksam. Im Vorfeld von Public Viewing werden Liebesbezeugungen durch Gemeinsamkeit im Sinne von „Lass uns dort hingehen", mit Fahnen, im Deutschland-Trikot, Schwarz, Rot, Gold geschminkt und Gruppenbildung durch Einschluss bzw. Ausschluss gegeben. Aus den Beiträgen der Probanden konnte sehr gut herausgefiltert werden, dass das gemeinsame Projizieren von Wünschen, Vorstellungen und Sehnsüchten auf Fußballidole leichter fällt und man sich nicht so „doof" vorkommt. Es zeigte sich auch, dass allein schon die Frage „Wer geht mit wem und warum zum Public Viewing?" eine Art von Liebesbezeugung in Form sozialer Anerkennungsbestätigung darstellte. Die gemeinsame Liebe zu Leinwandfiguren, hier Fußballspielern, und Projektionen fallen leichter, weil aus der Frage „Was würde *ich* jetzt tun?" ein „Was würden *wir* jetzt tun?" wird. Daran, an diesem Gemeinsamkeitsgefühl der Liebesbezeugung, änderte sich auch nichts durch die teilweise schwachen Leistungen der deutschen Mannschaft bei dieser EM. Public Viewing, das gemeinsame Liebesnest für Anhimmelei mit Tiefgang? – Ja und Nein! Ja, weil es zum einen Teil tatsächlich um Fußball geht. Wesentlich wichtiger waren jedoch für die Probanden die Projektionen und Auslotungen in Bezug auf das eigene Selbst und die Möglichkeit, diese innerhalb einer Gruppe preiszugeben.

Anerkennung

Ohne Anerkennung sind wir nicht lebensfähig. Public Viewing ist ein ganz wichtiger Antreiber und Mittler für Anerkennung. Anerkennungsmuster laufen beim Public Viewing über das gemeinsame Rufen und Anfeuern der Mannschaften (einer fängt an, die anderen schließen sich an) oder auch über das Ausgeben und Holen von Bier – dafür wird alles getan. Einige Probanden hatten sich auf den Zeitraum der EM in ihrer Zeitplanung durch Urlaub oder das Ausschalten von anderen Verpflichtungen wie beispielsweise ihr Studium total auf das Ereignis eingestellt.

Für Public Viewing wird in der Zeit- und Lebensplanungsdisposition viel getan. Für viele Probanden ist es *das* Ereignis des Jahres. Ziemlich klar, denn schneller kommt man nicht an die hochwirksamen „Stoffe" Anerkennung, Liebe und Identifikation. Fußball ist hier, ob einem das nun gefällt oder nicht, eher zweit- oder drittrangig.

Vorrangig sind, das konnte aus den Beiträgen der Probanden herausgefiltert werden, die Anerkennungsmuster über Rituale, Gesänge und Schlachtrufe, Zeremonien wie ChakaHandklatschen, Fahne schwenken und rhythmische Trommelfiguren. Das Ganze wird teilweise sehr laut zelebriert. Wer am lautesten „mitbrüllt", bekommt am meisten Anerkennung – eine wichtige Erkenntnis aus der Gruppendiskussion.

Identifikation

Aufmerksamkeit zu bekommen ist heute nicht mehr so entscheidend. Was heute wichtig ist und wirklich lebt, sind Anerkennung und Identifikation. Wie schon vorher ausgeführt: Ein großer Teil der Ergebnisse aus der Gruppendiskussion weist darauf hin, dass Public Viewing hierfür das geeignete Instrument ist.

Public Viewing gehört in der Klassifikation der Marketinginstrumente zum Eventmarketing. Aufgrund der beschriebenen soziologischen Mechanismen von Liebe, Anerkennung und Identifikation kann man die Schlussfolgerung ziehen, dass One-way-Kommunikation wie beispielsweise Cross-Media und klassische Werbung ausgedient haben, weil es dabei keine wirkliche Interaktion und keinen Austausch gibt. Es herrscht lediglich Aufmerksamkeit in Bezug auf das Werbemittel vor, das ist aber auch alles.

Public Viewing schafft die für wirksame Kommunikation heute entscheidende Emotionalisierung. Emotionalisierung ist die Nummer 1 auf der Skala der Probanden und wird in diesem Fun-Sport-Event richtig und nachhaltig möglich. Es gibt Interaktion und Interfusion. Das heißt: Das Gemeinsame mit dem Anderen, mit dem Veranstalter oder mit den dort befindlichen Marken. Es gibt das Hin und Her, es gibt das Geben und Nehmen. Es gibt Kommunikation jenseits des Sender-Empfänger-Modells.

Die Ausführungen und teilweise sehr tiefen Einlassungen der Probanden haben gezeigt, dass die im Unbewussten stattfindenden Abläufe entscheidend sind. Das sind die Gefühlsmuster, die unsere Entscheidung vorbereiten. In diesem Umfeld ist bei Public Viewing die Präsenz beispielsweise der Marke Bitburger ideal im Hinblick auf die Komponenten Kompetenz, Emotion und Anerkennung. Dementsprechend belegt die Vielzahl der Aussagen, dass die Marke Bitburger und der Ausschank vor Ort – trotz der geringen Visualisierung der Marke Bitburger in der Arena Recklinghausen – bei fast allen Probanden im Gedächtnis war.

Sinn

Das Public-Viewing-Angebot kommt genau zur richtigen Zeit. Eine Kernerkenntnis aus vielen Probandenbeiträgen war, dass Public Viewing mehr als reines Fußballschauen ist und Komplexität reduziert. Aus dieser Reduktion von Komplexität heraus entsteht Orientierung und daraus entsteht wieder Sinn. Und wenn das Ganze gemeinsam gemacht werden kann, trägt sich alles leichter. Leichter – trotz schwieriger Wirtschaftslage, trotz stagnierender Löhne und Gehälter, trotz Informationsüberfrachtung. Trotz Arbeitslosigkeit entsteht Sinn über Spiel, wenn auch nicht spielerisch im eigentlichen Sinne, aber mittelbar.

Sinn entsteht aus dem Glauben an die Mannschaft eines Landes: Bern 1954, Deutschland wird Fußballweltmeister, legt davon bis heute ein nachhaltiges Zeugnis ab. Der gefühlte Wert ist entscheidend. Letztlich ist nicht entscheidend, ob das Endspiel gewonnen wird. Die Emotionen bündeln sich. Und – wie aus den Gründen hinter den Gründen der Probanden herausgefiltert werden kann – aus Emotion wird Stolz und Stärke, wird wirtschaftliches Wohlergehen. Aus Sinn entstehen Inhalte und Lebensinhalte, das Leben ist nicht mehr leer.

Nach intensivem Beobachten der Probanden im DVD-Mitschnitt ist Public Viewing eines der Event-Tools der Zukunft. Vielleicht das wichtigste, weil Emotionen gebündelt und bedient werden im Sinne von Interaktion und Interfusion, was andere Kommunikationskanäle so nicht leisten können.

Der Virenschutz gegen die Langeweile

Wir kommen zum nächsten Punkt, indem man bei den Probanden zwischen den Zeilen liest. Zuviel ist in der heutigen Zeit determiniert, zu viel ist vorherbestimmt. Spitzenreiter gegen die Langeweile ist für das Immunsystem sicherlich die Mode, an zweiter Stelle kommt aber gleich der Sport. Sport wird durch Public Viewing demokratisiert, wenn auch in einer Art Scheinidentität, also nicht im realen Stadion. Es gibt hier nicht die hohen Eintrittspreise und andere Hürden wie Anreise oder Probleme mit anderen Fans, weil Public Viewing weniger „aggressiv" verläuft. Also wieder „Höhle", gemeinsames Treffen oder die „Renaissance des alten Marktplatzes".

Durch Public Viewing werden Sportereignisse emotional neu aufgeladen, weil durch den Treffpunkt des Public-Viewing-Platzes ein Gemeinsamkeitserlebnis geschaffen wird. Also Marktplatz hin oder her, das soziale Phänomen ist eigentlich gar keins, sondern der Kampf gegen die Vereinzelung im post digitalen Zeitalter. Post-digital deshalb, weil wir bereits im Zeitalter der Psyche leben. Public Viewing ist ein regelrechtes Dienstleistungsangebot, weil diese Form der Zerstreuung und Aufpeppung des Lebens sonst aufwändig organisiert werden müsste. Mit dem Emotion-Plus2-Faktor wird daraus ein Schuh. Die Marke Bitburger wurde damit als Public-Viewing-Veranstalter bzw. Sponsor zum „Emotionsverkäufer". Viele Ausführungen und die überwiegende Zahl der angekreuzten Bilder der Probanden lassen auf eine tiefe Sehnsucht nach Emotion schließen.

Das Hochzeitsfoto im Fotoalbum als Spitzenreiter und „eine Menge Bilder mit Fußballfans" sind dazu nur zwei Beispiele. Fußball und Public Viewing – die neue Emotionalisierung. Unser Leben basiert auf laufender Veränderung und Steigerung. Wenn sich die Steigerungsspirale durchsetzt, sind Großereignisse wie Fußball-EM oder WM ein wesentliches Beschleunigungselement. Nach zweieinhalb Jahrhunderten und etlichen Versuchen, das Leben vergeblich zu rationalisieren, gibt es jetzt die Renaissance der Emotion. Aus der Beobachtung der Probanden heraus kann konstatiert werden, dass Public Viewing so etwas war und ist wie der Erweckungsruf in der breiten Masse gegen den Kopf und gegen die Vernunft. Öffentliches Feiern ist ein Statement. Es ist eine Demonstration. Wofür? – Für das Recht auf Emotionalität, für die Lust an der Gemeinsamkeit, für die Freude an der deutschen Hymne, der deutschen Fahne, dem deutschen Tor. Emotionen haben in Gesellschaft und Marketing bzw. Kommunikation Hochkonjunktur. Aus den Emotionen entsteht Story-Telling, wichtigstes Tool-Set in der Kommunikation.

Das anschließende Erzählen von Geschichten ist das Entscheidende, d. h. hier wird das Tool Story-Telling von den Menschen selbst genutzt, kultiviert und weiter ausgebaut. Der überwiegende Teil der Probanden bestätigt das. Mit Mustern von Geschichten und narrativen Strukturen lässt sich das Tool Story-Telling im positiven Sinne am besten instrumentalisieren. Wird mit der Lust an der Gemeinsamkeit die bislang unkritisch geglaubte These, die Deutschen entwickelten sich zu einem Volk von lauter Einzelgängern, zurückgewiesen? Wenn es diese Individualisierung tatsächlich gibt, dann ist die Fanmeile beim Public Viewing eventuell der Wunsch oder die Sehnsucht nach dem Gegenteil. Jeder sucht sich selbst und entdeckt dabei den anderen und daran erfreut er sich.

Über die Geschichten, über das Story-Telling, kommen wir über das explizite ins implizite System, weil in diesen Geschichten Bekanntes mit Neuem verbunden wird. Es geht um Durchbrechungsregeln, es geht um Disruption, daraus werden neue Geschichten, daraus werden Mythen. Mythen sind etwas, was sich nie so ereignet hat, wie es erzählt wird, aber das ist wiederum das Entscheidende. Insofern verbindet sich mit Public Viewing und Eventmarketing eine neue Marketingära. Bertold Brecht hätte an den Probanden seine Freude gehabt. Die Geschichten, die erzählt worden sind, sind so etwas wie episches Theater, wo sich eine Szene an die andere reiht. In sich abgeschlossen, mit schönen Brüchen, insgesamt spannend.

Alles, was einmal war, bleibt – auch die Arena in Recklinghausen. Nichts wird vergessen. Also auch nicht diese für die Probanden grandiose Party. Sie steht für viel mehr als nur bloßes Feiern, sie ist geradezu eine Demonstration für das Recht darauf. Das Zeichen einer neuen Zeit? Vielleicht. Eine Zeit, in der eine Generation für jeden offensichtlich demon-striert und dokumentiert, dass es nicht nur eine Last, sondern auch eine Freude sein kann, sich selbst und seiner Herkunft gewiss in einer multikulturellen, globalisierten Existenz zu leben.

Spiele, insbesondere Fußball, sind Kampf und Krieg

Neben den vielen positiven und politisch korrekten Aussagen muss konstatiert werden, dass Fußball Ersatz ist für Kämpfe, Ersatz für das Ausleben von Urtrieben. Raus in die Gefahr und wieder zurück, mit dem Säbelzahntiger im Nacken, zurück in die Höhle, an den heimischen Herd, um sich schöne Geschichten vom Fußball beim Public Viewing zu erzählen. Flüchten oder kämpfen? – Hier finden Schein- und Ersatzkämpfe statt. Das heißt, wenn ich schon nicht selbst kämpfe, dann tun dies andere für mich in einer Fußballmannschaft. Der Zustand eines Landes spiegelt den Zustand der Fußball-nationalmannschaft wieder und umgekehrt. Jedes Land hat die Nationalmannschaft, die es verdient, wie auch den Kanzler oder Präsidenten. Fußball als Ablenkung vom politischen und gesellschaftsstrukturellen Desaster? Eine Wiederholung der Geschichte – der Geschichte von „Panem et Circenses"? Vielleicht, weil politische Lösungen immer schwieriger werden und die Übernahme von Eigenverantwortung immer geringer. Das ist schmerzhaft und Fußball bietet hier Ersatz!

Lebensfluss

Worum geht es zusammenfassend beim Public Viewing? – Es geht um die Geschmeidigkeit des Lebens, um das Runde im Leben, das Laufende, um die Entwicklung nach vorne in der Hoffnung auf unendliche Steigerung und Tröstung. Durch Antizipieren an Erfolgen anderer bzw. Konsum von Massenveranstaltungen und dadurch die Hoffnung auf den säkularen Akt der Tröstung. Public Viewing ist dafür ein entscheidender Katalysator, damit die Steigerungsspirale, die sich längst nicht mehr in allen wirtschaftlichen, gesellschaftlichen, kulturellen Bereichen so schnell dreht, weiter einigermaßen in Schwung gehalten wird.

Public Viewing – das Eventmarketing der Zukunft? Wo geht die Event- und Erlebniskonzeptionsreise hin?

Zusammenfassung

Aufmerksamkeit zu erzielen, ist im zukünftigen Erlebnismarketing generell und im Eventmarketing speziell viel weniger als die halbe Miete! 360-Grad-Marketing war eine Floskel und Kompetenz-Marketing noch viel mehr! Im Public Viewing wird es nur noch auf neuronale Erregungsmuster ankommen. Die neue Hostie der Tröstung mit ihren „Geschmacksrichtungen" Anerkennung, Sinnlichkeit, Spontaneität, Offenheit, Kameradschaft und Freundschaft und vor allem Liebe im Sinne von Zuwendung ernährt das Unbewusstsein ideal. Gibt ein Unternehmen oder eine Marke das einzeln oder alles, kommt mehr als das alles zurück.

Public Viewing ist, wie die Studie gezeigt hat, die rare Ware der Gemeinsamkeit, Anerkennung, Identifikation und Liebe auf der neuen Bühne des Lebens. Public Viewing ist Emotion pur. Die Renaissance der Emotion wird sich nicht aufhalten lassen. Daher sind Public-Viewing-Ereignisse mit Autorennen, Boxkämpfen, Talk- und Politikshows und vielleicht auch Kunst vorstellbar – eben bei allem, was Leute auf einem abgegrenzten, differenzierenden Areal zusammenbringt.

In Kopplung mit neuronalen Abläufen und den bisherigen Marketingstrategien soll nachfolgend betrachtet werden, inwieweit Eventmarketing ein Modul mit Zukunft ist und wohin die Reise gehen kann. Was muss getan werden, um aus dem alten Überbietungsparadigma und der Steigerungsspirale mit „Beeindruckungskoeffizienten" herauszukommen?

Ein Stichwort ist hier „Verführung"! Kommunikation eröffnet sich heute, wenn sie wirklich wirkt und damit verführen muss, meistens erst im Surrealen, im Absurden oder in vollkommen neuen Betrachtungsweisen. Der Haupthandlungsstrang könnte hier ein Event- und Erlebnismarketing sein, das Menschen auf einer bekannten Wahrnehmungs- und Kommunikationsebene abholt und auf eine neue Ebene führt, sozusagen als Durchbrechungsregel oder Regelbruch. Hierfür gibt es Beispiele in der Kunst, wie beispielsweise im Surrealismus oder Dadaismus, im Sinne eines 360-Grad-Radius.

3.1   360-Grad-Radius

Es gab das klassische, das alte und das neue Marketing. Im Grunde genommen handelt es sich bei allen Begriffen um Etikettierungen und Sprachvarianten, die in Wirklichkeit nichts Neues bezeichneten. Die letzte Version in dieser Art war das 360-Grad-Marketing. Wenn man die 360-Grad-Perspektive nicht auf Marketing allgemein bezieht, sondern 360 Grad als den Radius versteht, um den sich die Marke fortlaufend dreht, verändert und fließt, dann ergibt sich ein Sinnbild für eine fluide und luzide Marke. Diese Betrachtungsweise bringt uns wieder zur Kunst und Wahrnehmungspsychologie. Beide Disziplinen sind heute wichtig für Inszenierungen. Das Marketing bedient sich der Kunst und die Adaptionszeiten werden immer kürzer. Während sie früher manchmal bis zu acht Jahren betrugen, taucht das, was in der Kunst neu erdacht wurde, teilweise schon nach vier Jahren im Marketing auf. Stichwort Fragmentierungen und fraktale Schriften à la Neville Brody. Im Kino arbeitete beispielsweise Quentin Tarantino in „Pulp Fiction", „Kill Bill" und „Inglourious Basterds" mit diesen Durchbrechungs-Mustern, also mit Sprüngen und Bewegungen in den Wahrnehmungsschwellen.

In diesem Zusammenhang stellt sich die Frage, inwieweit Events Gesamtkunstwerke mit großer Deutungsoffenheit sind. Manchmal etwas verwirrend, irritierend, faszinierend, aber in jedem Fall inspirierend und – ganz im Sinne des Surrealen und des Absurden – dazu angetan, neue Wahrnehmungs- und Bedeutungsmuster zu schaffen und damit eine nachhaltige Wirkung von Marken in den Köpfen der Besucher zu erzeugen.

3.2   Erregungsmuster

Eine weitere entscheidende Fragestellung ist, ob es nicht mehr nur um Aufmerksamkeit und bombastische Bedeutungsschwere geht, sondern um Erregungsmuster, Identifikation und Anerkennung. Erregungsmuster sind wichtig, um die Reiz-Leiter-Systeme in den Köpfen der Menschen neuronal zu bedienen und zu stimulieren und um damit ins Unbewusste zu kommen.

Geschichten müssen dabei nicht zwingenderweise auserzählt werden, sondern die Empfänger erarbeiten sich den Sinn selbst. Das war übrigens auch ein wesentliches Moment der Public-Viewing- Studie in Recklinghausen: Jeder Besucher findet hier seinen eigenen Sinn und seine eigenen Muster.

Ist Eventmarketing zukünftig ein Marketinginstrument der Authentizität, das via neuronale Gestaltung (also nicht nur rechte und linke Gehirnhälfte) eine Vielzahl von neuen Bewusstseinsverkettungen in Erlebnisräumen schafft, die vorher unvorstellbar waren? Die tiefenpsychologische Kommunikationsforschung weiß heute, dass es ein psychologisches Urbedürfnis des menschlichen Gehirns ist, sich in interessanten Feldern und Räumen von gut erzählten Geschichten aufzuhalten, weil es den Selbstwert stabil hält.

3.3   Rules and no Rules

„Die Regeln kennen, um sie zu brechen!" ist also das zentrale Momentum oder genauer Eventum. Immer dann, wenn gelernte Regeln durchbrochen beziehungsweise an bestehende Regeln angedockt werden und Menschen in neue Welten geführt werden, kommen wir an die Schwelle des Absurden, an den Übergang zwischen Sinn-Eröffnung und Sinn-Leere. Hier gibt es neue Konzeptions- und Gestaltungsrichtungen für Event- und Erlebnismarketing.

Spannungs- und Erzählmuster in der Marketing-Kommunikation sind aufgrund der neuesten neuropsychologischen Erkenntnisse episodisch und emotional und meistens auf mehreren Handlungs- und Durchbrechungsebenen angesiedelt. So betrachtet war die Inszenierung einer Schneeball-Meisterschaft zur Einführung eines neuen Bierproduktes sehr emotional und durchbrach verschiedenste Handlungsmodelle. Die gelernten Regeln rund um Bier, das eher konservativ agiert und vornehmlich in der älteren Generation markentreue Kunden hat, wurden durchbrochen. Ausgangspunkt war die Erkenntnis, dass Schneebälle werfen etwas für junge und ältere Menschen ist, weil „beide Generationen gerne auch immer mal wieder Kind sein möchten". Schneebälle werfen ist so eine „übergreifende" Handlung und in Form einer Meisterschaft zudem noch nie da gewesen. Aus diesem Grund führte die Entwicklung und Umsetzung der Schneeball-Meisterschaft zu einer extrem hohen Medienresonanz. Es passte eigentlich so gar nicht zum Thema Bier. So etwas gab es vorher noch nicht, gleichzeitig war es unterhaltsam, förderte die Gemeinschaft und der Spieltrieb wurde generationsübergreifend angesprochen.

Zusammengefasst: Inszenierungen im Absurden haben, wenn es überhaupt Regeln gibt für Events, den Sinn, „Sinn" und die sogenannte Vernunft außer Kraft zu setzen. Voraussetzung hierfür ist, dass eine sehr genaue Vorstellung von dem besteht, was Menschen als Sinn rationalisieren.

Hinter der „Ratio" stehen gebirgige Landschaften mit ungeahnten Tiefen und Höhen im Unbewussten, die über das implizite System die Gefühle steuern. Menschen sind heute auf der Suche nach Sinn oder zumindest Sinnillusionen. Die Wenigsten trauen sich auszusprechen, was sie wirklich wollen.

Vielleicht ist eine „anarchistische" Event- und Erlebniskommunikation der geeignete Weg, um Events gleichbedeutend mit *Käuferförderung* und nicht wie früher mit *Verkaufsförderung* bezeichnet, zu etablieren?

Eventszenarien dringen tief in Gefühlsstrukturen und das Unbewusste ein und sind damit wirksamer, weil sich die Empfänger mit den Botschaften in ihrer Gefühlsstruktur auseinandersetzen. Begründet wird das alles über narrative, kognitionspsychologische und soziologische Komponenten, die in die Richtung von High Involvement weisen und sich damit von AIDA, Sender-Empfänger-Model und anderen herkömmlichen Konzepten verabschieden.

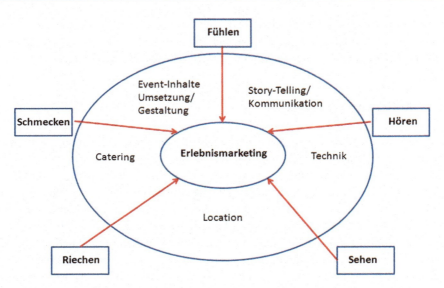

Abb. 3.1 Erlebnismarketing (eigene Darstellung)

Public Viewing zur EM in Recklinghausen war dazu ein Anfang, gleichzeitig aber auch nichts weiter als ein Beispiel.

Selbstwertstabile Anregungen im Gehirn sind nichts anderes als das Konzept des „schöneren Lebens" mit der Erfüllung von psychologischen Urbedürfnissen und gut erzählten Geschichten, die zu der raren Ware Identifikation, Nähe und Anerkennung führen. Die Studie Public Viewing Recklinghausen Arena 2008 zeigte, dass die Besucher echte Glücksgefühle in der Gemeinsamkeit haben.

Alles in allem sind Event- und Erlebniskonzeptionen wie das Leben. „Das Leben heißt, das Absurde leben zu lassen" (Albert Camus).[1] Nur durch das Absurde oder das Spiel können neue und zusätzliche Wahrnehmungen und Erkenntnismuster eingeleitet werden. Wichtig ist auch, zwischen absurd und real zu trennen oder zwischen absurd und nicht absurd. Wir sind dann in der Lage, unsere Welt wahrnehmungspsychologisch, freier und spielerischer zu erleben.

Für ein Produkt oder eine Dienstleistung wäre es somit ideal, wenn diese Glücksgefühle genutzt werden könnten, um nachhaltig in der Erinnerung des Prosumenten zu bleiben. Um dies zu erreichen, müssen die gezielte Ansprache aller fünf menschlichen Sinne (Hören, Sehen, Riechen, Schmecken und Fühlen) mit den elementaren Bausteinen eines Events (Event-Inhalte, Kommunikation/Story-Telling, Location, Technik und Catering) konzeptionell und operativ in Einklang gebracht werden (vgl. Abb. 3.1).

Auf diese Art und Weise könnten Konsumerlebnisse gestaltet werden. Unabhängig davon, ob es sich dabei um Sportveranstaltungen, Konzerte oder sonstige selbsterlebte Ereignisse handelt. Die Abstimmung der Event-Bausteine unter Berücksichtigung aller

---

[1] Camus (2009).

fünf menschlichen Sinne hat großes Potenzial, in das Unbewusstsein des Menschen einzudringen und somit nachhaltig in Erinnerung zu bleiben – so, wie viele Ereignisse des Lebens ebenfalls mit allen Sinnen erlebt und im Unbewusstsein „gespeichert" werden.

Alles in allem lässt sich daraus schlussfolgern, dass eine gelungene Event- und Erlebniskonzeptionen wie das Leben sein sollte. Dabei darf das Leben durchaus vielfältig betrachtet werden. „Das Leben heißt, das Absurde leben zu lassen" (Albert Camus) Nur durch das Absurde oder das Spiel können auch neue und zusätzliche Wahrnehmungen und Erkenntnismuster eingeleitet werden. Wichtig ist, zwischen absurd und real oder zwischen absurd und nicht absurd zu trennen. Wir sind dann in der Lage, unsere Welt wahrnehmungspsychologisch, freier und spielerischer zu erleben.

Literatur

Camus, A. 2009. *Der Mythos des Sisyphos,* 13. Aufl. Rowohlt Verlag: Reinbek bei Hamburg.

Das war und das war es – Eine historische Betrachtung von Events

Zusammenfassung

Über 2000 Jahre ist das Christentum nun alt. Etwas, das sich so lange – bis in die heutige Zeit hinein – aufrecht halten kann, muss vieles in der Ausübung bzw. in der Umsetzung richtig gemacht haben. Was das ist bzw. wie man es aus Event-Sicht beurteilen kann, erfahren Sie hier.

Werfen wir noch einen Blick auf die Historie von Events. Woher kommen sie? Mit dem entsprechenden Blick zurück in die Geschichte lässt sich feststellen, dass Veranstaltungen – vergleichbar zu der heutigen Zeit – erstmalig in der römischen Geschichte 600 vor Christus bis 476 vor Christus beschrieben wurden. Einer der ersten Gladiatorenkämpfe wurde beispielsweise im Jahr 264 vor Christus erwähnt. Sechs Gladiatoren kämpften paarweise im Rahmen einer Begräbniszeremonie für einen Senator gegeneinander. In den nachfolgenden 150 Jahren demonstrierten reiche und einflussreiche Familien mit Hilfe von inszenierten Gladiatorenkämpfen ihre Macht und ihren Reichtum. Im Jahre 100 nach Christus wurden solche Kämpfe immer populärer. Sie wurden als Ereignisse inszeniert, um die inländische Bevölkerung zu beeinflussen bzw. zu beeindrucken und somit politisch Einfluss und Macht zu gewinnen.

Solche Events boten damit eine Möglichkeit, eine politische Karriere zu starten und/oder zu beeinflussen. Das konnten die erwähnten Gladiatorenkämpfe sein, ebenso Zirkusspiele, in denen Menschen gegen wilde Tiere kämpfen mussten. Auch triumphale Einzugsmärsche nach gewonnenen Kriegen und Schlachten waren zur damaligen Zeit fast schon gewöhnlich. Julius Cäsar war vielleicht einer der populärsten „Event-Veranstalter" in der Historie. Er ließ mit die größten und womöglich berühmtesten Veranstaltungen durchführen, um seine politische Größe beim Volk weiter zu festigen. Von Wagenrennen bis hin zu grausamen Massenfolterungen hatten die Veranstaltungen unterschiedliche Wirkungen. Sie dienten

© Springer Fachmedien Wiesbaden 2017
J. Thinius, J. Untiedt, *Events – Erlebnismarketing für alle Sinne*,
DOI 10.1007/978-3-658-07135-6_4

manchmal dazu, das Volk zu amüsieren, aber manchmal eben auch zur Demonstration von Stärke und Macht und somit zur Abschreckung.

Der römische Dichter Juvenal beschrieb die Situation in dieser Zeit folgendermaßen: „Die römische Bevölkerung war lustlos und desinteressiert, was öffentliche Ämter, Politik oder sonstige Autoritäten betraf. Sie wollte nur noch Brot und Spiele." Und die jeweiligen Herrscher boten dem Volk Brot und Spiele. Bis in die heutige Zeit ist uns der Begriff „Panem et Circenses" bekannt.

Mit der Gewährung der Religionsfreiheit der Christen und der weiteren Ausbreitung des christlichen Glaubens vor allem unter dem römischen Kaiser Konstantin (Konstantin der Große) verschwanden solche Demonstrationen von Stärke und Macht. Kaiser Konstantin war davon überzeugt, seine damaligen militärischen Erfolge mithilfe des Gottes der Christen erreicht zu haben. Die christliche Religion war ein Jahr zuvor durch Kaiser Galerius als legal anerkannt worden. Mit der Religionsfreiheit im Februar des Jahres 313 nach Christus stellte Kaiser Konstantin die Christen den Anhängern anderer Religionen und Kulte gleich. Damit leitete Kaiser Konstantin den Aufstieg des Christentums zur wichtigsten Religion im römischen Imperium ein.

Man kann sagen, dass die Stärke- und Macht-Veranstaltungen der jeweiligen Herrscher nun durch die Inszenierung des Glaubens im Christentum ersetzt wurden. Denn betrachtet man das Thema Religion und Christentum der letzten 2000 Jahre durch die Brille des Eventmarketings, dann finden sich alle wesentlichen Elemente des heutigen – modernen – Eventmarketings dort wieder:

- spezielle, zum Teil bombastische Bauten als Event-Location (Dome, Kirchen), fast immer sehr zentral gelegen,
- das Kreuz als zentrales Logo,
- Rituale, um den Glauben zu verfestigen,
- Orgelmusik, Einbindung der Gemeinde durch Singen,
- Teilhaben am Abendmahl, Symbolisierung Gottes beim Abendmahl durch den „Leib Christi" und
- die Bibel – erlebte Geschichte schriftlich fixiert und damit nachhaltig wirksam im Sinne von Story-Telling.

Darüber hinaus ist die Ankündigung des Events (Gottesdienstes) mit Glockengeläut bis in die heutige Zeit eine einzigartige Form der Event-Ankündigung. Die Glockentöne der unterschiedlichen Kirchen innerhalb von Städten und Gemeinden werden von der Tonlage sogar aufeinander abgestimmt, damit es nicht zu Misstönen bei parallelem Glockengeläut kommt!

Selbst das Geruchsorgan der Kirchenbesucher hat mit dem Weihrauch sein eigenes Merkmal. Beim Betreten einer Kirche ist dieser Geruch eindeutig zu identifizieren. Der Besucher assoziiert Glauben, Stille, Gebet und die Erneuerung des Glaubens durch die wöchentlichen Kirchenbesuche, und darüber hinaus gibt es sogar auch noch eine sehr emotionale Belohnung, nämlich die Vergebung der Sünden.

4.1   Drum lasset uns beten

Events sind gut durchdachte und möglichst differenziert konzipierte Inszenierungen von Ereignissen, die einen möglichst neuen oder überraschenden dramaturgischen Ablauf haben, die Storyline.

Was ist Religion oder – noch weitergehend – was ist Religiosität? – Hier geht es zunächst um rituelle Empfehlungen oder Vorschriften, die beachtet werden müssen oder sollen. Also eine Rückbindung für den Weg des Menschen auf der Suche nach Sinn und erfülltem Leben. Ziel von Religionen sind das Heil und die Tröstung, vielleicht auch eher eine Heilsverheißung, die Menschen als Optionen angeboten wird und ein entsprechender Weg zu diesem Heil. Meistens geht es um die Lösung aus Unheilszuständen. Subziele sind das Glück, der Frieden, die Sicherheit in dieser Welt, aber auch das Heil und der Sinn als zukünftiger „Besitzstand" nach dem Leben auf dieser Erde. Also die Kernfragen des Seins, die zuverlässigsten Antriebsstränge für die eigene gefühlte Daseinsberechtigung: Woher komme ich? Wer bin ich? Wohin gehe ich? Wie sterbe ich?

Religion ist auch Bindung und das Heilige, das Gotthafte, das Absolute. Das sogenannte Heilige ist das Faszinierende, aber auch Erschreckende, Furcherregende und das absolut Machtbewusste. Eben das Andere – das, was wir noch nicht kennen.

Was bieten Produkte dem Menschen in einer säkularisierten Welt? Tröstung und Heil! Religionen sind Sinnangebote! Events auch? Nein und Ja. Events wie in der bereits beschriebenen Form des „großen Auftritts" sicherlich nicht; strategisch angelegte Events, die sich parallel und integriert mit dem Kern der Marke und ihrer Aura befassen, hingegen schon. Die weltlichen Sinnangebote haben – ohne ethische und moralische Gewichtung – nicht weniger Wert und Inhalt als die tradierten Religionsangebote. Es geht um Geborgenheit, Beziehungen, Selbstverwirklichung, Erfolg, aber auch um Anerkennung und Identifikation, um das Dabeisein, das Gruppengefühl. Alles das können Events im hohen Maße bieten.

Religionen haben eine Reihe von Verstärkungsmechanismen, wie zum Beispiel die christlichen Religionen die Hoffnung. Was steht hinter der Hoffnung? Das linear angelegte Ziel der Auferstehung von Jesus Christus, die Verkündigung in der Bibel, das Reich Gottes, das ewige Leben, die Auferweckung der Toten. All diese Geschenke kann ein christlicher Glaube machen. Es geht kurz und kompakt um Glaube, Liebe und Hoffnung, aber auch um Freude und um Gelassenheit, die inszeniert werden. Insofern sind Religionen und religiöse Überzeugungen, die nicht notwendigerweise fest in eine Kirchenorganisation eingebettet sind, so etwas wie Lebensentwürfe.

Hier liegen die Parallelitäten zu Events und der Event-Betrachtung in der heutigen Zeit. Wenn wir also Events im übertragenen Sinne auf die Ebene der Religion heben, dann sollten bzw. müssen Events Sinn, Inhalte und Beiträge für den eigenen/persönlichen Glaubens- und Lebensentwurfskanon haben.

Die Sinnfrage ist nicht immer durch den Glauben an etwas zu lösen. Im Sinne des Ansatzes der Neuropsychologie und in der Weiterführung via Neuromarketing geht es immer um den Sinn für das Individuum. Der Sinn ist allerdings auch eine unsere Möglichkeiten übersteigende Macht. Sinn wird von uns als die jeweilige Situation übersteigend erfahren. Diese relative Nichtverfügbarkeit macht den Sinn so wertvoll und so kommt es zu einer permanenten Sinnsuche. Diese Sinnsuche hängt eng zusammen mit der Gestaltung des Lebens. Menschen wollen in Gemeinschaft leben, Gruppen bilden. Dazu gehören Verhaltensregeln und damit entsteht ein gesellschaftliches Bewusstsein mit entsprechenden Werten, mit Ethik und Moral.

Auch wenn es weit hergeholt erscheint, Events und eben nicht nur die, sondern auch das Eventmarketing, müssen dies ebenfalls leisten. An dieser Stelle wird klar, dass Eventmarketing nicht nur das Durchführen einer Veranstaltung ist, sondern die Vitalisierung einer Marke mit allen Gefühlen, vielleicht auch mystischen Erfahrungen. Events machen eine Marke erfahrbar und erlebbar.

Genauso geht es in Religionen um diese beiden Komponenten, die häufig einen tiefen, überzeugenden Eindruck im Menschen hinterlassen und die Lebenseinstellung verändern. Solche Erfahrungen werden mitgeteilt, angenommen und in die Gefühlsstrukturen, sprich neuronalen Systeme der Menschen, eingespeist. Mit diesen Erfahrungen wachsen neue Überzeugungen, entstehen neue Muster und die Möglichkeit, dass Menschen mitgenommen und fasziniert werden.

4.2   Events: Religion, Mythologie und Ritual

Event ist aber mehr! Event ist Religion, Mythologie und Ritual in einem! Warum? In der Substanz geht es darum festzustellen, was Religion ist, was Religion leistet. Insofern sind auch Events aufzuteilen in den sinnhaften konzeptionellen und den funktionalen Teil der eigentlichen Veranstaltung.

Dabei geht es zunächst nicht um Glauben. Auch der Glaube an Gott gehört nicht von Anfang an zu Religionen. Es geht um die individuelle Entfaltung des Individuums im Kontext seiner sozialen, gesellschaftlich und kulturell geformten Welt. Der Glaube kann sich vielleicht hinterher entfalten, zunächst geht es bei Religionen aber um das gemeinsame Erlebnis, die Riten und die Verhaltensweisen.

Während der Mensch in seiner Entwicklung immer mehr Instinkte verloren hat, sind sie Tieren erhalten geblieben. Instinktorientierung ist die Option für Überlebensgarantie. Der Mensch hat durch Sozialisierung zunehmend an Freiheit gewonnen. Gleichzeitig hat diese Freiheit aber auch Unsicherheit und Orientierungssuche zur Folge. Orientierung heißt, sich im Leben, in der Welt, in seinen Beziehungsnetzen einzurichten, sein Leben so zu gestalten, dass man es möglichst auch erklären kann. Aber die gesellschaftliche Entwicklung und damit der religiöse Wandel in der Gegenwart, beschreiben einen Bedeutungsverlust, der zumindest in der christlich kirchlichen Religion, die teilweise ein System der bloßen Rhetorik geworden ist, nicht mehr ernst genommen wird und somit vielen Menschen keine Orientierung mehr bietet.

Damit liegen die Urwurzeln des Vergleichs Event und Religion in der Orientierungssuche und in der Reduzierung von Komplexität. Begriffe wie Erfahrung und Bindung sind in der Religiosität Erlebnisse, die einen tiefen Eindruck im Menschen hinterlassen. Es gibt nicht nur die Gemeinsamkeiten bei den Fragen nach dem Sinn des Lebens, sondern die Suche nach dem großen Orientierungsrahmen, der Handlungsanweisung, den Lebenskonzepten und Lebensrezepten, den Bedürfnissen nach Gemeinschaft, Heimat, Geborgenheit, Stetigkeit, Dauer und Stabilität.

Betrachtet man in der heutigen Zeit aber den fortlaufenden Anstieg von psychischen Erkrankungen bei Menschen, denen vor allem eine Orientierung in ihrem Leben abhanden gekommen ist, dann müsste die These heute lauten, dass Religion, bei zeitgemäßen Inhalten und entsprechender Kommunikation, wieder großen Zulauf erhalten müsste. Denn den christlichen Glauben zu praktizieren bedeutet, sein Leben christlichen Regeln unterzuordnen. In diesem Zusammenhang drängt sich die Frage auf, ob nicht mehr vorhandene Regeln in der heutigen Zeit zur Überforderung der Menschen und damit zu der Vielzahl psychischer Erkrankungen führen. – Oder umgekehrt: Können in einer immer komplexer werdenden Umwelt Regeln einen Rahmen im Leben der Menschen darstellen, der sie vielleicht vor Überforderung schützt?

Wenn Religionen es schaffen, mit moderner Interpretation und Kommunikation der Bibel aufzuwarten, können Menschen darin vielleicht auch wieder Regeln erkennen, die sie für sich und ihr Leben als hilfreich ansehen. Demnach hätten die Grundlagen der Religion und des Glaubens mehr denn je in der heutigen Zeit eine Chance, als „Leitplanken" im Leben vieler Menschen zu dienen.

Stattdessen bauen sich die Menschen als autonome Prosumenten aus dem Warenlager der privaten Sinnsysteme derzeit ihre eigenen Sinnangebote. Die wichtigsten Elemente sind hier:

• Der Entwurf des schöneren Lebens
• Das Streben nach Autonomie
• Selbstverwirklichung- und Selbstdarstellungswünsche
• Gesellschaftlicher Aufstieg
• Erfüllte Sexualität
• Familie

Religion hatte immer auch Antworten auf die Fragen, was dem Menschen fehlt. Insbesondere dann, wenn er alles hat. Das erinnert uns sehr an gesättigte und wettbewerbsintensive Märkte. Entscheidend für Religion wie für Events ist die Antwort auf die Frage, ob man das erleben kann, was geglaubt werden soll. Das heißt: Erweiterung des Erlebnisfeldes Marke über den Markenkern hinaus. Mit der zunehmenden Etablierung von Eventmarketing hat der Begriff Markenaura eigentlich erst seine Berechtigung gefunden, weil es dort um das wahre Erleben für den Entwurf des besseren und schöneren Lebens geht.

Religion ist auch immer Suche, die Suche nach dem, was fehlt oder was zu mir passen kann, was zu meinen bewussten und unbewussten Lebens- und Daseins-Strukturen gehört.

Das Ganze wird durch Rituale und Symbole abgerundet: das zentrale Ritual, das regelmä-ßige Treffen in einer Kirche, unter dem Symbol des Kreuzes, das Urlogo aller Logos.

Wirklich tief erlebte Religiosität ist nach innen orientiert und wirkt in der Weise, dass sie in jedem Menschen ganz bestimmte Zustände hervorruft. Beim Besuch eines Gottesdienstes kann man im übertragenen Sinne von einem „Meet & Greet" mit Gott sprechen. So kommt es im Gebet, im tiefen Glauben, zu einer Begegnung mit Gott. Ein einzigartiger Umstand für den gläubigen Menschen, der einen besonderen Zustand wie die Erneuerung des Glaubens herbeiführt und damit gleichzeitig nahezu das perfekte Eventmarketing darstellt.

Diese Zustände werden im vegetativen und affektiven Teil des Gehirns gespeichert, neu aufgeladen und ausgelöst. Es sind Gefühle, Stimmungen, Ekstasen, Betroffenheit und Ergrif-fenheit. Wichtig für das Erleben ist die Ergriffenheit, also das, was man heute Hype nennt.

Es geht weniger um den Inhalt, auch nicht um den Glauben, sondern um das bloße Ergriffensein. Und genauso wie in der Religion ist das Gelingen und Funktionieren von Live-Communication im hohen Maß abhängig von der Resonanzfähigkeit. Daraus entste-hen Identifikation, Anerkennung bei Anderen und Anschlussfähigkeit. Das heißt: Religion bietet wie ein Event Sinnerwartungen, die von Menschen im Kontext ihrer Lebens- und Alltagswelt individuell maßgeschneidert und für jeden einzelnen entwickelt werden.

Religionen deuten das Leben und Lebenserfahrungen. Sie berichten von Natur, Leid oder Tod. Religionen helfen Ängste und Krisen zu überwinden. Sie können psychisch gesund machen, weil sie Komplexität reduzieren und Trost und Hoffnung spenden. Inso-fern ist der psychologische Nutzen, das emotionale Versprechen einer Marke anlässlich eines Events, nichts anderes.

Diese Interaktionen vollziehen sich in gemeinschaftsbildenden Aktionen, Gottesdiensten, festen Bräuchen einerseits und Events, inklusive Eventvorankündigungen und Event-nachbearbeitung, andererseits. Hier sind im Zusammenhang mit Events ganz neue strategi-sche Überlegungen anzustellen. Der Satz „Nach dem Event ist vor dem Event" verweist darauf, dass es darum geht, die jeweilige Anschlussfähigkeit und eine bestimmte Höhe von Erregungsmustern der Reizleitersysteme in den Gehirnen der Menschen zu erzeugen.

Religionen klären und läutern durch das Heraustreten aus momentanen Zuständen. Es ist das Einnehmen einer weitsichtigeren, distanzierteren Position. Insofern besteht auch hier eine Parallele zum Eventerlebnis, weil auch hier Visionen vermittelt werden.

> Wenn Religion der Ansatz oder der Versuch einer Gesamtorientierung und damit Struktur für den Sinn des Lebens ist, dann ist Eventmarketing auf dem besten Weg, den Entwurf des schöneren Lebens laufend neu zu vitalisieren, zu befeuern und zu garantieren!

Der Vergleich zwischen Religion, Ritualen und Events drängt sich auf, weil jedes emo-tionale Versprechen einer Marke in die Richtung weist, die die Herzen der Menschen tief bewegt. Was ist der Mensch? Was ist Sinn und Ziel des Lebens? Was ist gut und was nicht? Was ist der Weg zum wahren Glück? Woher kommen wir und wohin gehen wir? Jede Religion hat dazu ihre Lehren und Dogmen. Die Umsetzung von Religion im Sinne des hier beschriebenen, nahezu perfekten Eventmarketings wird nun mehr als 2000 Jahre praktiziert. Allein diese Langlebigkeit bzw. Überlebensfähigkeit spricht deutlich dafür, dass Religion und die „Erlebbarkeit des Glaubens" sehr vieles richtig gemacht hat.

Ist Eventmarketing die säkularisierte Privatreligion, das weltliche Sinnangebot zur Selbstverwirklichung eines Lebens oder auch eines Lebensgefühls, was im „Ernstfall" schon ausreicht, um motivationale Versprechen von Marken nach kritischer Überprüfung glaubwürdig und nachhaltig in einen Entscheidungsprozess zu übernehmen? Es geht uns nicht um den vordergründigen Vergleich zwischen Events und religiösen Ritualen, sondern wir sehen die Parallele zu Sinnentwürfen mit entsprechendem Sendungsbewusstsein. Damit kommen wir in den Bereich des Mythos.

Im Mythos geht es weniger um Realitätsstufen als um Immanenz und Transzendenz. Der Mythos kennt keine Unterscheidung zwischen vorgestellter und wirklicher Wahrnehmung. Durch die Gleichzeitigkeit oder die räumliche Begleitung als Ursache von Ereignissen landen wir beim Event mit allen Möglichkeiten der Mythen und der Mythologie. Damit können Vergangenheit, Gegenwart und Zukunft schlüssig erklärt werden; ganz in der populären Auslegung des Mythos, der immer das ist, was sich, so wie erzählt, nicht ereignet hat.

Eventmarketing weist damit in die Richtung der gut erzählten Ereignisse. Nach unserer Auffassung ist Story-Telling damit nicht nur ein Teil des Eventmarketings, sondern ein wesentlicher Handlungsstrang über die eine Veranstaltung, den einen „Big Bang" hinaus.

Story Telling – Erzähl mir deine Geschichte

5

Zusammenfassung

Geschichten werden schon seit mehreren tausend Jahren erzählt. Von der Antike, über Grimms Märchen bis hin zu Donald Duck im Micky Mouse Heft. Was alle guten Geschichten gemeinsam haben, ist das Motiv. Es gibt immer einen Helden, einen Anti-Helden und einen Konflikt, der gelöst werden muss.

Lassen sie doch einmal gemeinsam die Fachliteratur und Fachzeitschriften zu diesem Thema Revue passieren. Story-Telling ist einer der heute im Marketing am häufigsten verwendeten Begriffe. Story-Telling soll alles richten! Er reicht bis hin zum Content-Marketing und allen möglichen Formen der Inszenierung von Inhalten. Nun hat das Erzählen von Inhalten in Anzeigen oder Prospekten im digitalen Zeitalter manchmal fast etwas Betuliches oder Nostalgisches. Hier eben die „Geschichten" gedruckt – wie früher ein Märchen –, aber damit werden die Möglichleiten des Multisensuellen, das, was ein Event am besten bieten kann, nicht genutzt. Auch die banal anmutenden Geschichten von den „Marktplätzen" und vom „Sitzen um das Feuer" herum möchte man inzwischen nicht mehr hören. Eine Zeit lang war Steve Jobs Vorbild und der Meister des Story-Tellings. Doch was machen wir jetzt?

Eines ist inzwischen allen klar geworden: Lebendig erzählte Geschichten erzeugen mehr Aufmerksamkeit, Konzentration und vor allem Lebensfreude und Lerneffekte als gelernte, nüchterne Ansprachen im Stile „Wie halte ich eine Rede?" oder „Wie erzähle ich eine Geschichte?". Insofern sind alle Bücher als Ratgeber dieser Art auch eher für die Papierpresse geeignet, weil es im Grunde genommen, außer ein paar wirklich dürren Grundregeln, keine Regeln gibt. Wie so oft gilt auch hier: die Regeln kennen, um sie zu brechen!

Weiter ist davon auszugehen, dass bei Vorträgen, Reden oder beim Geschichtenerzählen, die Aufmerksamkeit mehr auf dem Vortragenden liegt als auf dem Inhalt. Vom Inhalt bleiben, wenn es gut geht, lediglich 15 Prozent übrig. Es ist wichtig, dass es einen Kern gibt, eine Botschaft, eine Erkenntnis, eine Durchdringung von Gedanken, die man vorher noch nicht gehabt hat, auch wenn man sich nicht mehr an alle Einzelheiten erinnern kann. Wenn

© Springer Fachmedien Wiesbaden 2017
J. Thinius, J. Untiedt, *Events – Erlebnismarketing für alle Sinne*,
DOI 10.1007/978-3-658-07135-6_5

Geschichten richtig spannend, divergent, disruptiv oder einfach von einer tollen Idee getragen sind, dann geraten die Zuhörer im Idealfall in eine Art Trance-Zustand.

Über die Wirkung von Trance im Hinblick auf Events werden wir im Kapitel 8 verschiedene Möglichkeiten ausloten, um in dieser Richtung über die Gestaltung des Umfelds, der Bühne und anderer Handlungsstränge so etwas wie einen praktikablen *„Alpha-Zustand via Trance"* zu erreichen.

5.1   Story ist story, ist story!

Story-Telling ist nicht neu, war aber schon immer ein gutes Instrument, um Menschen zu fesseln. Alte Geschichten in der Werbung liefen häufig über Schuldgefühle. Ganz so wie es das christliche Abendland verlangt. Erinnern wir uns an die „Klementine von Persil" oder „das schlechte Gewissen von Lenor." Geschichten, die für oder auf Events erzählt werden, sind in der Regel die Hauptdramaturgie und die wesentlichen Regie-Linien. Fabeln und Anekdoten oder auch komprimierte Komplexität, wie z. B. ein Witz, sind sicherlich geeignet, reichen heute aber nicht mehr aus. Es geht heute darum, die Geschichten so surreal, absurd und überraschend zu erzählen, dass man „Momentum" erzeugt. Also in einer achtzehntel Sekunde einen überraschenden Effekt oder mehrere Effekte hintereinander, die an Grundüberzeugungen oder alten Gedankenkonstrukten rütteln! Wenn das gut funktionieren soll, ist es entscheidend, dass es Besitzstände gibt, die in den Köpfen der Menschen schon drin. Sie müssen mit neuen Überraschungsmomenten verknüpft werden!

Geschichten sind nichts anderes als weitergegebene Lebenserfahrung, vermitteltes Wissen, Sachinformationen schön verpackt – mit einer Problemlösung zum Schluss. Das Brechen der Regeln führt zu neuen Rollenerwartungen und im besten Fall zu Verhaltensveränderungen. Geschichten fördern das Anschauungsvermögen, vermitteln Werte und motivieren zum Handeln. Über allem steht die große Überschrift „Sinn vermitteln" und „Leid" oder das vermeintliche Leid, das uns das Leben und insbesondere der Alltag bescheren, zu reduzieren.

Auf firmeninternen Events hat das Medium des Business-Theaters in den letzten zehn Jahren sehr gute Erfolge verzeichnet. Business-Theater ist nichts anderes als interne Events, in denen Geschichten über Arbeitsprozesse und Kommunikation im Unternehmen erzählt werden. Diese Geschichten werden genutzt, um eine neue Plattform für Unternehmenskultur, Kommunikation und Unternehmenswerte zu installieren. Am Ende des Tages sind diese Geschichten nichts anderes als die vorher aufgezeigten Produkt- oder Dienstleistungsgeschichten, die anlässlich von Events erzählt werden. Als Endresultat sollen sie Sinn und Identität stiften. Auch bei komplizierten technischen Zusammenhängen, die an Kunden oder Mitarbeiter kommuniziert werden müssen, haben sich Geschichten bewährt. Zum Beispiel, um Menschen die komplexe Bedienung eines Caterpillars beizubringen. Geschichten können in ihrem Impetus durch entsprechende Animation von Comic- oder Sympathie-Figuren verstärkt werden.

Jede Geschichte ist anders und muss anders vorgetragen werden, denn sonst wird sie nicht mehr wahrgenommen. Was alle guten Geschichten gemeinsam haben, ist das Motiv, warum sie erzählt werden! Es kommt meistens ein Held oder Anti-Held darin vor und ein Konflikt, der gelöst werden muss. Das Ganze wird von viel Emotion getragen: Der Held geht auf die Reise, muss verschiedene Prüfungen bestehen, trifft unterwegs auf Mentoren und Unterstützer, kommt irgendwann zum Ausgangspunkt zurück und wird gefeiert. Alle guten Geschichten haben diese narrative Struktur!

Das Internet und die digitalen Medien bieten darüber hinausgehende Möglichkeiten des transmedialen Erzählens, das heißt also, Geschichten in einem Medium anzufangen und in einem andern Medium zu beantworten, um auf diese Weise Interaktionen zu installieren! Es sind Geschichten mit offenem Ausgang, die von den Usern vollkommen gemacht werden können.

Geschichten mit Interaktionen, zum Beispiel, sind viele Spiele, die auf der Rankingliste ganz oben stehen. Entscheidend ist, dass an die Experimentierfreude der Menschen angeknüpft wird. Gerade bei transmedialem Story-Telling im Netz sind nicht-lineare Geschichten fast Pflicht angesichts des riesigen Angebots an Informationen und Geschichten. Story-Telling wird heute am meisten genutzt, wenn es um Produktinformationen oder Produktgeschichten geht. Story-Telling eignet sich aber auch ganz besonders zur Durchsetzung von Unternehmenszielen. Angefangen bei Mitarbeitern bis hin zu Kunden oder Prosumenten. Auch Sales-Conventions, Identity-Veranstaltungen und Motivationsevents sind die Anlässe dafür.

5.2   Weihnachten hilft immer!

Fällt Ihnen keine Geschichte ein? Brauchen Sie Vorlagen? Dann holen Sie doch am besten Ihre alten Märchenbücher aus Ihrer Kindheit, wenn Sie die noch im Keller haben, hervor. Oder nehmen Sie sich dramaturgische Linien und Story-Lines aus anderen Geschichten.

Wir alle kennen die Weihnachtsgeschichte. In dieser Geschichte ist alles drin, was eine gute Geschichte haben muss: Es gibt Überraschungen und einen Helden, der erst einmal gar nicht wie ein Held wirkt, sondern wie ein Anti-Held. Es gibt die Rettung der Menschheit und der Welt. Und es gibt Gut gegen Böse. Das ist wahrscheinlich einer der Gründe, warum wir immer noch Weihnachten feiern!

Denn das ganze betuliche, nostalgische und kommerzielle Drumherum ist nicht das, was uns Weihnachten feiern lässt. Es ist diese Geschichte. Wenn Sie sich an dieser Geschichte orientieren und daraus eine eigene entwickeln – für Ihr Unternehmen oder für eine Motivationsveranstaltung – werden Sie Folgendes feststellen: Die Weihnachtsgeschichte muss nicht erklärt werden, sie leuchtet ein. Sie hat Tiefe und Emotionalität und auch etwas Unwahrscheinliches! Nämlich, dass eine Jungfrau ein Kind bekommt. Die Geschichte wird in einer Jahreszeit erzählt, die düster und dunkel ist. Weihnachten war das frühere heidnische Sonnenwendfest. Also ist diese Geschichte auch dazu geeignet, die deprimierenden dunklen Tage besser zu ertragen und sich auf die helleren, längeren Tage zu freuen. Die Geschichte überlebt jeden Weihnachtskitsch und jede Anti-Haltung zu Weihnachten. Sie trifft auf unsere tiefsten Sehnsüchte nach Erkenntnis und Durchdringung und gefühlsmäßigen Wahrheiten.

Es ist die Sehnsucht nach Frieden, nach Anerkennung und zum Schluss auch – ganz wichtig – nach Erlösung! Wenn Ihnen dieses Beispiel zu zuckrig oder zu banal vorkommt, überlegen Sie sich ein anderes. Es gibt immer gute Geschichten in Ihren Kindheitserinnerungen. Nicht nur aus Märchenbüchern, sondern die, die Sie selber erlebt haben, sei es in der Schule, auf dem Spielplatz oder anlässlich einer Kasperle-Aufführung. Nehmen Sie diese Geschichte und schreiben Sie sie um in Ihre Geschichte!

Geschichten machen das Leben nicht nur leichter oder einfacher, sondern sie bilden das Leben ganz einfach ab. Wenn Sie Menschen ausschließlich mit Daten und Fakten bombardieren, wird das systematische Denken, wird die linke Seite des Gehirns angesprochen. Alles was der Mensch ist, was er denkt, was er fühlt, wie er sich entscheidet, ist emotional. Sie müssen also in die rechte Seite des Gehirns kommen, in den kreativen, emotionalen Teil, und möglichst auch – wenn die Geschichten richtig gut greifen sollen – ins Unbewusstsein. Denn wenn Sie das nicht erreichen, werden Sie nur systematische Antworten erhalten.

Wenn wir Geschichten zuhören, sind wir mit der Story-Line der Geschichte so beschäftigt, dass unser analytisches Denken parallel zum Erzählfluss der Geschichte – Gott sei Dank – ausgeblendet wird. Alle Kommunikationskanäle sind prall voll. Fakten und Daten werden, wenn sie nicht in eine gute Geschichte eingebettet sind, nicht mehr wahrgenommen – ob über digitale Kanäle, on stage, auf einem klassischen Event oder auf den Events, die man im Grunde genommen gar nicht mehr Event nennt. Bei diesem Erlebnismarketing für alle Sinne kommunizieren wir wirklich tief, kommen über die ersten Wahrnehmungen im limbische System hinaus und machen im Bewusstsein und Unbewusstsein Punktlandungen!

Wer erzählt wirklich gute Geschichten? Wer erzählt sie nicht? Nehmen wir mal Deutschlands wichtigsten Industriezweig – die Automobilindustrie. Hier kann man sehr schön die Regel beobachten: Kannst Du eine richtig tolle Geschichte erzählen, geht es Dir als Marke gut! Dann verfügst Du über einen entsprechenden Marktanteil. Kannst Du das nicht, dann bist Du am anderen Ende der Skala. Hier einige Beispiele:

- Schauen Sie sich nur mal, auf dieser Divergenzlinie, die Beispiele Audi oder Mini an. Und auf der anderen Seite Fiat und Opel. Wobei Opel sich im Augenblick mehr in die Mitte dieser Divergenzlinie begibt.
- „Vorsprung durch Technik" wird bei Audi auf den unterschiedlichsten Ebenen und Kanälen erzählt. Vom klassischen TV-Spot bis zu dem entsprechenden Umfeld im alpinen Wintersport.
- Red Bull setzt seinen Slogan „Red Bull verleiht Flügel" immer wieder neu um. Alle ursprünglichen Fluggeräte von Red Bull wurden durch den Sprung aus der Stratosphäre von Felix Baumgartner getoppt

Die Geschichten müssen sich natürlich in den Unternehmen und den Unternehmensprodukten widerspiegeln. BMW hat seine „Freude am Fahren" – die immer stark auf hochwertige Sechs-Zylinder-Motoren fokussiert war – geändert. Denn in Zeiten von Downsizing und Geschwindigkeiten, bei denen es auf Höchstgeschwindigkeit nicht mehr ankommt, und Elektromobilität ist dieser Slogan nicht mehr passend.

5.3 Empfehlungen für die Praxis

Wenn Sie heute Kongresse besuchen oder sich die Agenda von Marketing-Kongressen anschauen, werden Sie feststellen, dass Story-Telling, Content-Marketing, Content-Strategien, subsumiert als „content is king", immer ganz oben auf der Agenda stehen. Neben den vorher beschriebenen Helden-Geschichten, Anti-Helden-Geschichten und Story-Linien gibt es auch weitere Möglichkeiten. Nach wie vor wichtig sind der Plot, der Höhepunkt und der Schluss. Hie einige konkrete Tipps:

- Es gibt den *Puzzle-Plot*. Damit erzählen Sie auf unterschiedlichen Ebenen miteinander verbundene Inhalte oder Rätsel. Wenn das gut ineinander greift, kommt zum Schluss der Aha-Effekt. Ein hervorragendes Beispiel dafür ist der Film „Der Da Vinci Code" von Dan Brown.
- Eine weitere narrative Möglichkeit ist der *Netzwerk-Plot*. Auch wenn über eine bestimmte Länge der Geschichte die verschiedenen Situationen und die Akteure offenbar nichts miteinander zu tun haben. Im Schluss wird der Spannungsbogen deutlich!
- Mit dem *Triumph-Plot* inszenieren Sie die klassische narrative Struktur. Sie schicken einen Helden oder Protagonisten in die Welt hinaus. Er begegnet Skeptikern, Widersachern, Feinden und Intriganten. Am Ende besteht er alle Aufgaben. Der Erfolg ist allein bei ihm oder – übersetzt in Ihre Geschichte – bei Ihrem Produkt.
- Schaffen Sie *rhetorische Kristalle*. Zum Beispiel: „Jan Untiedt betrat seine Wohnung. Er roch Fleisch. Es war sein eigenes!". „Auch ein fröhliches Arschloch ist ein Arschloch!" oder „Früher war ich arrogant – heute bin ich perfekt!"
- Hauptsache, Sie sagen etwas, was man so noch nicht gehört hat. Vermeiden Sie Alt-Männer- und Stammtischspreche mit den immer gleichen Phrasen: „Lassen Sie uns subsumieren", „Wir stellen alles auf den Prüfstand", „Wir sind mit den und den Produkten und Dienstleistungen unterwegs". Vermeiden Sie auch die immer gleichen Zitate von Aristoteles, Seneca, Ralph Waldo Emerson oder Steve Jobs. Bleiben Sie originell – am besten in Ihrer eigenen Sprache.
- Gute inspirierende Geschichten können Sie sich im Internet anschauen: „Killing Kennedy" von National Geographic, „Die Scheidung" erzählt von R. Silver mit Unterstützung von Adam Westbrook, „Die Erinnerung an die Liebe verblassen" und die berühmte Story „Snowfall", ein Projekt der New York Times, in dem die dramatische Geschichte einer Gruppe von Skifahrern erzählt wird, die eine riskante Abfahrt genommen haben. Drei sind gestorben. Man kann die Geschichte der Skifahrer lesen, sich Interviews anhören, Wetterkarten und Bilder aus der Region, in der das Unglück passiert ist, anschauen.

- Machen sie sich angreifbar. Seien Sie nie nur perfekt, denn mit einem perfekten Menschen kann man sich nicht identifizieren. Es erscheint wesentlich glaubwürdiger, wenn Sie, wie Steve Jobs früher auch mal, den einen oder anderen Nachteil eines Produkts einräumen und den vielleicht – rhetorisch geschickt – als Vorteil umwidmen.
- Ob die Story auf Events oder auf digitalen Events erzählt wird – bleiben Sie interaktiv! Beteiligen Sie die Zuschauer. Geben Sie die Kontrolle ab. Damit gewinnen Sie Zuhörer, die sich besser in Situationen, die Sie erzählen, hineindenken können.

Eines der besten Story-Telling Story Beispiele ist noch immer die Kampagne von „Hornbach Baumärkte". Hier wird kein Produkt beworben, kein Baumarkt gezeigt! Teilweise werden die Geschichten ohne ein gesprochenes Wort erzählt – nur in Bildern, Geräuschen und Musik. Es geht um die archaische Erfahrung mit archaischen Tätigkeiten. Ob etwas gebaut, im Garten oder in der Landschaft gearbeitet wird … Jedes Erlebnis und sogar auch Verletzungen werden psychologisch so gewertet, wie ein Tapferkeitsabzeichen eines hoch dekorierten Piloten im Krieg. Risse in der Arbeitskleidung werden stolz getragen! Flecken und durchschwitze T-Shirts sind der Beweis für das persönliche Niveau des Involvements in die Heimwerkertätigkeiten!

Wie tot ist das alte Marketing, wenn klar wird, was Eventmarketing kann?

Zusammenfassung

Das alte Marketing war eine Art Ordnungs-, Kategorisierungs- und Benennungswissenschaft, fast zwanghaft besetzt durch Struktur und Analyse. Das neuronale Erlebnismarketing konzentriert sich auf den Prosumenten, auf seine Emotionen. Sinnliches wird zum Sinn, AIDA zur Floskel und die Zielgruppen als management-strategisches Beruhigungsplacebo werden entlarvt. Alles, was gelogen wurde, stellt sich als Lüge heraus. Authentizität und sinnliche Wahrnehmung führen zum „share of heart".

In der klassischen Marketing-Kommunikation wird eine Unterscheidung zwischen niedrigem und hohem Involvement getroffen und dabei steht insbesondere das klassische Marketing auf verlorenem Posten. Vor allem dann, wenn wir betrachten, wie viel Informationsüberflutung es gibt:

- In Deutschland werden zurzeit über 50.000 Marken aktiv beworben!
- Der Lieblingssupermarkt führt durchschnittlich 10.000 Artikel!
- 26.000 neue Produkte kommen jährlich auf dem Markt hinzu!
- 500 Mio. Websites verlangen weltweit nach willigen Surfern!
- 3.000 Werbebotschaften pro Kopf werden jährlich durch 350.000 Printanzeigen übermittelt!
- 2 Mio. Werbespots sollen im Jahr von sogenannten Konsumenten gesehen werden!
- Dazu kommen noch Mailings, Plakate, Banner und Communities!

Vornehm ausgedrückt ist das Information-Overload, weniger vornehm: Kommunikationsbesoffenheit oder Terror.

Der Mensch oder Prosument entzieht sich dieser Kommunikationsflut. Die periphere Wahrnehmung ist damit viel stärker als die zielgerichtete Wahrnehmung. 75 Prozent der Werbemittelkontakte oder Werbekontakte weisen niedriges Involvement auf.

© Springer Fachmedien Wiesbaden 2017   49
J. Thinius, J. Untiedt, *Events – Erlebnismarketing für alle Sinne*,
DOI 10.1007/978-3-658-07135-6_6

6.1   Mehr als eins im Sinn

Das Gehirn des Menschen kann pro Sekunde circa 11 Mio. Sinneseindrücke bzw. Bits verarbeiten. Nur 40 dieser Bits gelangen in das Arbeitsgedächtnis oder in den Arbeitsspeicher des Menschen, wo er darüber reflektieren kann. Der Rest geht ins Unbewusste und wird unbewusst verarbeitet.

Die Menge des unbewussten Wissens ist erheblich größer als die Menge des bewussten Wissens. Jeder Mensch hat 30.000 bis 40.000 Gedankenkonstrukte oder Lieblingsgedanken, die er immer wieder neu sortiert. Die Befeuerung und Vitalisierung dieser Lieblingsgedanken kommt zum großen Teil aus dem Unbewussten. Wird die Ratio angesprochen, geht es um das Nachdenken. Beim Nachdenken kann aber nur auf die bewusst gespeicherten Inhalte zurückgegriffen werden. Das explizite System dient dem Nachdenken und tritt sicherlich bei wichtigen Entscheidungen in Kraft, es ist jedoch für das Kaufverhalten nicht sehr relevant, da dort das unbewusste System an erster Stelle steht.

6.2   There's no business like Event-Business

Die wesentliche Relevanz im Eventmarketing liegt in Marken und Markenbotschaften, und die können nur im Eventmarketing wirklich so neuronal verstärkt vermittelt werden, dass sie ins Unbewusste gelangen. Nur Eventmarketing bietet Marken die Möglichkeit, den Prosumenten und seine fünf Sinne anzusprechen.

Marken belohnen Menschen, doch stellt sich die Frage, wie der Mensch die für ihn geeignete Belohnung in Form einer Marke findet. Kein Mensch sitzt vor dem Fernseher und sagt: „Hallo, ich gucke jetzt Werbefernsehen und analysiere die Marken danach, welche mir die besten Belohnungswerte versprechen." Nein, es läuft „tiefer", auf der impliziten, unbewussten Ebene.

Belohnungen sind ein Pull-Effekt, sie finden nicht uns, sondern sie werden von uns gefunden und daraufhin erzeugen sie Aufmerksamkeit. Das sind die neuesten Erkenntnisse der Hirnforschung und Neuropsychologie. Der weithin noch gängige Mechanismus des AIDA-Modells im Marketing, der besagt, dass Marken in uns Aufmerksamkeit erzeugen, kippt damit endgültig um.

Zum Beispiel ist es so, dass Weintrinker viel eher auf Wein- als auf Bierplakate schauen, was im ersten Moment nicht verwundert, da Bierplakate für Weinliebhaber kein Belohnungsversprechen suggerieren. Die entscheidende Frage ist aber: Wie weiß das der Weinliebhaber, bevor er hingeschaut hat? Denn es geht nicht um die Dauer der Plakatbetrachtung, sondern darum, dass er überhaupt erst hingesehen hat.

6.3   AIDA-Exitus

AIDA hat ausgedient, weil das Gehirn nach dem Pull-System funktioniert, während AIDA für das Push-System steht und ein veraltetes Sender-Empfänger-Modell vertritt, nach dem der Konsument nur so lange mit einer Information befeuert werden muss, bis Aufmerksamkeit entsteht. In einer Zeit, in der es nur drei Fernsehkanäle gab, mag das Sender-Empfänger-Modell noch eine Berechtigung gehabt haben. Im heutigen – multimedialen – Zeitalter hat es seine Gültigkeit verloren.

Im Gehirn herrscht das Pull-Prinzip vor und eine vermutete Belohnung führt damit zu Aufmerksamkeit. Bedürfnisse von Menschen können nicht verändert werden, indem man sie lange genug mit Botschaften und Informationen konfrontiert. Die menschliche Aufmerksamkeit wird durch ein Belohnungssystem geöffnet und erzeugt, wenn es relevante Belohnungen kommuniziert.

6.4   Das Ende vom Erschießen der Zielgruppe

Darüber hinaus muss sich das Grundprinzip des „Zielens" im Marketing, am besten dargestellt durch die Termini Zielgruppe und Zielpersonen, in Richtung Mitmachen oder einer Mitmach-Strategie verändern. Das neue Marketing muss also lernen, mit zu fließen und zu surfen. Frühe, noch offene oder noch nicht ausgereifte und fertig entwickelte Sehnsüchte müssen rechtzeitig erkannt werden, um sie in akute Bedürfnis- und Belohnungssysteme umzuformulieren. Das sind die sogenannten „weak signals" (schwache Signale), also Strömungen, die im Unbewusstsein fließen. Das Bewusstsein wird damit vital gehalten, um mit den Trends mitzufließen.

Jetzt wird es Zeit, die viel zu linearen und rational geprägten Strategien des klassischen Marketings zu überdenken. Vorrangig sind dabei Portfolio- und Positionierungsanalysen zu nennen, die vergangenheitsbezogen operieren und einen eher passiven Charakter haben. Damit entsteht kein Marketing-Management für die entscheidende Bedarfsphase, sondern bloßes Hinterherlaufen.

Viele Unternehmen wie Sony, Nissan, Hitatchi gehen hier schon seit längerer Zeit mit gutem Beispiel voran und praktizieren eine Trennung vom klassischen, instrumentellen Planungs- und Strategiedenken. Damit sind fließende Trendprozesse sowie die Teilnahme an diesen Prozessen für den Prosumenten weitaus wichtiger als das klassische Ziel des Zielgruppendenkens.

6.5   Kollektive Intelligenz oder auch Schwarmintelligenz

In diesem Zusammenhang ist das Phänomen der kollektiven Intelligenz oder auch Schwarmintelligenz zu nennen, ein wichtiges Momentum für die Neugestaltung und Umgestaltung der Märkte. Wenn Menschen sich in Communities zusammenschließen und auf ein gemeinsames Ziel ausrichten, kann das zur Entfaltung einer außerordentlichen Kreativität, aber auch zu Macht führen. Auch deshalb ist der Konsument zum Prosumenten herangereift.

Der Prosument ist aufgrund der vielfältigen komplexen Prozesse und Kommunikationswege der ideale Hauptdarsteller im Eventmarketing. Nirgendwo können Communities und Marken besser erlebbar gemacht und kommuniziert werden.

Durch Dialog und Interfusion ist Eventmarketing nach dem Prinzip der Schwarmintelligenz – jeder lernt von jedem – eine Erfolg versprechende Basis. Unternehmen und Marken werden dadurch glaubwürdiger.

6.6   Marken und Marketing-Kommunikation quo vadis?

Welche Bedingungen spielen für Marken und Marketing-Kommunikation, die Gestaltung von Botschaften und die Aktivierung von Belohnungssystemen, die Besitzstände vom unbewussten und impliziten System ins explizite System des Menschen transportieren, eine Rolle? Dieser Prozess ist vielschichtig und vielseitig und mit herkömmlichen sowie eindimensionalen Kommunikationswegen, wie zum Beispiel klassischer Werbung, Direktwerbung, Mailing etc., nicht mehr erfolgreich zu gestalten. Interaktive Kommunikationswege sind geeigneter.

Diese Bedingungen spielen sich in folgenden Themenfeldern und Parametern ab:

* Werte
* Individualismus und Wertewandel

6.7   Die fluide und luzide Markenkommunikation

Für immer mehr Marken ist Facebook die ideale Plattform für den Dialog mit Kunden und potenziellen Kunden. Ist Facebook eine *Marketing-Plattform* oder ist sie das nicht? Was kann sie dann sein? Müssen Unternehmen das klassische Kampagnendenken aufgeben?

Das Entscheidende an Facebook und anderen sozialen Netzwerken für Unternehmen ist, dass es zum ersten Mal eine riesige *Feedbackschleife* gibt, die darüber Auskunft gibt, was Kunden und die, die es werden wollen, wirklich über ein Unternehmen oder eine Marke denken. Kampagnen und Kommunikationskonzepte können an individuelle Bedürfnisse angepasst werden, Kritik wird öffentlich. Pros und Kontras entwickeln eine viel stärkere Wirkung als zum Beispiel persönliche Testimonials.

6.8   Reizschwellen und Erfolgskontrollen

Ob online oder offline, Kampagnen müssen zunächst die Aufmerksamkeitsschwelle der Empfänger überspringen. Das kann durch starke Bilder oder aber auch über ein sehr divergentes, neuropsychologisch angelegtes Drehbuch erfolgen. Social Media ist ein dauerhafter, kommunikativer Prozess und lässt sich nicht in einen üblichen Kampagnenrahmen pressen. Der letzte Akt einer Kampagne ist eben nicht der letzte Akt – das erfordert ein Umdenken bei allen Beteiligten in Unternehmen und Agenturen. Wer auf Facebook und anderen Communities vertreten ist, muss für diese Plattform individuellere Kampagnen einsetzen und auf andere Formen der Erfolgskontrolle setzen.

Die Anzahl der *„likes"* und *„dislikes"*, der Kommentare und die Qualität der Dialoge erbringen eine Anzahl von Links, die für eine Social-Media-Präsenz entscheidend ist – und das mit sehr klaren Kennzahlen. *Erfolg und Misserfolg im Social Web* kann damit einfach via Klicks gemessen werden. Das bedeutet nicht, dass sich der grundlegende *Kampagnenduktus*

in sozialen Netzwerken ändern muss. Ob online oder offline, Kampagnen müssen erst einmal eine Reizschwelle überschreiten. Das bedeutet für die Marken und ihre Präsenz, dass sie
ggf. wesentlich individueller auftreten müssen, um auf Facebook erfolgreich zu sein.

6.9   Verlust der Markenhoheit?

Bedeutet die Bewertung einer Kampagne durch den Prosumenten nicht einen Kontrollverlust der Markenführung? Nein und ja und nein.

Nein, weil man nach wie vor natürlich eine Marke nach strategischen Gesichtspunkten
führt und Kampagnen entsprechend der Strategie und der Marketingzielsetzungen kreiert
und durchführt. Die maßgebliche Kennzahl in dieser eher klassischen Form der Markenführung war der Absatz bzw. oftmals auch nur die Markenbekanntheit. Sowohl Absatz als
auch Marktforschung lieferten vielfach erst Wochen oder Monate später Ergebnisse über den
Erfolg einer Kampagne. Durch die sofortigen Bewertungsmöglichkeiten z. B. in Facebook
erfolgt eine viel schnellere Erkenntnis für die Markenführung, ob eine Kampagne ankommt
oder nicht.

Ja, wenn es darauf ankommt, wie man Kontrolle definiert. Jedes Unternehmen, das in
sozialen Netzwerken präsent ist, gibt ohnehin einen Teil seiner Kontrolle ab. Vielleicht ist
es eher so, dass nicht die Marken den Kontrollverlust erleben, sondern die Beteiligten, die
für die Marke arbeiten. Das Wort *Kampagne*, etymologisch eher im Kriegsstrategischen
verwurzelt, beinhaltet immer auch *Kontrolle*. Vermutlich erleben wir im Augenblick einen
Paradigmenwechsel des alten BWL-Schemas: *Ziel, Strategie, Umsetzung, Kontrolle*.

Nein, denn die fluide und luzide Marke erfordert eine neue Haltung der Offenheit, der
Flexibilität und der absoluten Transparenz. Das beinhaltet auch, dass alle Interaktionen bei
Facebook und Twitter Auswirkungen auf die Marke haben können. Das Ergebnisoffene
und Unkalkulierbare hat seinen Reiz aufgrund der Vervielfältigung der Möglichkeiten. Wer
mehr Möglichkeiten hat, kann auch mehr Einfluss nehmen. Auf Twitter und Facebook eher
indirekt, aber wirksam durch eine entsprechende Markenplattform. Nur wer das alte
Paradigma liebt und sich nicht den Bedingungen des Marketings „Wirtschaft Neu Denken"
gestellt hat, kann sich nur die klassische Kontrolle vorstellen.

6.10   Evolution by simple mind

Facebook: In gerade mal gut vier Jahren ist aus dem Startup des Studenten Mark Zuckerberg
die größte Social Community der Welt geworden. Aktuell mehr als 700 Mio. Menschen
interagieren und kommunizieren dort. Über 82 Prozent der deutschen Nutzer von Facebook
sind zwischen 18 und 63 Jahre alt (werberelevante, erwerbstätige Zielgruppe). Der 2012
erfolgte Börsengang von Facebook wurde mit einem Wert zwischen 40 und 70 Mrd. US-
Dollar (ca. 35 bis 50 Mrd. Euro) taxiert. Im Januar 2011 beteiligte sich auch die US-
Investmentbank Goldman Sachs mit rund 400 Mio. US-Dollar an Facebook.

Für viele Nutzer ist Facebook die zentrale Schaltstelle aller Internetaktivitäten. Seitdem Facebook massiv an Reichweite gewinnt, fragen sich viele Konzerne und Marken, wie sie Facebook in ihre Konzepte integrieren können. Wie relevant ist Facebook fürs Marketing? Die Meinungen oszillieren noch sehr stark zwischen „keine Markenführung möglich" und „maßlos überschätzt" bis hin zu verstärktem Engagement auf Facebook. Adidas zum Beispiel verzichtete zur Fußball-WM auf TV-Werbung und setzte auf Facebook. BMW vergibt den ersten globalen Social Media Etat. Volkswagen, Coca-Cola und BMW sehen in Facebook vielleicht nicht unbedingt die Zukunft, aber auf jeden Fall einen wesentlichen, zukünftigen Handlungsstrang.

6.11   Die fröhliche Beerdigung des Marketings?

„Das alte Marketing ist tot, es lebe das neue!" In diesem Sinne war das Postulat von Gerd Gerken[1] vor gut zwanzig Jahren zu verstehen und ist damit wahrer denn je. Im Augenblick löst sich das alte Markendenken „top down statt bottom up" vollständig auf. Die, die mutig genug sind und eine wirklich starke authentische Marke haben, müssen sich nicht fürchten. Kampagnen-Denken unter Berücksichtigung von Plattformen wie Facebook bedeutet individueller zu handeln, zu kommunizieren und die gleichen Handlungsweisen anzuwenden wie bei der Konzeption, Planung und Durchführung von neuronal-konzipierten Events mit impliziter Wirkung.

Literatur

Gerken, G. 1991. *Abschied vom Marketing. Interfusion statt Marketing*, 3. Aufl. Düsseldorf: Econ Verlag.

---

[1] Gerken (1991).

Eventmarketing für den erlebnisorientierten und individualistischen Prosumenten

Zusammenfassung

Marketing-Knallchargen treten ab zugunsten von Selbstinszenierungs-Beglückern! Stile- und Mode-Menschen-Cluster werden mit fantasiereichen, fast träumerischen Dramaturgien angeregt, ihren eigenen Weg zu finden und ihrer Marke davon möglichst viel zu erzählen. Das Aufblinken im Gehirn, durch neue Gedankenkonstrukte, muss man dann gar nicht mehr unter dem MRT (Magnet-Resonanz-Tomografie) anschauen. In die Gesichter schauen genügt!

Unsere Gesellschaft war geprägt von steigendem Lebensstandard. Allerdings ist diese Spirale jetzt zu Ende. Es wird auf absehbare Zeit keine weiteren Steigerungen mehr geben, und wenn es sie gibt, werden sie eher in ideellen und emotionalen Bereichen möglich sein. Grüner Luxus und sozialer Reichtum sind hier die Stichworte. Somit wird es eine Expansion der Bildungsmöglichkeiten mit einer Zunahme der Freizeit, mit Fortschritten in der Technik und der Auflösung festgefahrener Lebenskonzepte und biografischer Muster sein. Diese waren insbesondere durch das Ideen-Set eines Lebensentwurfs determiniert, der überwiegend aus Karriere und beruflichem Fortkommen sowie materiellem und finanziellem Reichtum bestand.

7.1 Das Projekt des schöneren Lebens

Schon vor der zweiten sogenannten Finanz- und Wirtschaftskrise 2008 war klar, dass eine ständig wachsende Zunahme der Möglichkeiten in beruflicher und persönlicher Hinsicht nicht nur begrenzt ist, sondern auch immer mehr von der Annahme ausgegangen wird, dass es einem besser geht, je mehr man von den beruflichen und materiellen Zielen abrückt. Zusätzlich gibt es den Tatbestand, dass, je mehr Möglichkeiten zur Erreichung von Zielen vorliegen, auch die Schwierigkeiten zunehmen, aufgrund steigender Komplexität ein sinnvoll empfundenes Leben zu gestalten.

© Springer Fachmedien Wiesbaden 2017   55
J. Thinius, J. Untiedt, *Events – Erlebnismarketing für alle Sinne*,
DOI 10.1007/978-3-658-07135-6_7

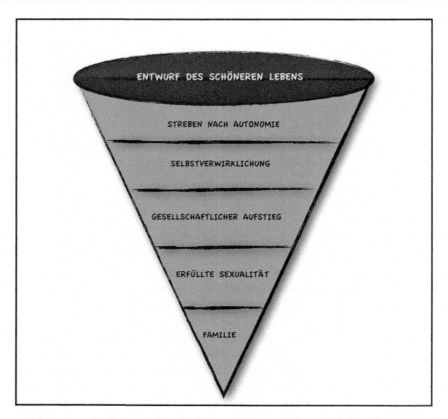

Abb. 7.1 Schöneres Leben/Sinnangebote: „Der Kreisel, mit dem sich alles dreht!"

Hier geht es um den Entwurf des „schöneren Lebens" (siehe auch Abb. 7.1), ein von Gerd Schulze[1] entwickeltes Theorem oder eine Denkfigur, die sich an stetigem Wachstum und insbesondere materiellem Wohlstand orientiert. Wir alle wollen eine schöne Wohnung, einen vorzeigbaren Partner oder eine gut aussehende Partnerin haben. Unsere Kinder sollen sich gut entwickeln, intelligent auftreten und möglichst alle Bildungschancen wahrnehmen, um Karriere zu machen.

Das gelingt allerdings nicht immer. Die zwei Hauptprobleme, die sich aus der schon fast zwanghaften Aufgabe, das Leben zu gestalten, ergeben, sind im herkömmlichen Sinne Unsicherheit und Enttäuschung. Die Kunst besteht darin, beide in Grenzen zu halten, wenn man sie schon nicht verbannen kann.

Dazu kommt die Frage nach dem Lebenssinn durch eine ständig ansteigende Individualisierung. Die nach innen gerichtete Lebensauffassung mit dem Haupthandlungsstrang des Projekts des „schöneren Lebens" herrscht vor.

---

[1] Schulze (2000).

Hier hat Eventmarketing eine große Aufgabe in Bezug auf gelenkte Gedankenkonstrukte, die reiches Erleben in sozialer Gemeinschaft hervorbringen. Das Erleben wird zum zentralen Fokus. Soziale Milieus werden zu Erlebnisgemeinschaften umfunktioniert, und Erlebnismuster werden durch ein rasantes Wachstum des Erlebnismarktes bestimmt.

Die grundlegende Gemeinsamkeit unserer Lebensauffassung in der heutigen Gesellschaft ist der Wunsch nach Gestaltung eines subjektiv als lohnend empfundenen Lebens, wobei die Differenzierung von Außen- und Innenorientierung im Zentrum steht. Menschen sind zunehmend darauf aus, Dinge auszulösen, die sich in ihnen selbst vollziehen und der Selbstinszenierung dienen. Hier ist vorrangig die Mode zu nennen, die Wahl der Bekleidung, in der sich Menschen wohl fühlen. Die Mode ist unser Immunsystem gegen die Langeweile und hebt die eigene Individualität hervor. Ebenso verhält es sich beim Thema Essen. Essen dient nicht primär der Nahrungsaufnahme, sondern muss ein Erlebnis sein. Hier gilt etymologisch das Wort „Geschmackserlebnis". Erlebnisorientierung ist also allgegenwärtig geworden. Die durch den Wertewandel ausgelöste Ausrichtung auf die Innenorientierung ist demnach mit der Erlebnisorientierung gleichzusetzen.

Aus dieser Komplexität erwachsen Unsicherheiten, die durch Orientierung ausgeglichen werden müssen. Hierbei geht es um die Frage der Qual der Wahl, den erhöhten Druck, bei teilweise kleinsten Dingen und Entscheidungen im Alltag wählen zu müssen und vor allem dann auch noch das richtige zu wählen, um den eigenen Lebensentwurf und das Projekt des „schöneren Lebens" zu stützen. Tagtäglich sind wir vor die Wahl gestellt, uns zu entscheiden, was wir aus unserem Leben machen. Dazu brauchen wir Leitlinien. Eventmarketing kann solche Leitlinien setzen und ist daher ein Tool, um das Konzept des „schöneren Lebens" fortlaufend zu untermauern.

7.2   Überleben mit brauchbaren Vernunftprodukten geht nicht!

Die Überlebensorientierung in früheren Zeiten ist der Erlebnisorientierung mit zahlreichen Wahlmöglichkeiten gewichen. Erlebnisorientierung schließt heute sicherlich immer noch Glauben, Religion, auch Esoterik ein, aber insbesondere Marken und ihre Markenaura. Klassische Werbung kann diese Orientierungsleitlinien allerdings nicht mehr alleine bieten. Im Grunde genommen geht es um konkrete Handlungsanweisungen im Sinne eines Theaterstücks, das nur Eventmarketing aufführen kann.

Die Argumente Vernunft und Brauchbarkeit in Bezug auf Produkte haben schon lange ausgedient, auch das Argument der Funktionalität ist nicht mehr entscheidend. Entscheidend ist das schöne Erlebnis für das Projekt des „schöneren Lebens", das immer mehr in den Mittelpunkt rückt. Die neue Frage, die sich aus der Zunahme der Wahlmöglichkeiten ergeben hat, stellt zugleich eine Forderung an den Menschen, sein Leben erlebend zu gestalten, und das ist angesichts der ständig wachsenden Zunahme des Angebots nicht einfach.

In den verwinkeltesten Bereichen von Märkten haben Unternehmen schon Nischen besetzt und bieten dem erlebnisorientierten Konsumenten Produkte und Dienstleistungen an, sodass dieser ständig der Qual der Wahl ausgesetzt ist. Internet, E-Business und die

Turboevolution auf vielen Märkten haben es mit sich gebracht, dass eine neue Produktidee innerhalb von drei bis vier Wochen bis zu zehnmal kopiert wird und diese Angebote ebenfalls in die Märkte fließen.

Der Erlebniswert von Produkten und Dienstleistungen übersteigt den Gebrauchs- und Nutzwert und bestimmt die Entscheidung und Motivation beim Kauf. Alle Kriterien sind auf die individuellen Erlebnisbedürfnisse der Prosumenten ausgerichtet. Es handelt sich um eine Gesellschaftsbildung durch Überfluss.

Hier ist es wichtig, Leben und Überleben, das in der Vergangenheit immer weitgehend als garantiert angenommen wurde, sinnvoll zu gestalten. Was ist sinnvoll und was wird als lohnend empfunden? Wichtig sind hier Stile und Moden, Stiltypen, soziale Milieus, Mentalitäten, Gruppenbildungen und Szenen. Der Bedarf der Orientierung an kollektiven Mustern ist so hoch wie nie. Das kollektive Bewusstsein beeinflusst das persönliche Bewusstsein.

7.3   Moden, Lebensentwürfe und Stile – am liebsten ganz viele!

Es geht um die Stilisierung und Verbindung von Oberflächenattributen: Kleidung, Aufenthaltsort, Zeichen und Codes! Dadurch entsteht eine Verständigung von Milieuzugehörigkeiten und Grenzziehungen. Erlebnismarketing muss diese Prosumenten erschließen und „aufschließen" sowie Lebensstile und Auffassungen transportieren. Szenen nehmen inzwischen den Platz von früheren Zielgruppenkonstrukten ein. Die Demonstration öffentlicher Emotionen durch Events wird zu einem entscheidenden Erfolgsfaktor im Marketing.

Szenen sind soziale Prozesse, durch die neue Lebensstile geboren werden. Sie sind Orientierungsmuster für Stile, Moden, Leitbilder und Bewusstsein. Bei den meisten Stilen geht es um Distinktion, also um Abgrenzung, um Unterscheidbarkeit: über die Kleidung, über die Frisur, die Musik, wie man isst oder andere Zeichen für seine Umwelt setzt. Stile sind soziale Erkennungsmarken, die öffentlich gezeigt und auf den Märkten des „sozialen Miteinanders" getragen werden. Sie sind auch so etwas wie Grundlinien und Parameter unserer Alltagsästhetik.

Diese Ästhetik geht durch den Körper. Das Schöne und das weniger Schöne ist, dass wir bei aller Vernetzung unserer Gedanken mit Bildern, Erinnerungen, Assoziationen und bei aller Intellektualität in der Wahrnehmung von Mustern auch körperliche Erfahrungen machen. Das heißt evidente, sinnliche Erfahrungen stehen nicht alleine, sondern sie werden durch physische Erfahrung ergänzt. Es gibt also ganz klare Reaktionen in unserem Körper (Spannung, Vorspannung oder Anspannung), die mit diesen Wahrnehmungen zusammenhängen. In diesem Zusammenhang können Produkte geeignet sein, den eigenen Alltag zu vergessen und den Prosumenten in Fantasien vom Neubeginn schwelgen zu lassen. Jedes Event bietet solche Möglichkeiten auch im Sinne von „haben, um zu werden", wobei es in Zukunft mehr um „haben, um zu sein" geht.

Die Konzepte und Kriterien des Projekts des „schöneren Lebens" bringt Prosumenten dazu, immer stärker nach Eigenschaften in Konsumgütern zu suchen, die die vorgestellten

Lebensentwürfe erfüllen, sodass fast regelrechte „Rauschzustände" entstehen. Der Kauf eines bestimmten Produkts oder sein Besitz nimmt teilweise die Form einer Weltanschauung an. Diese Inhalte muss Eventmarketing transportieren können.

Konnte noch in den 60er-Jahren der Existenzialismus und damit Sartre eine ganze Generation begeistern, die Jugend in ihrem Bewusstsein und Selbstbewusstsein der Individualisierung bestärken, haben heute Marken wie Nike, Adidas oder Apple diese Rolle übernommen. Was zu damaligen Zeiten die Veränderung von Lebenskonzepten durch die Vermittlung „harter" Ideologien bewirkte, schaffen heute bereits Kleidungsstücke wie Jeans von „True Religion" oder Schuhe von „Todd's". Sie vermitteln dem einzelnen Individualität und Gleichgesinntheit. Auch dies zeigt auf, wie der Konsument zum Prosumenten wird und damit in eine soziale Dimension einsteigt und an sozialen Milieus teilnimmt.

Die ideale Rezeptur für Produkte im heutigen Zeitalter der Individualisierung ist eine motivierende, aber nicht einschränkende Wirkung für die Prosumenten. Die in das Produkt hineininterpretierten Wünsche sollen realer erscheinen und das individuelle Selbstkonzept oder die Selbstvergewisserung bestätigen. Ideale Produkte bieten ihrem Besitzer eine Lebensentwurfs- oder Formatierungshilfe und dienen aber auch als Variable für die Gestaltung des Lebens und für das Projekt des „schöneren Lebens".

Produkte müssen sich abheben, sie müssen „Auren" und „Welten" anbieten, um sich von der Konkurrenz zu distanzieren. Die Marke, die sich an „Kundenfantasien" anschließt, erzielt Vorteile im Wettbewerb. Damit findet eine Verschiebung von der Warenproduktion zur Imageproduktion statt. Nike verkauft demnach keine Turnschuhe, sondern Träume, Sichtweisen und Gedanken. Bei Apple ist es die ästhetisierende Blackbox, die ein komplexes System künstlicher Intelligenz in eine einfache Oberfläche verpackt.

Menschen fühlen sich stärker, wenn sie von Dingen umgeben sind, die eine Erweiterung ihrer Möglichkeiten im Sinne verheißungsvoller Rollen in verschiedenen Biografien oder Selbstinszenierungen versprechen. Die Aufgabe von Konsumgütern liegt in einer Art „Welterweiterung". Eine Marke kann diese Welterweiterung über dezidiert konzipierte und gut choreografierte Events darstellen, vorleben und zur Animation sowie Adaption anregen.

Damit haben Events die Aufgabe, Emotions- und Fiktionswerte von Produkten und Dienstleistungen bereitzuhalten, bei denen es darauf ankommt, was diese Produkte/Dienstleistungen im Inneren des Menschen auslösen.

7.4   Inszeniere mich, bevor ich mich selbst inszeniere!

Diese stark erlebnisbestimmten Produkte brauchen erlebnishafte Inszenierungen, die Prosumenten ansprechen und ihnen den Eintritt in eine bessere Welt oder Erfahrungswelt oder in ein sonst verschlossenes Milieu versprechen. Hier besteht eine enge Verbindung von Events zur Religion, weil das Produkt wie eine Reliquie wirkt, mit Erfahrungen, eben über Events, die nur in der individuellen Fantasie gemacht werden.

Es ist nicht erforderlich, das Produkt zu erwerben. Möglicherweise reicht das Event, um das Produkt zu erleben. Manchmal genügt es sogar, ein symbolisch aufgeladenes Produkt nur zu berühren oder sich kurzzeitig in einem Geschäft anlässlich einer Kaufüberlegung damit zu befassen. So finden gerade in den Spiegeln von Umkleidekabinen oft die Skizzierungen eines alternativen Lebenslaufes oder gewünschter Lebensentwürfe statt. Was hier im Kleinen geschieht, müssen Events im Großen und Ganzen leisten. Es geht dabei um die Entfaltung des Selbst. Es geht um einen flexiblen Wechsel zwischen divergierenden Lebensformen und, in Zeiten absoluter Singularisierung, für den Prosumenten darum, sich zu „pluralisieren".

Events müssen deshalb so konzipiert werden, dass sie sich nicht länger durch eine Produkt- bzw. Markenidentität charakterisieren und darstellen, was die Zuordnung zu den Produkten von Ziel- oder Stilgruppen oder Prosumenten aufzeigt. Ein- und dasselbe Produkt kann zum Requisit in unterschiedlichsten Lebensentwürfen und Biografien werden, sei es als Haupt- oder als Nebenfaktor.

Events können durch Produktinszenierungen solche Strukturen vorleben, weil Menschen Möglichkeiten genießen, die sich als vielschichtig, geheimnisvoll, zuordnend, offen und selbstbewusst darstellen. Wirklich souverän lebt nur der, dem es gelingt, sich auf verschiedene Welten, Lebensformen oder Lebensentwürfe einzustellen und mit ihnen umzugehen, ohne dabei seine Persönlichkeit aufzugeben.

Prosumenten bieten sich daher als Projektionsfläche für Produkte und Marken in Rahmen von Events an. Dabei geht es nicht nur darum, verschiedene Identitäten aufzuzeigen, sondern eine möglichst außergewöhnlich prosumistische, von origineller Kreativität gekennzeichnete Konsumbiografie aufweisen zu können, die ein unverwechselbares Leben anvisiert.

Perfektioniert hat diesen Gedankengang die Marke Red Bull. Der geheimnisvolle Zusatzstoff, der zusätzliche Kräfte weckt, der damit die Hoffnung auf das endlose Feiern von Partys erweckt und zudem in Deutschland zunächst auch noch verboten war. Das waren die im Unbewussten verankerten, geheimen Anziehungspunkte für das Getränk. In Kombination mit Sponsoring und der Umsetzung von eigenen Veranstaltungen, wie zum Beispiel Flugshows unter dem Leitspruch „Red Bull verleiht Flügel", deckt die Marke das gesamte Spektrum der Erlebbarkeit des Produkts mit allen Sinnen perfekt ab.

Wichtig ist auch, durch Events oder durch das Eventmarketing zu lernen. Hier geht es um den Ehrgeiz, dem Prosumenten, der im Grunde genommen ein Teil des ehemaligen Bildungsbürgers ist, eine Konsumgeschichte zu erzählen, damit er so seinen differenzierten Geschmack und seine Vielschichtigkeit demonstrieren kann.

7.5   „Selfie-Events" – pro und kontra

Selfie-Events – Events mit dem Menschen, den man am meisten liebt, oder schwere narzisstische Störung? Die Frage ist schon lange nicht mehr, ob wir Selfies brauchen oder nicht. Selfies sind und weil sie sind, müssen wir uns damit auseinandersetzten. Und weil sie mehr zu werden scheinen als ein sozial-psychologisches Phänomen, gehören sie in dieses Buch.

Was konnten wir neulich in einem Blog lesen: „Wenn Rembrandt im 21. Jahrhundert gelebt hätte, wäre er wohl Selfie-König gewesen!" Die Begründung: Rembrandt hat sich fast einhundert Mal selbst abgebildet – als alter Mann, als junger Mann, in allen möglichen Bekleidungen oder Verkleidungen. Warum war das damals so? Vermutlich deshalb, weil es im Gegensatz zu heute in der modernen Psychologie oder Soziologie die Auseinandersetzung mit dem Ich noch nicht gab. Und so kommt es, dass wir, wenn wir heute uns im Internet bewegen, nicht nur auf Instagram alle Rembrandts dieser Welt sehen können.

Selfies sind inzwischen perfektioniert worden. Man muss nicht mehr die Hand – Armlänge-Körper-Version machen, sondern es gibt einen entsprechenden Halter, der die Distanz zu sich selbst herstellt, und schon haben wir ein professionelles Selfie. Es fragt sich nur, ob das dann noch ein echtes Selfie ist.

Selfies gibt es ungefähr seit 2012. Stars werden heute nicht mehr nach Autogrammen gefragt, sondern nach einem Selfie mit dem Fan. Selfies sind sicherlich eine Selbstinszenierung, aber was ist schon dabei? Sie vermitteln Nähe und Intimität. Sie entstehen spontan. Wenn sie misslingen, kann man sie löschen und ein Neues machen. Vor allem tun sie eines: Sie machen unabhängig von der Beurteilung und dem fotografischen Blick Außenstehender.

Die Überlegung, ob Selfies für Events geeignet sind oder ob es Selfie-Events geben könnte oder sollte, liegen auf der Hand. Wir leben in einer Zeit der erhöhten Anerkennungssuche. Wir suchen Bewunderung. Manch einer schaut alle fünf Minuten nach, wie viele Mails eingegangen sind. Wie viele Likes oder Dislikes es auf irgendwelchen Social-Media-Portalen gibt. Das löst Freude aus und bedient das Belohnungssystem. Die Neuronen feuern vom Gehirn ausgehend durch unseren Körper. Wir brauchen also weniger Espresso und schwarze Schokolade. Vielleicht wird bei diesem Vergleich auch klar, dass eventuell – was noch nicht nachgewiesen ist – eine erhöhte Menge an Dopamin ausgestoßen wird. Auch Oxitocin könnte stärker konzentriert wirken. Damit können ein positiveres Sozialverhalten und das Gefühl emotionaler Nähe und Verbundenheit entstehen.

Die umgekehrte Frage ist natürlich auch zugelassen: Wenn es uns richtig schlecht geht oder wenn wir depressiv sind, würden wir auch dann ein Foto versenden, das uns in einem abgedunkelten Zimmer zeigt und das wir Freunden zuschicken, um eventuell Hilfe zu bekommen? Keiner würde hier den Like-Button drücken. Das ist die andere Seite des Selfies. Jede narzisstisch orientierte Inszenierung oder Selbstbezogenheit kann auch zur Einsamkeit führen. Und die entscheidende Frage ist, ob wir überhaupt noch dazu im Stande sind, Meinungen zu akzeptieren, bei denen kein Like-Button gedrückt würde. Allerdings sind diese Themen alt, denn wir haben schon früh erfahren, dass Selbstdarstellungen keineswegs eine Sache unserer Zeit sind. Schon die Höhlenmalerei in der Steinzeit waren Selbstdarstellungen. Die Frage ist ganz einfach: In wie weit lassen sich Selfies ästhetisieren? Vielleicht als gemeinsame Events, als Events mit Gemeinsamkeitsgefühl wie Public Viewing? Und: Wie weit wird die Kreativität angeregt durch Veränderung des eigenen Äußeren? Alles das sind Fragen von Event-Konzeptionen, die heute gestellt werden müssen, damit sie morgen beantwortet werden können.

7.6   Dramaturgien und Bedeutungskonstrukte

Ein entscheidender Dramaturgiefaktor sind dabei „konspirative Orte und Geheimnisse", wie und wo die Produkte entstehen. Dort kann auch der Mythos einer Marke entstehen und eine große Rolle spielen. Beispielsweise eine Modekollektion an einem geheimen Ort entstehen zu lassen, damit findige Prosumenten sich auf die „Jagd" begeben und ein guter Erzählstoff für die Produktgeschichten entwickelt werden kann.

Das Lernschema oder die Vorlage dafür ist das Eventmarketing, weil es sowohl mehrdimensional als auch neuronal angelegt ist. Nicht nur wie im klassischen Sinn von Bühne zu Publikum und einer so genannten „Frontalbeglückung", sondern als komplexe, vielschichtige Maßnahme um einen Event herum. Im Austausch mit dem Prosumenten über Websites, Blogs, subversives Guerilla-Marketing oder Kanäle, die erst noch entwickelt werden. Twitter, Facebook und Xing sind hier nur der Anfang.

Eventmarketing muss zukünftig bedeutungs- und sinnstiftend sein, und das im Rahmen von Gesamtinszenierungen für Produkte, über die sich Menschen eine eigene, außergewöhnliche Identität schaffen können (Abb. 7.2). Es handelt sich um säkulare Tröstungsakte,

Abb. 7.2   „Schubkraft für Kauf- und Tröstungsakte"

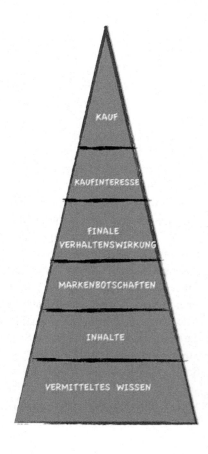

die im Sinne von Reliquien funktionieren. Deshalb sind exotische Themen und Objekte aus fernen Ländern wichtig für Konsuminszenierungen. Das liegt daran, dass sie für symbolische Freiheit, die Freude an Kulturüberschreitungen, Entfesselung und Entgrenzung stehen und sich damit wieder stimulierend auf Fantasien und Abenteuer auswirken. Sie sind die Flucht aus dem eigenen Raum der Möglichkeiten.

Der Konsum, der über viele Jahrhunderte ein weitaus geringeres Image als die Produktion hatte, wird nun selbst zu einem sekundären Produktionsprozess und bleibt nicht länger passiv oder bedarfsorientiert. Videoportale wie YouTube oder auch die individuellen Designoptionen des Labels Nike zeigen hier Möglichkeiten auf.

7.7   Emotionen und emotionales Marketing

Emotionen im Marketing sind das, was Marketing eigentlich schon immer hätte leisten müssen, aber nur selten geleistet hat. Die Chancen und Möglichkeiten – und hier ist insbesondere das Eventmarketing gefordert – sind immens. Emotionen unterstützen Prosumenten in der Kommunikation und sind Ausdruck eines psychischen Zustandes. Dabei wird intensiv auf die relevanten Bereiche Ökonomie, Psychologie, Neurologie und Neuropsychologie oder Sozialpsychologie eingegangen. Vorwegnehmend kann man sagen: Der Einfluss von Emotionen auf das Kaufverhalten von Menschen kann als eine Art „Balzgesang für das Gehirn" bezeichnet werden (siehe auch Abb. 7.3).

7.8   Events – kollektive und individuelle Verfassung

Das Urteilsvermögen wird von der Gesamtheit aller Individuen, vom Kollektiv, beeinflusst. Das bedeutet, dass im Umkehrschluss jedes Individuum auch das Kollektiv lenken kann.

Ein Mensch definiert sich durch seine Motivation, Einstellung, Verhalten, Gedanken und Gefühle, also durch sein Bewusstsein. Auf der individuellen Ebene hat der Mensch verschiedene Bewusstseinsstufen je nach Situation oder Sekundenmoment. Alle individuellen Bewusstseinebenen zusammengenommen bezeichnen den Begriff der individuellen Verfassung. Je nach Bewusstseinslage durchlebt der Mensch eine bestimmte Kombination von Gedanken, Gefühlen und, daraus folgend, ein entsprechendes Verhalten. Das Ausleben kann unterschiedlichste Formen annehmen und wird von verschiedenen Faktoren beeinflusst. Der Mensch ist ständig auf der Suche nach Verfassungen.

Marketing ging in der Vergangenheit davon aus, dass dem Menschen bestimmte Verhaltensmöglichkeiten oder Verfassungen aufoktroyiert werden konnten. Gleich einer Gebetsmühle wurde er mit Botschaften konfrontiert, um den ultimativen USP der Produkte und Botschaften wahrzunehmen, zu antizipieren, zu erinnern und in Folge davon zu kaufen und zu konsumieren. Das Marketing hat sich nur auf das, was bereits an Verfassungen im Menschen vorhanden war, konzentriert und diese Verfassungen verstärkt. Es wurde nur auf bestehendes Bewusstsein reagiert. Durch das neue Marketing, das Internet und neu-

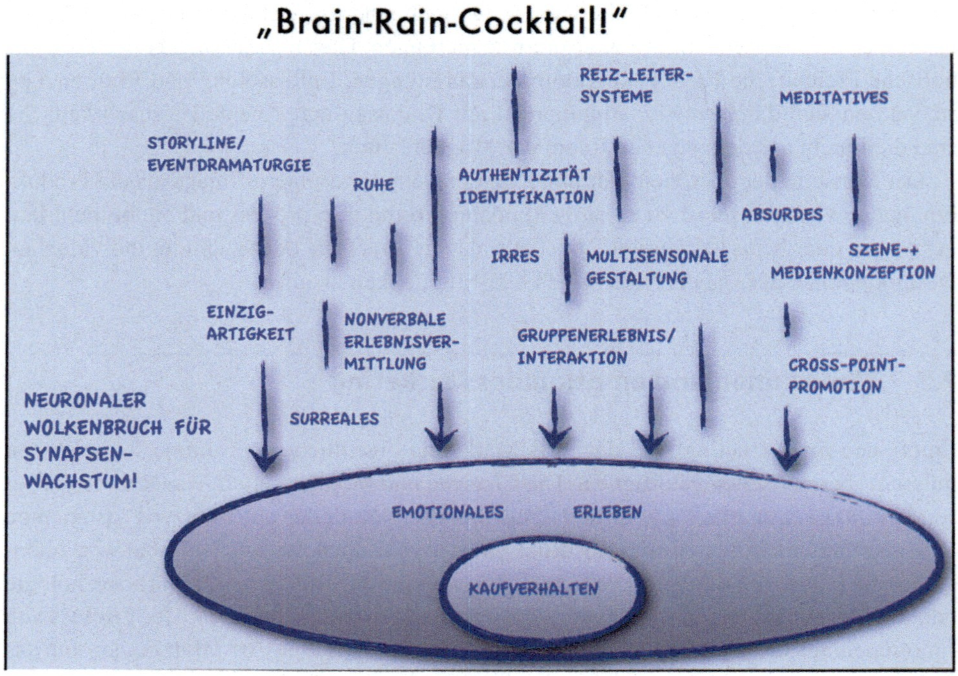

„Brain-Rain-Cocktail!"

Abb. 7.3 Emotionales Eventmanagment: „Brain-Rain-Cocktail!"

ronal formulierte und gestaltete Botschaften zerfällt das klassische Marketing. Menschen werden nicht nur aktiv, sie sind Mitgestalter und teilen ihre Verfassung ihrer Umwelt mit.

Das klassische Eventmarketing wurde bisher nach dem alten Marketing geführt und praktiziert. Der Konsument wurde in Erlebniswelten gezwungen, ohne dass vorher seine Vorstellungen, Meinungen, Verfassungsbedürfnisse und das Bewusstsein in Erfahrung gebracht wurden. Es entstanden Events mit prallen Farben, Klängen, Bildern und interaktiven Elementen. Die Nachhaltigkeit dieser Events ist jedoch in Frage zu stellen und umso mehr noch die Verankerung der Botschaften in den Köpfen der Konsumenten. Das Internet und seine Kommunikationsinstrumentarien und -kanäle hat das Eventmanagement verändert und verlangt nach neuen konzeptionellen Ansätzen. Prosumenten vertiefen sich immer mehr in virtuelle Erlebniswelten, die sie sich oft selbst schaffen. Damit entstehen Konflikte zwischen der realen und der virtuellen Welt.

7.9   Es darf immer eine Verfassung mehr sein

Der Mensch existiert, er existiert aber nicht nur physisch durch die Anordnung und Funktionsweise seiner Organe, sondern als chemisch-biologisches und „neurobiologisches Wunder" durch die Vielzahl der chemischen Prozesse, die im Körper ablaufen. Dabei treten ungeheuer viele Prozesse in Aktion und Interaktion, die zusammen, nebeneinander sowie teilweise total ungeordnet und chaotisch ablaufen. Darüber hinaus entwickelt der Prosument durch das Zusammenspiel aller neuronalen Systeme und Prozesse in seinem Körper, bzw. ausgehend davon im Gehirn, Eigenschaften, die nichts mehr mit den Einzelsystemen und -prozessen zu tun haben.

Damit ist der Mensch immer mehr als die Summe seiner Teile. Es ist eine Form der Selbstorganisation, durch die er als Prosument sich und seine Existenz immer wieder selbst erstellt, organisiert und neu erschafft, um damit ein lebenswertes Leben gemäß seines Lebensentwurfs zu verwirklichen. Hier steht stark die Fähigkeit des menschlichen Bewusstseins im Vordergrund. Zusammen mit seinen Sinneswahrnehmungen und der Gefühls- und Gedankenwelt ist das Bewusstsein der Haupthandlungsstrang für die Selbstorganisation und Selbstreferentialität des Menschen.

Der Prosument versetzt sich damit immer wieder selbst in neue Zustände und Verfassungen, um sich zu verwirklichen. Prosumenten nehmen sich dadurch selbst war und erfahren sich selbst in der Interaktion mit der Umwelt. Der Mensch wirkt auf seine Umwelt ein und im Gegenzug wird er von ihr beeinflusst. Die kollektive Verfassung ist danach eine Ansammlung individuell generierter Verfassungen.

Literatur

Schulze, G. 2000. *Die Erlebnisgesellschaft,* 8. Aufl. Frankfurt am Main: Campus Verlag.

Menschen, Prosumenten und ihr Bewusstsein

8

Zusammenfassung

Denken, Lernen, Vergessen! – Wie wahr! Die neue Bühne der Gefühle im Erlebnismarketing ist das Zirkuläre. Der freie kreative Fall in den „Entwurf des schöneren Lebens"! Prosumenten und Marken fließen ineinander, wenn die Strömung genutzt wird.

António Damásio[1] beschreibt das Bewusste als Teil geistiger Prozesse, aus denen der Mensch als Beobachter der beobachteten Dinge, als Besitzer der gebildeten Gedanken hervorgeht. Menschen bauen sich also mit Hilfe ihres Bewusstseins eine selbstreferenzielle Perspektive auf und machen sich damit zum Urheber und Regisseur des eigenen Fühlens, Denkens und Handelns. Auf diese Weise machen sich Menschen das eigene Bewusstsein bewusst (Selbstbewusstsein), können in das eigene Vertrauen vertrauen (Selbstvertrauen) und Verständnis für das eigene Verstehen schaffen (Selbstverständnis).

Menschen versuchen, sich selbst zu erkennen, und schaffen ihre eigene Existenz und Lebensgrundlage, die sie laufend verändern wollen, um weiter zu existieren. Diese Prozesse sind fließend oder auch zirkulär, und eine Art Kernbewusstsein bildet die Grundlage des Bewusstseins. Die Vollendung des Bewusstseins ist erst durch das erweiterte Bewusstsein, oder auch Unbewusste, möglich. Das speichert nämlich alle bewusst gewordenen Beziehungen, die der Mensch zu erkannten Objekten zusammensetzt. Das erweiterte Bewusstsein ist verantwortlich für den Aufbau von Erinnerungen aus den Begegnungen mit den Objekten, die dem Menschen in seinem gesamten Leben begegnen. Damit ist das erweiterte Bewusstsein die Dokumentation aller Lebenserfahrung und die Form von neuronalen Mustern, die jederzeit abrufbar sind. Menschen können sich damit auf die über Sinnesorgane hervorgerufenen Reize und bestimmte Signale reduzieren und sich vor Orientierungslosigkeit schützen. Das menschliche Gehirn speichert sämtliche bewusst gewordenen Erfahrungen nicht nur an einem Ort im Gehirn ab, sondern verknüpft diese mit zahlreichen Gehirnregionen und speichert sie als Muster.

---

[1] Damasio (2007).

© Springer Fachmedien Wiesbaden 2017

J. Thinius, J. Untiedt, *Events – Erlebnismarketing für alle Sinne*,

DOI 10.1007/978-3-658-07135-6_8

An einem Prozess im Gehirn sind mehrere Gehirnregionen beteiligt. Dadurch wird ein Event zum Beispiel zu einer Art Spaziergang durch das Gehirn, also zu einer Kombination aus bewusst gewordenen Objekten, Ereignissen und daraus entstandenen Mustern. Hier sind alle Sinnesreize relevant, angefangen vom Sehen über das Riechen, das Fühlen, das Hören und Schmecken. Deshalb besitzt Eventmarketing gegenüber allen anderen Kommunikationsinstrumenten den entscheidenden Vorteil: Es kann alle Sinne des Menschen erreichen und auf mehreren Wegen in das implizite System – das Unbewusste des Menschen – gelangen und damit nachhaltig wirken.

Das zirkuläre System bedingt die Tatsache, dass zum Beispiel mit dem Bewusst werden eines bestimmten Signals, eines Reizes oder Geruchs, ein neuronales Muster aktiviert wird und sich Erinnerungen aus vorher erfahrenen Erlebnissen einstellen. Der Mensch beziehungsweise das menschliche Gehirn nimmt ständig neue Objekte auf und stellt diese in neue oder bereits bestehende Beziehungen, sozusagen als Wahrnehmungsradar aus der Umwelt, um damit das eigene Fühlen, Handeln und Denken abzustimmen.

Die individuelle und für Events entscheidende Verfassung ist das Ausleben eines bestimmten neuronalen Musters, das durch das Bewusstsein des jeweiligen Menschen entstanden ist. Menschen erfahren ein bestimmtes Bewusstsein durch ihr soziales Umfeld. Sie leben damit aus einer Kombination von Gedanken und Gefühlen, die immer wieder mit neuen Informationen und neuen Verhaltensweisen verknüpft werden. Daraus entsteht wieder eine neue Kombination von Gedanken und Gefühlen und immer wieder und neu, eben der zirkuläre Prozess.

Das menschliche Gehirn, und damit der Prosument, ist voller ungeahnter Möglichkeiten und ständig dabei, sich neu zu erfinden. Das gehört zum Überleben und daraus erwächst auch der Wunsch nach dem Projekt des „schöneren Lebens". Am interessantesten bei Events wird es dann, wenn mehrere Menschen aufeinander treffen oder eine „Menschenmasse" zusammenkommt, die alle dieselbe Verfassung mit demselben Ziel ausleben.

Events sind also ein Art „Gleichschaltungsmöglichkeit" von neuronalen Mustern. Das haben wir zur Weltmeisterschaft 2006 in Deutschland erlebt. Es funktioniert aber auch bei Fernsehshows, im Theater, auf Messen, in Klubs und in Kneipen. Aus dieser Verfassung und der gemeinsamen Wahrnehmung entstehen aber wieder neue individuelle Muster, bei denen die Vielzahl der menschlichen Gehirne ständig eigene Erlebniswelten produziert und Eindrücke von außen wie beispielsweise ein Tor oder ein Happy End in die eigene Gefühlsdramaturgie und damit neuronale Muster integriert werden. Jeder Mensch, jedes menschliche Gehirn ist ein Unikat und hat ein einzigartiges Netz von neuronalen Mustern, das auf eigenen Lebenserfahrungen, Erkenntnissen und gelebten Mustern gründet.

Frederic Vester macht in „Denken, Lernen, Vergessen" und „Die Kunst vernetzt zu denken"[2] klar, welche Konsequenzen das bisherige Denken in den Bereichen Pädagogik, Wirtschaft, Ökologie, Biologie und Politik hat. Er zeigt den innovativen Nutzen des zirkulären Denkens auf, ebenso wie Heinz von Förster in seinem Buch „Wahrheit ist die Erfindung eines Lügners".[3]

---

[2] Vester (1999, 2006).

[3] von Förster und Pörksen (2006).

Das alte Marketing und damit auch das Eventmarketing kann in diesem Zusammenhang als ziemlich triviale Maschine betrachtet werden. Das heißt als „zuverlässiges", „synthetisches", „analytisches" und „vernunftbestimmtes Funktionsgebäude", in dem innere Zustände immer gleich bleiben. Das ist auch der Grund dafür, dass die meisten Marktforschungsstudien nur bedingt oder wenig aussagefähig sind. Sie haben die Schwierigkeit, dass sie Kunden bzw. Menschen kategorisieren und davon ausgehen, gemäß dem Motto „one size fits it all" über einen Fragenbogen Handlungen und Motivationen erkennen zu können.

Das neue Marketing und damit das Neuromarketing betrachtet den Menschen als selbstreferenzielles Wesen mit eigenen Grundlagen. Es macht sich dadurch zu einem selbstreferenziellen System, indem es auf Signalen und Rücksignalen von Kunden, Beziehungen, eigenen Erfahrungen sowie Erkenntnissen aufbaut. Dieser Ablauf ist ebenfalls zirkulär und zeigt damit den Wesenskern des neuen Marketings.

8.1 Geometric Feeling

Wenn Sie sich einige Bilder von Vasarely Kandinsky, aber auch insbesondere von Kasimir Malevitsch und Piet Mondrian angeschaut haben, dann sind Sie dem geometrischen Fühlen sehr nah. Auch MC Esher und Vasarely können dafür herhalten. Das geometrische Fühlen auf einem Event ist eine Art Illusionstechnik, die durch geometrische Abstraktion, aufgrund der Verwendung von geometrischen Formen, einen Raum illusioniert. Das heißt, die Tiefe und die Plastizität der Arbeiten der vorgenannten Künstler lassen sich auf die Bühne bringen, und zwar in der Art und Weise, dass die Bühne größer, höher, tiefer, breiter und weiter erscheint, als sie eigentlich ist. Wir können uns alle noch an unsere Kinderzeiten auf der Kirmes erinnern, als es noch diese schönen alten Kirmesbuden – heute würde man „Events" sagen – gab, wo, je nach Konzept, seltene oder monströse Menschen gezeigt wurden. Zum Beispiel die Frau ohne Unterleib oder eine Frau, die in einer Holzkiste durchgesägt wurde. Alle diese Dinge basieren auf Illusion und geometrischer Abstraktion.

Der Schweizer Max Bill und spätere Gründer der Hochschule für Gestaltung in Ulm war der Meinung, dass es möglich ist, Kunst weitgehend auf der Basis mathematischen Denkens zu entwickeln. Malevitsch und Mondrian haben die Geometric-Art auf der Ebene der abstrakten Malerei weiter verfolgt. Vorherrschend waren Primärfarben, weißer Grund und schwarze Gitterlinien zur Abtrennung der jeweiligen Farbflächen. Geometric Feeling kommt aus der abstrakten Kunst und wird häufig auch verglichen mit avantgardistischer Musik von Arnold Schönberg, Kurt Stockhausen und Bela Bartok. Hier wurden mit emotionalen und expressiven Tonlinien ebensolche Gefühle geschaffen, die überhaupt keinen Verweis oder Bezug auf bisher Gehörtes, objektiv Reales und Existierendes hatten.

Für Event-Konzepte könnte man es so zusammenfassen: neue Töne, neue Perspektiven, neue Formen, neue Seh-Gewohnheiten oder Seh-Überraschungen. Also alles das, was uns an die Endkante unserer bisherigen Überzeugungen und Denkmodelle bringt und in eine neue Welt hinüber nimmt. Drei- und Vierdimensionale Gestaltungen haben die Möglichkeit von erweiterten mehrdimensionalen Räumen. Man kann sie auch

Hyper-Räume nennen. Es sind geometrische Gebilde, die teilweise auch zweidimensional dargestellt werden können. Immer vermitteln sie das Gefühl erweiterter und ganz besonders ausgeprägter Räume.

Vom Feeling zum Thinking

Das dreidimensionale Denken ist im Grunde genommen so etwas, wie eine erweiterte Matrix mit drei verschiedenen Richtungsebenen oder auch einer Matrix in Form eines Würfels, aus der sich noch mehr Möglichkeiten ergeben. Alles das ist in der Theaterwissenschaft und im Bühnenbild schon angewendet worden. Im Event-Bereich noch nicht. Und wenn, mehr in digitalen Animationen oder vergleichbaren Darstellungen.

Die Laser-Shows haben vor gut 20 Jahren den Anfang gemacht. Was kommt jetzt? Hier wäre es sicherlich erforderlich, sich über neue Formen, Texturen/Materialien Gedanken zu machen, um alles das zusammenzuführen, was teilweise mit dem Schlagwort „Design Thinking" gemeint ist. Ein solches Event wäre ein multi-sensuelles „Spitzen-Konzept" – eine Mischung aus Verstehen, Beobachten, neue Ideen generieren, Verfeinern, Ausführen und Lernen in einem! Entweder sukzessive oder auf mehreren Ebenen gleichzeitig.

Alles in allem hat „geomtric-feeling" nicht nur mit „wahr" nehmen, sondern im wahrsten Sinne des Wortes auch mit „falsch" nehmen – also mit Illusionen – zu tun. Ein perfektes und ins Unbewusstsein gehendes Event hängt sehr viel von der Bühne, ihrer Architektur sowie allen dazugehörigen Hardware-Konstellationen wie Boxen, Technik, Leitungsführung etc. ab. GeometricFeeling, Geometric Thinking und Design Thinking könnten der Event-Architektur und den daraus entstehenden Erlebnissen mit möglichst emotionalen Grenzüberschreitungen wirklich die Multisensualität geben, die wir heute teilweise noch nicht kennen oder erfahren haben. Es lohnt sich, diesen Weg weiterzuverfolgen, weil die bislang gesetzten Reize im Event-Marketing schwächer werden.

Es müssen neue „Induktions-Ströme" vor und in die Menschen gesetzt werden. Überlegen Sie doch mal, wie eine Event-Location gestaltet von Jackson Pollock, Zaha Hadid, Piet Mondrian und Kurt Schwitters aussehen würde. Das Internet ist reich an Beispielen zu „Geometric Art". Klicken Sie doch mal eine solche Seite an und lassen Sie sich inspirieren. Hier entstehen in Ihrem Kopf automatisch und sofort basale Ideen für Event-Locations, Event-Bühnen oder auch Event-/ Messestände.

8.2   Trance als multisensueller Event-Input

Bei dem Wort Trance fallen uns zunächst schamanische Praktiken, Hypnose oder auch Drogen ein. Jeder, der den ersten großen Roman von Martin Suter „Die dunkle Seite des Mondes" gelesen hat, erinnert sich an die Erfahrungen des Protagonisten mit hallizunogenen Pilzen. Trance führt zu veränderten und erweiterten Bewusstseinszuständen.

Trance ist kulturgebunden. Es gibt Kulturen, wie beispielsweise die der Indianer Nord-, Mittel- und Südamerikas oder auch in weiten Teilen Indiens, wo Trance als Mittel und Weg zur Findung in ein besseres oder entspannteres Leben dient. Trance hat immer mit Bewusstseinserweiterung und dem Verlernen oder der Nichtbeachtung von Gedankenkonstrukten und Verhaltensmustern zu tun. Trance ist für das Verlernen deshalb so bedeutungsvoll, weil transformatives Lernen ohne eine leichte Form von Trance nicht möglich ist. Vielleicht erinnern Sie sich noch an Ihre Studienzeit, als die unterschiedlichsten Rezepte und Konzepte für Lernen durch die Semester geisterten, insbesondere für das Lernen vor Klausuren und wichtigen Prüfungen. Wir haben damals den Stoff auf Tonband gesprochen, uns hingelegt, die Augen geschlossen und versucht, dieses Wissen aufzunehmen – teilweise mit guten Erfolgen. Manchmal half es schon, nur das entsprechende Fachbuch auf den Nachttisch zu legen. Also lassen Sie uns Trance – vielleicht auch Ektase – auf den Nutzen und die Einsetzbarkeit bei Events mit multisensueller Kopfnote überprüfen.

Unsere klassischen Bewusstseinszustände, die in das Gebiet von Trance hineinreichen, sind die Schlafformen, ganz besonders Tiefschlaf und Traumschlaf. Natürlich können wir auch im Wachsein und während integrativer Bewusstseinsformen in Trance geraten. Ob religiöse Veranstaltungen, meditative Erfahrungen oder die pure Trance in Form von Besessenheit: All diesen Bewusstseinsformen ist gemeinsam, dass sie außerhalb unserer Kontrolle liegen. Es gibt dazu natürlich auch hilfreiche Stimulanzien, wie hallizugene Pilze oder auch andere leichte oder stärkere Drogen.

Es geht aber auch über Mind-Setting. Das fängt irgendwo an und endet im Schlaf oder in der Besessenheit. Je nach Individuum und nach neuronaler Verfassung ist das Ergebnis sehr unterschiedlich. Die Themen Trance, Schamanismus und ähnliche Bewusstseinszustände sind nicht unproblematisch, weil zunächst einmal abgewertet und in primitive Beurteilungsfelder gedrängt wird. Aber letztendlich geht es immer darum, aus bestehenden Gedankenkonstrukten und Verhaltenszuständen herauszukommen und in ein neues Bewusstsein einzutreten. Der Meister auf diesem Gebiet, wie bereits an anderer Stelle in diesem Buch ausgeführt, ist Quentin Tarantino, der zunächst weniger auf Trance setzt, als auf kognitive Überraschungen, Absurditäten, Surrealitäten! Also nicht Nazis jagen Juden, sondern Juden jagen Nazis wie beispielsweise in „Inglorious Basterds" oder nicht Weiße Schwarze, sondern umgekehrt Schwarze Weiße wie etwa in „Django Unchained".

Wo fängt die Korrumpierung unserer Wahrnehmung an? Wo hört sie auf? Wo fangen Trance und gar Bessenheitstrance an? Wohin führen sie? Wie sieht der Exit aus und was sind die Erfahrungen?

Es gibt körperliche und körperlose Erfahrungen und auch verschiedene Deklarationen der Kontrolle. Es geht um Konzentration, aber auch um Erregung und Ruhe. Es geht um Emotionen, aber auch um ein Identitätsgefühl. Also zum Beispiel bei Erfahrung der Loslösung der Seele vom Körper oder die Einheit mit allen Dingen. Und es geht auch um die Frage, wie groß ist die Bewusstheit im Hinblick auf die Umgebung und die Kommunikationsfähigkeit während solcher Sessions und Erfahrungen ist.

„Trance-Zendenz"

Klassische meditative Prozesse wie Zen-Buddhismus oder yogische Zustände sind im Vergleich zum Schamanismus immer mehr mit Selbstkontrolle, Konzentration, Ruhe-Erlebnissen – auch emotionaler Distanz – und der Reduzierung des Selbstgefühls verbunden. Es geht letztlich um die Erfahrung, das Ego, das uns häufiger ein Schnippchen schlägt, zu reduzieren oder gar auszuschalten. Denn letztendlich sind wir mit unserem Ego nichts anderes als unsere eigenen Werbe- und PR-Leute! Durch eine größere Bewusstheit erfahren wir Ruhe und angenehme Leere bis hin zu den Formen von Ekstase und Besessenheit.

Alles das muss nicht, kann aber Relevanz für Events haben. Wobei wir Events nicht mit „schöne Bühne, gute Musik und gutes Essen" gleichsetzen. Unter Events verstehen wir das Marketing nach dem Marketing oder die Kommunikation, die eine Bewusstseinserweiterung mit bestimmten Botschaften über Produkte, Dienstleistungen oder was auch immer auslöst!

Auch der Buddhismus ist reich an Formen und Meditationen der bewusstseinserweiternden Art. Es geht um die Kontrolle über den Körper, über eine erhöhte Wahrnehmung der Umwelt. Es geht um Ruhe, Erregung und Affekt. Aber der Erfahrungsinhalt ist meistens auf die Re-Konstruktion der Gedankenkonstrukte, die unser Gehirn beherrschen, angelegt. Es gibt viele Formen! Hier ein paar Beispiele: Vipassana, Meditation oder Yoga.

Wie erreicht man bewusstseinserweiternde Formen? Bei den einen reicht Helene Fischer aus, bei den anderen müssen es die Stones oder AC/DC sein. Es kann Musik sein, aber auch gemeinsames Singen und Tanzen. Es können auch Temperaturextreme bis hin zu Erschöpfung und intensiver Konzentration auf den Körper sein.

Jeder, der schon einmal eine Techno- oder Raver-Fete besucht hat, kennt das. Es funktioniert schon manchmal mit Afri-Cola, Frizz-Cola oder Cherry-Coke. Man kann in diese Getränke noch etwas hineintun, was zum Durchhalten anregt. Der eine kommt mit Captagon aus, der Nächste braucht Amphetamine. Grundsätzlich gilt, dass es auch ohne Stimulanzen geht, das zeigen viele Veranstaltungen.

Denn im Gehirn werden zuerst das Limbische System und die Amygdala angesprochen. Danach kommt es zur Synchronisierung der beiden im Gehirn. Gut sind dafür Wiederholungen, gemeinsame Refrains oder wechselnde Tempi von Trommeln! Entscheidend ist auch immer, was angekündigt wird und wie groß die Erwartungshaltung ist. Daraus ergeben sich Stimmungen und Wünsche. Wichtig ist auch die Frage, was der Anlass einer Veranstaltung ist, also die soziale Situation. Ist man alleine oder in einer Gruppe? Hat man Kontrollmöglichkeiten? Auch Kontrollmöglichkeiten durch andere?

Wie groß sind die Intensitäten und Sensationalitäten im Hinblick auf den Verlauf einer solchen Veranstaltung? Dies ist eine besondere Fragestellung, weil das Ganze im klassischen Event-Bereich noch nicht so stattgefunden hat. Aber es ist vorstellbar, vielleicht in abgemilderter Form oder mit der einen oder anderen Komponente, die man aus den vorher dargestellten Ausführungen und Zusammenhängen entnehmen und für sein Konzept verwenden kann.

Trance kann jeder

Trance gehört zum normalen Potenzial des Menschen. Diese Tatsache wird meistens verkannt, weil mit dem Begriff Trance Kategorisierungen von Unnormalität, Sucht oder Krankheit vorgenommen werden. Quantenphysiologisch betrachtet hat Trance mit Licht und Energie zu tun und damit mit Bewusstsein und Kraft – fern aller Drogenkultur der 60er-Jahre. Dieser Zusammenhang ist uns wichtig und soll keiner späten Verherrlichung von Timothy Leary, dem großen Drogenverkünder der 60er-Jahre, oder von Bands wie „Greatful Dead" dienen.

Trance, Hypnose und ähnliche Formen der Bewusstseinserweiterung entwickeln sich erst aus dem Selbstbewusstsein und führen über verschiedene Stufen mit Symbolen, Metaphern und Mythen auf höhere Erlebnisstufen. Trance ermöglicht darüber hinaus die Adaption und Interaktion zwischen unserem Innenleben, den Mitmenschen, kulturellen Zeichen und Bedeutungssystemen und den neuronalen Strukturen unseres Bewusstseins.

Für die Kognitivisten beginnt der Wahrnehmungsprozess mit einem Stimulus. Daraus entstehen Informationen. Diese gehen über den Thalamus in den sensorischen Kontext. Das ist die Annahme. Es gibt aber auch Untersuchungen, die ganz einfach die Wahrnehmung als einen aktiven Prozess in Bezug auf die Haltung von Aufmerksamkeit und Erregung betrachten. Das Limbische System wird angeschaltet und in Schwingung versetzt. Das genügt, um bei Eventteilnehmern die Erlebnisfähigkeit zu erhöhen. Unsere Homöostase, das körperliche Gleichgewicht, findet seinen idealen Zustand. Alle Gehirnwellen, ob Alpha, Beta, Delta und Theta, schaffen Bewusstseinszustände jenseits aller Drogen über den externen Weg. Das reicht vom Wachsein mit integrativen Bewusstseinszuständen, dem Grad des Involvements in einem Event bis zur emotionalen Verwertbarkeit. Tiefschlaf und Traumschlaf sind die uns bekannten Endstationen.

Multisensuelle Events, für die Entfesselung und Entgrenzung als Ziele definiert werden, zielen darauf ab, sich in einen mehr- oder multidimensionalen Erlebnisraum statt einen eindimensionalen Erlebnisraum zu begeben. Denn das eindimensionale, lineare Vorgehen und unsere Sozialkonditionierung sind Verhinderer solcher Erlebnisse, weil wir in „normal" und „unnormal" unterscheiden. Unnormal und normal gibt es aber so nicht! Alles ist in jedem Menschen vereinigt, es kommt nur unterschiedlich zum Vorschein.

> Im Gegensatz zu vielen anderen kommunikativen Disziplinen, die beschreiben, wie die Dinge sind, haben Events eine große Verpflichtung. Ein Event muss aufzeigen, wie die Dinge sein können! Das ist der kreative Imperativ für Events!

Literatur

Damasio, A. R. 2007. *Ich fühle, also bin ich. Die Entschlüsselung des Bewusstseins,* 7. Aufl. Berlin: List Taschenbuch.

Vester, F. 2006. *Denken, Lernen, Vergessen,* 31. Aufl. München: dtv/wissen.

von Foerster, H., und B. Pörksen. 2006. *Wahrheit ist die Erfindung des Lügners,* 7. Aufl. Heidelberg: Carl Auer Verlag.

Neuropsychologie und Neuro-Ökonomie: der Konsument – ratiogesteuert oder Opfer seiner Gefühle?!

Zusammenfassung

Wer oder was keine Emotionen auslöst, fällt durch den Rost! Marken werden fast ausschließlich fluide. Autonome Status- und Sicherheitsmuster führen mit Entfesselung und Entgrenzung ins implizite Gehirn – das Unbewusste – und damit direkt zum Kauf!

Der sogenannte Homo Oeconomicus[1] hat noch immer einen großen Platz in der Marketingliteratur. Jetzt kommt ein neuer Menschentyp auf den Plan, der kreative Sinn-Mensch in ebensolchen Sinn- und Stil-Gruppen. Wo geht die Reise hin? Basiert die Diskussion auf Ratio contra Emotion? Was steuert den Menschen, der schon lange nicht mehr nur Konsument ist, sondern mündiger Mitgestalter von Marken und Protagonist der Markenaura im Web? Gibt es den, allegorisch betrachtet, „Autopiloten" im Kopf oder gibt es ihn nicht?

Marken waren schon immer etwas Psychologisches. Marken wurden auch in der Vergangenheit nicht nur von den sogenannten Markenmachern in Konzernen oder mittelständischen Unternehmen gemacht, sondern sie entstanden in den Köpfen der Menschen. Demnach ist eine Marke vor allem etwas Psychologisches und nicht etwas Physisches. Insofern kann man Marken nur begrenzt verdinglichen oder anfassen. Die Neurowissenschaften haben in den letzten zehn Jahren dazu viele Beiträge geliefert. Richtig Fahrt hat das Thema jedoch erst in den letzten zwei bis drei Jahren aufgenommen.

---

[1] Wissenschaftstheorie: Modell eines ausschließlich „wirtschaftlich" denkenden Menschen, das den Analysen der klassischen und neoklassischen Wirtschaftstheorie zugrunde liegt. Entscheidungstheorie: Idealtyp eines Entscheidungsträgers, der zu uneingeschränkt rationalem Verhalten (Rationalprinzip) fähig ist und damit in der Mehrzahl der bislang im Operations Research formulierten Entscheidungsmodelle unterstellt wird. Wirtschaftsethik: Der Homo oeconomicus spielt als Schema für die Analyse wirtschaftsethischer Probleme eine zunehmend wichtigere Rolle (Gabler Wirtschaftslexikon).

© Springer Fachmedien Wiesbaden 2017
J. Thinius, J. Untiedt, *Events – Erlebnismarketing für alle Sinne*,
DOI 10.1007/978-3-658-07135-6_9

9.1   Ursache und Wirkung – was war, was ist, was kommt?

Es fing an mit der Werbewirkungsforschung, es ging um Aufmerksamkeit und Wahrnehmung, also um kommunikative Wirkungsoptimierung in jeder Hinsicht. Auf den Gebieten Neuropsychologie und Neurobiologie gibt es noch ein großes Potenzial, weil das Gehirn noch weitgehend unerforscht ist. Es gibt viele Werbewirkungs- und Kommunikationsforschungsbilder, die schön anzusehen sind. Man weiß, welche Regionen im Gehirn tätig werden, aber man kennt die Vernetzung und die Motive nicht.

Deshalb müssen wir uns vom Homo Oeconomicus verabschieden, der nach rationalen Kriterien entscheidet. Sind wir in erster Linie gefühlsgetrieben, also der „unreflektiert" gesteuerte Mensch?

Vieles, was im Augenblick passiert, geht weit über ursprüngliches Marketing-, Kategorisierungs- und Benennungsdenken hinaus. Wie werden Entscheidungen getroffen? Vermutlich ist es so, dass wir uns bereits entschieden haben, wenn wir uns entscheiden – aufgrund vieler Verschaltungen und neuronalen Bahnungen, die Haltungen und Werte determinieren.

Der Abschied vom Homo Oeconomicus ist deshalb so dramatisch, weil er bislang zumindest die theoretische Basis für vieles im Marketing und in der Psychologie bildete. Also: ein Mensch, getrieben von Kosten-Nutzen-Analysen. Inzwischen zeigt sich immer mehr, dass dieser Prozess in unseren Gehirnen nicht stattfindet. Aber die schlechte Nachricht ist: Keiner weiß bis heute genau, was Emotionen sind, obwohl emotionales Marketing zurzeit das Thema Nummer Eins ist. Vermutlich ist es so, dass Kommunikation zu 90 Prozent intuitiv von einem inneren Autopiloten gesteuert wird.

Nicht, dass Emotion immer der Antipode der Ratio ist. Linke Gehirnseite – rechte Gehirnseite, das ist möglicherweise ein veraltetes Modell und vermutlich müssen wir uns von diesen Vorstellungen lösen. Wahrscheinlich geht die Entwicklung in Richtung impliziter Prozesse. Damit ist das gemeint, was Sigmund Freud als das Unbewusste bezeichnet hat, also das rein Triebgesteuerte. Der Begriff „implizit" ist neutraler und erschließt neue Betrachtungs- und Bedeutungsfelder, die im Marketing noch nicht zu Ende gedacht worden sind. In impliziten Systemen findet viel Kognitives statt. Der größte Teil des Gedächtnisses – die Muttersprache, Rechnen, Reden, Lernen und Werte – können diesem Bereich zugeordnet werden.

Der innere Autopilot sendet Impulse, wahrscheinlich verliert man dann, wenn man ihn einschaltet, sein Bauchgefühl. Man kann planen, Probleme diskutieren und Ziele verfolgen. Am besten lässt sich der innere Pilot mit Willen übersetzen. *Wille ist Charakter in Aktion.*

„Bauchgefühle" sind Aktivierungen von Hirnregionen, die zu intuitiven Handlungen führen. Die Intuition wiederum wird vom Autopiloten gelenkt. In Untersuchungen ist festgestellt worden, dass Menschen zufriedener sind, wenn sie nicht nachdenken, sondern intuitiv handeln. Dieser Zusammenhang basiert auf einer Reihe von zugrunde liegenden Erfahrungen, also neuronalen Verschaltungen. Liegt das nicht vor, ist man vermutlich nicht intuitiv, sondern naiv.

9.2   Das Gehirn und seine Implikationen

Das Gehirn löst im impliziten System ein Problem. Das Explizite, also das Bewusste, die heute immer noch so bezeichnete Ratio, ist ein begrenztes System. Der USP (Unique Selling Proposition) eines Produktes spricht lediglich das explizite System in uns an. Letztendlich sind das vier, fünf oder sechs Eigenschaften (z. B. Zahlenverständnis). Dieses System steht mit dem impliziten System in Verbindung und gibt Informationen (z. B. für das Sprechen oder Autofahren) – alles ist im impliziten System vorhanden. Dort gibt es keine Bits- und Bytesbeschränkungen, das implizite System macht Menschen effizient. Harvard schätzt, dass 95 Prozent der Entscheidungen für Konsum im impliziten System getroffen werden, das heißt aus einem Bauchgefühl heraus und ohne Reflexion.

Viele Entscheidungen laufen mit low-involvement oder low-interest ab – eine der wichtigsten Erkenntnisse der Werbepsychologie war, dass 95 Prozent der Werbekontakte (Anzeigen, Plakate, Mailings etc.) low-involvement sind.

In der Schule lernen wir, dass langes Nachdenken zu besseren Entscheidungen führt. Aber gerade bei komplexen Problemen hilft das nicht. Oft ist die drittbeste Lösung die Beste.[2] Es gibt Studien, die darauf hinweisen, dass es eine implizite Ratio gibt. Wenn also ein Muster von zwölf Produkteigenschaften existiert, das explizite System aber nur fünf verarbeiten kann, muss der Prozess in kleineren Portionen ablaufen. Das führt dazu, dass nicht das ganze Muster der Produkteigenschaften auf dem Plan ist. Erst der innere Autopilot, das implizite System, kann das Gesamtmuster aufnehmen und kommt bei komplexeren Problemen zur besseren Lösung. Die Erkenntnis, dass Nachdenken nicht immer weiterführt, erfordert ein Umdenken bei uns allen.

Aufgrund von zwei- bis dreitausend Kontakten mit Werbung pro Tag sind die meisten Menschen Konsumexperten. Es gibt gefühlt ca. 50.000 Marken. Das alles passiert schon in frühester Kindheit, auch kleine Kinder können daher als Konsumexperten bezeichnet werden.

Der Mensch möchte gar nicht nachdenken, sondern er will verführt werden! Also hat der sogenannte Autopilot Bedürfnisse nach Storys, Mythen, Fantasiewelten und nach Träumen. Als Beweis dafür sind hier die erfolgreichen Filme von Steven Spielberg, Harry Potter oder Mangas zu nennen.

9.3   Markenreligionen und muntere Gebirgsbäche des Sinns

Konsum und Marken sind – säkular betrachtet und bereits ausgeführt – nichts anderes als Akte der Tröstung. Bei den sogenannten starken Marken wird das implizite System aktiviert. Vom limbischen System aus geht es über den Hypocampus, die Sortierstelle, dann

---

[2] Vergl. Luhmann (2006).

weiter ins Großhirn und in die vielen Speicher, die im Hinblick auf Marke als Kulturspeicher bezeichnet werden können. Wichtig für die weitere Verarbeitung sind die Fragen: Lässt die Marke mich träumen? Gibt es ein Belohnungssystem? Gibt es Tröstung? Anschließend läuft es über Reiz-Leiter-Systeme und über Stimuli, um Marken im impliziten System positionieren zu können.

Gibt es verschiedene Wege der Decodierung? Wo kommt etwas her? Ein Beispiel ist die Farbe Schwarz, die früher für Trauer stand und auch sonst eine vollkommen andere Bedeutung hatte und heute der Lifestyle- und Szenerenner ist.

Es geht auch um Rituale und Belohnung, wie etwa Kaffee trinken, wo automatisch Duft- und sogenannte Gemütlichkeitsbahnungen assoziiert werden. Ähnliches gilt für Coca-Cola als Erfrischungsgetränk. Einfaches Wasser zu trinken würde völlig ausreichen, um unsere biologischen Körperfunktionen zu erhalten, aber wir belohnen uns mit dem Geschmacks-erlebnis Coca-Cola. Wir wissen, dass Venedig romantisch ist, dass man der Gastgeberin beim ersten Mal möglichst keine Rosen mitbringt etc. – alles das sind Decodierungsregeln.

Unser Gehirn ist süchtig nach Neuem. Neues lernt es am besten, wenn Bekanntes mit dabei ist. Auf komplett neue Informationen und Botschaften reagiert der Autopilot irritiert, das allerdings ist auch gerade wiederum ein Thema der Kreativität, um wirklich mal in den freien Fall und auf eine neue Bedeutungs- und Muster-Prägungsebene zu kommen.

Marken als Tröstung und Belohnung? – Jede Biermarke verkauft heute ein „Verflüssi-gungsversprechen", was sehr schön in den Anzeigenmotiven zu sehen ist. Hier wird zu 90 Prozent Wasser gezeigt. Es geht um das, was in der Tiefe liegt, also um Tiefenpsychologie. Keiner würde sagen: „Ich kaufe Krombacher: wegen des schönen Sees mit der Insel", son-dern: „Krombacher schmeckt mir". Aber der tiefere Grund ist eben die Reinheit des Sees und die Idylle der Insel. Gleiches gilt auch für den „Häuserkampf der Brauereien", wenn es um Gastronomieobjekte geht, die mit teuren Beleuchtungsreklamen und Schaukästen an den Außenmauern ausstaffiert werden. Für den jeweiligen Außendienstmitarbeiter sicherlich ein hilfreiches Erkennungsmerkmal und eine Außenwerbung für die jeweilige Brauerei. Aber welcher unabhängige Restaurantbesucher macht seinen Besuch wirklich von der Leucht-reklame der jeweiligen Brauerei an den Häuserwänden abhängig?

Einen vielleicht wertigeren Anspruch verfolgt die Marke Bitburger mit der Information über die hohe Produktqualität von Bitburger Premium Pils, wie etwa die wochenlange Reifung in den Tanks, die Reduktion von Alkoholreststoffen und der Verzicht auf Pasteurisierung (was es frischer als manche Milch macht). Leider fehlt die konsequente Fortsetzung dieses Qualitätsmerkmals in Form von Handels-Promotions und eben auch dem Eventmarketing. Diese Produkteigenschaften von Bitburger könnten Verbrauchern auf wunderbare Art und Weise bei Events oder Handels-Promotions vorgeführt werden. Somit könnte ein so gestalteter Event die 1:1-Übersetzung des derzeit laufenden Werbespots sein. Die neu erschaffene Markenwelt in Bitburg ist für Brauereibesucher die Fortführung dieser Qualitätsmerkmale. Allerdings eben nur für diejenigen, die deshalb nach Bitburg kommen, um sich die Bitburger Markenwelt anzuschauen und sich somit mit allen Sinnen auf die Biermarke einlassen. Unbewusst werden die Bitburger Markenwelt-Besucher die Qualität, aber auch die Modernität der Produktion von Bitburger aufnehmen und verinnerlichen.

Wird es also so sein, dass Erfolge in neuen und zukünftigen Märkten davon abhängen, wie wir das implizite System und den Autopiloten bedienen und beeinflussen können? – Das, was wir tun, wird sich vermutlich wenig ändern. Die Basisbedürfnisse haben sich im Gehirn nicht verändert, aber wir sprechen anders, wir spielen anders, wir machen andere Liebesgeständnisse auf der Basis grundsätzlicher Bedürfnisse!

Hinter allem liegt das Streben nach sozialer Nähe. Wenn diese Muster gut bedient werden, hat Story-Telling-Marketing eine hohe Wirkung – Aschenputtel wird als Pretty Women neu erzählt.

Literatur

Gabler Wirtschaftslexikon. http://wirtschaftslexikon.gabler.de/Archiv/8004/homo-oeconomicus-v9. html. Zugegriffen im August 2015.
Luhmann, N. 2006. *Einführung in die Systemtheorie,* 3. Aufl. Heidelberg: Carl-Auer Verlag.

Ist Neuromarketing neuronales Marketing?

Zusammenfassung

Kunden, also Menschen, die kaufen, wollen kein Produkt, sondern Bedeutungen, Faszinationen, Visionen, Lob, Hoffnung und Belohnung. Sie kaufen kein Produkt! Dem explizit-impliziten Autopiloten in uns allen sei Dank!

Es kommt auf die Verfassung an! Es gibt viele Wirkungsmodelle, insbesondere zur Messung von Kommunikationswirkung im Marketing, die dazu dienen sollen, die Frage zu klären: Wie kommt eine Marke bei Zielgruppen an?

Um Zielgruppen geht es heute schon lange nicht mehr, sondern um *Stil-, Sinn-, Wunschtraum- und Verfassungs-Gruppen*. Mit Verfassung ist der Mensch als holistisches, eigenständiges unverwechselbares Wesen gemeint und nicht als reiner Empfänger von Kommunikationsbotschaften.

Die Psychologie und Tiefenpsychologie geht davon aus, dass es in Bezug auf die Rezeptions- und Empfangssituation von Kommunikation und Markenbotschaften in jedem Menschen die unterschiedlichsten Verfassungen zu unterschiedlichen Zeiten gibt. Marken stellen heute Beziehungen her, nichts anderes. Marken entstehen nicht in erster Linie in Unternehmen und Konzernen, die diese Marken erfinden und entwickeln, sondern in den Köpfen der Menschen.

Das neuronale Marketing soll die Wirkung von Marken und Markenkommunikation entschlüsseln. Die Wirkung von Marken und ihre Kommunikation werden mit den Erkenntnissen der Neuropsychologie decodiert. Der Hintergrund ist die Umsetzung der Markenpositionierung durch Kommunikation. Das ist oftmals ein Engpass beim Aufbau von Marken, weil zwischen Konzept und Umsetzung Lücken klaffen.

Diese Lücken führen dazu, dass die Marken nicht, wie gewünscht, den früheren Konsumenten erreichen, sondern der Konsument ist in der heutigen Zeit der eigentliche Markengestalter. Es gibt Verwechslungen, es gibt konzeptionelle Gaps, es gibt auch Verständnisprobleme. Der Härtetest: Markenlogo abdecken und fragen: „Um welche Marke handelt es sich hier?", führt meistens zu falschen Ergebnissen. Das führt außerdem zu Wirkungsverlusten, aber nicht nur die Wirkungsverluste stellen den Hauptmangel in der

Kommunikation dar, sondern noch viel wichtiger: die nicht existierende oder mangelhafte konzeptionelle, neuronale und gehirngerechte Gestaltung.

Marken sind Netzwerker im Gehirn! Bei jeder Veränderung einer Markenpräsentation werden im Gehirn neue neuronale Netzwerke aufgebaut, die die Präsentation der Marke mit dem Gehirn verknüpfen müssen. Bei dieser Umstrukturierung im Gehirn treten oft Fehler auf, denn neue Markenpräsentationen werden nur sehr schwer gelernt. Diese Umlernphase beträgt mindestens zwei Jahre. Wenn eine Umstrukturierung erforderlich ist, sollte die alte Markenpräsentation mit neuen Inhalten verknüpft werden. Also behutsames Verändern, um die bekannte Vertrautheit, Sicherheit und Bekanntheit nicht zu zerstören. Diese Tatsache basiert darauf, dass das Gehirn dann am effektivsten lernt, wenn alte mit neuen Inhalten verknüpft werden.

Es ist ganz wichtig, Markensignale beizubehalten (Core-Signals), gleichgültig, in welchem Stadium die Marke sich auf der Zeitachse befindet bzw. wie notwendig Änderungen sind. Durch die Markensignale kristallisiert sich ein Brand-Code heraus. In der Umsetzung, insbesondere in der gestalterischen Umsetzung, sind die Key-Visuals (aber eben nicht nur die, das ist der Vordergrund) im Hintergrund. Es kommt auf die neuronalen Anker an, die dann, wenn sie unbekannt sind, neu gelernt und in den Vordergrund gerückt werden müssen. Eine ineffiziente Aktivierung verlangsamt oder behindert den Aufbau neuronaler Netze und führt zu Wirkungsverlusten in der Markenkommunikation.

Die Begegnung mit der Marke, also ihre Präsentation, ist auch ihr Gesicht. Damit wird die Persönlichkeit der Marke ausgedrückt, das neuronale Markennetzwerk im Kopf der Menschen. Damit die Inhalte und Bezugspunkte der Marke auch nachhaltig im Kopf bleiben, sollte die Darstellung der Marke konstant sein. Häufige Wechsel oder gar zu radikale Änderungen können zu verringerter Identität der Marke führen.

Die Wirkung von Marken tritt in Hirnregionen auf, auf die die Menschen keinen Zugriff haben. Hier schlägt die große Stunde des Neuromarketings. Es entschlüsselt die unbewussten Vorgänge und Wünsche im Gehirn des Menschen.

10.1   Die Informationsaufnahme im Gehirn

Das Gehirn ist der größte Computer der Welt und nimmt innerhalb von einer Sekunde elf Millionen Sinneseindrücke auf. Jeder Ton, jeder Reiz, jede visuelle oder auditive Botschaft löst mehrere Tausend Impulse und Bahnungen im neuronalen System aus. Das Heben der Hand, jeder Wimpernschlag sind ebenfalls mehrere Tausend Impulse im neuronalen System.

Von den elf Millionen Sinneseindrücken werden allerdings nur ca. vierzig im Arbeitsspeicher des Gedächtnisses aktiv wahrgenommen und so verarbeitet, dass wir darüber nachdenken können. Was passiert mit dem Rest? Der Rest geht ins Unbewusste. Dort wird er zunächst anscheinend vergessen; manchmal schmort er dort auch und kommt in Träumen wieder nach oben. Manchmal kommt es auch zu vulkanartigen Ausbrüchen emotionaler Art. Insgesamt werden also 10.999.960 Sinneseindrücke unbewusst verarbeitet. Alle nonverbalen Impulse, z. B. Wärme auf der Haut, gelangen unbewusst, also implizit, in das Gehirn.

Ähnlich läuft das bei der Kommunikation von Marken ab, die im Hinblick auf den Wirkungsgrad zum größten Teil implizit verarbeitet werden sollte. Das Gehirn nimmt Informationen über zwei Systeme auf, das implizite System, den Autopiloten und das explizite System, den Piloten.

10.2   Wer steuert, was implizit und explizit ist?

Das explizite System steuert aktiv die Kommunikation. Es ist der Bereich des Gehirns, auf den die Menschen Zugriff haben. Das explizite System regelt Denken, bewertet Fakten, steuert die Sprache und ist Spiegel unserer Vernunft. Das implizite System ist der Autopilot. Es arbeitet unbewusst, es nimmt Informationen aus Lernvorgängen wie z. B. Werbung, Emotionen, Regeln, Stereotypen, Automatismen, Markenassoziationen, spontanes Verhalten und intuitive Entscheidungen auf. Ferner werden dort neben Emotionen auch eine Reihe kognitiver Prozesse geregelt.

Die nonverbale Kommunikation ist das Lernen und Speichern von Markenbotschaften. Dort setzt ein „wunderbarer" Ablauf ein. Das implizite System wird tätig bei Entscheidungen, die unter Zeitdruck gefällt werden müssen, z. B. bei zu großer Informationsfülle. Bei „Information Overload" selektiert es automatisch die Informationen. Markenwahl und Kaufentscheidungen werden mit dem impliziten System abgewickelt.

Die Aufmerksamkeit des menschlichen Gehirns im expliziten System zu stimulieren und zu beeinflussen hilft nicht oder nicht so viel wie im impliziten System. Im expliziten System wird in alter kommunikationstheoretischer Ausrichtung nach dem „Sender-Empfänger Modell" oder dem schon lange nicht mehr tauglichen „AIDA-Modell" gearbeitet. Zum Beispiel mit Sex, Tabu-Brüchen oder prominenten Personen in Form von Testimonials. Die Ansprache des impliziten Systems ist wesentlich wirkungsvoller, da Informationen unbewusst im Gehirn des Kunden aufgenommen werden.

Brand-Code-Management (BCM)

Zusammenfassung

Mit dem Brand-Code ist es wie mit Sex oder Erotik! Es gibt kein Richtig oder Falsch, sondern es geht nur darum, mit welchen Signalen welche Gedankenkonstrukte verändert werden und ins Unbewusstsein gelangen können.

Die Brand-Code-Management-Methode ist die verfeinerte Weiterentwicklung eines Modells, das in den Anfängen auf den Erkenntnissen und den Arbeitsweisen von Hans Domizlaff[1] basiert und vor 20 Jahren, z. B. im Brand-Character-Model von Grey, weiterentwickelt worden ist.[2] Brand-Code-Management ist die Methode der Markenpräsentation auf Basis der Neuropsychologie. Es ist ein Modell der Strategieformulierung, -umsetzung und -evaluierung, damit Marken Eingang in das implizite System der Menschen finden.

Das BCM entspricht der neuropsychologischen Sichtweise, dass Marken in neuronalen Netzwerken gespeichert werden. Insofern ist es nicht so, dass die Marke von den sogenannten „Markenmachern" gemacht wird, sondern Marken entstehen in den Köpfen der Menschen. Die Speicherung der Marken und ihrer Bedeutung für die Menschen kann durch neue Verknüpfungen in Markennetzwerken gesteuert und verändert werden.

Das neuronale Markennetzwerk setzt sich aus zwei Ebenen zusammen: Die eine Ebene sind die Motive, die für differenzierte Positionierungen und deren Relevanz zuständig sind. Die zweite Ebene sind die gesendeten Markensignale (Brand Codes), die die Verbindung zu den tiefen Motiven und Überzeugungen im menschlichen Gehirn herstellen.

Hier war die Tiefenpsychologie vor gut 25 Jahren Wegbereiter, indem sie die Motive hinter den Motiven erforschte. Warum trinke ich dieses oder jenes Bier? Die erste Antwort lautet in der Regel: „Weil es mir schmeckt!" Dahinter stehen tiefergehende Motive, bei Becks z. B. Freiheit, bei Jever Individualität etc. Insgesamt könnte man bei Bier sagen: Es ist eine Art von „Verflüssigungsversprechen", das das Leben einfacher, genussvoller, individueller macht.

---

[1] Domizlaff (2005).

[2] Grey (2003).

© Springer Fachmedien Wiesbaden 2017
J. Thinius, J. Untiedt, *Events – Erlebnismarketing für alle Sinne*,
DOI 10.1007/978-3-658-07135-6_11

Der Renault Twingo ist auch nicht hauptsächlich das sparsame, praktische Auto, sondern dahinter steht eine Welt der Freiheitsliebe und des Regelbrechens, angefangen von der französischen Revolution, über Liebe und Paris bis hin zu Jeanette, Baguette und „Zigarette". Brand-Code-Management konzentriert sich auf drei Bereiche:

1. die Markenpositionierung über Motive und Emotionen
2. die Implementierung der Codes
3. die Erfolgskontrolle durch implizite Messverfahren

11.1   Emotionen und Motive sind die Auslöser des Kaufverhaltens

Marken, die unsere Motive und Bedürfnisse befriedigen, lösen neuronale Belohnungsreaktionen aus. Das ist der Grund, warum uns starke Marken ansprechen. Neuroökonomisch gesehen ist das eine Entscheidung auf zwei Ebenen: der Ebene des „Haben-Wollens" und der Ebene des Preises. Je stärker das Haben-Wollen ausgeprägt ist, umso eher wird ein höherer Preis akzeptiert. Marken, die keine Motive bedienen oder übertragen, sind nicht interessant oder werden nur aufgrund des Preises gekauft. Für die Bedeutung der Marken gibt es ein Markenmuster in drei Motivklassen:

- Balance
- Stimulanz
- Dominanz

Das ist eine Roheinteilung, die aus heutiger Sicht etwas überholt erscheint, weil der Prozess aufgrund von sehr vielen verschiedenen Verfassungssituationen der Menschen und ihrer Gehirne nicht so einfach abläuft, sondern in subtilen Verkettungen und Bahnungen in diesen drei Kategorien.

11.2   Die Implementierung über Codes

Codes sind die Bedeutungselemente einer Marke. Damit wird die Positionierung der Marke von Sinn-, Stil- oder auch früher sogenannten Zielgruppen gelernt. Diese Codes werden in vier Bedeutungsmuster eingeteilt:

- sensorische Codes
- episodische Codes
- symbolische Codes
- sprachliche Codes

Sensorische Codes stellen alles dar, was konkret wahrnehmbar ist und die Sinne stimuliert, wie beispielsweise Farben, Formen, Größe oder Typografie. Episodische Codes stellen eine Geschichte dar (Story-Telling). Symbolische Codes sind Markenlogos, Handlungsplätze, Gesten und Figuren. Sprachliche Codes sind das gesprochene und geschriebene Wort. Ideal, ist es, wenn Markenpositionierungen mit kulturell gelernten Mustern übereinstimmen. Die Codes rufen Erinnerungen, also gelernte Bedeutungs- und Präferierungsmuster von Marken ab. Sie geben Nähe, Bedeutung, Balance oder Stimulans. Alles in allem ist die Brand-Code-Analyse ein Verfahren, das kulturwissenschaftliche Bedeutungsmuster mit psychologischen Verfahren verbindet.

11.3   Erfolgskontrolle mit impliziten Messverfahren

In einem Experiment werden Probanden Bilder und Worte gezeigt und ihre Reaktionszeit gemessen. Nehmen wir das Beispiel *Brad Pitt* als Bild und als Wort *Mann* und als nächste Teststufe *Boy George* und *Mann*. Beim ersten Testvorgang ist die Reaktionszeit sehr kurz, beim zweiten ist sie länger. Je enger zwei Konzepte im Gehirn assoziiert werden, desto geringer ist die Reaktionszeit. Diese basiert auf den assoziativen Netzwerken im Gehirn. Die Netzwerke bestehen aus Knotenpunkten mit unterschiedlich starken Verknüpfungen, die die Elemente Bild *Brad Pitt* und Wort *Mann* schneller assoziieren als *Boy George* und *Mann*.

Darüber hinaus gibt es das Priming-Paradigma-Verfahren. Hier werden Reaktionszeiten in der Art und Weise gemessen, indem Werbemittel als Reiz in ein Markennetzwerk hinein gegeben werden. Starke Marken aktivieren dabei das Markennetzwerk, ohne dass die Probanden das Markenlogo sehen.

Was bedeutet das alles? Welche Schlussfolgerungen ziehen wir daraus? Neuropsychologie und -marketing liefern ausgezeichnete Erkenntnisse über das Gehirn und seine Funktionsweise. Neuromarketing ist eng verknüpft mit Online- und Viral-, Digital- oder Schwarmintelligenz-Marketing, wo jeder von jedem lernt. Insofern haben sich zwei Entwicklungen, das heißt einerseits die neuropsychologische Komponente und andererseits die informationstechnologische Komponente, aufeinander zubewegt.

Marken im Internet oder mit häufigen Internetauftritten sind etwas vollkommen anderes als bisher etablierte Marken, die überwiegend mehrheitlich über Printmedien kommunizieren. Die Wirkungskontrolle im Online- und Dialogmarketing ist sofort gegeben. Deshalb mussten neue Gestaltungsansätze her, die weniger von Annahmen ausgehen, sondern wirklich wirken. Daraus folgt auch eine vollkommen neue Marktforschung, weil jede Marke im Online- und viralen Raum über genügend Rückkanäle verfügt, die sofort Annahme oder Ablehnung zeigen. Das, was bislang gelogen war, hat sich als Lüge enttarnt. *„Herrschafts- oder Feldherren-Wissen"* von sogenannten Markenmachern, seien es nun große Konzerne oder mittelständische Unternehmen, hat ausgedient.

Mit dem Brand-Code-Management lassen sich Implementierungslücken im Markenauftritt schließen oder vermeiden. Markenmanagement wird wirklich effizient. Die Brand-

Code-Analyse gibt Auskunft darüber, wie die jeweilige Kommunikationsstrategie in die Markenwelt eingegliedert ist. Aufgrund sensitiver und multisensorischer Messverfahren ist das Brand-Code-Management in der Lage, das implizite System, d. h. den Autopiloten des Menschen, in seiner Kommunikationswirkung – und damit ist hier Interfusion und Transformation gemeint – darzustellen und zu beweisen.

Alles in allem heißt das: größere Zielsicherheit, größere Treffsicherheit im positiven Sinn und Abschied von der Marketing-Kommunikation „Sender – Empfänger" hin zu einer Kommunikation mit echten Dialogen. Darüber hinaus kommt ein Informationsaustausch als sogenannte Schwarm-Intelligenz hinsichtlich von Empfindungen, Gefühlen und Emotionen zustande. Also alles das, was eine Marke ausmacht.

Literatur

Domizlaff, H. 2005. *Die Gewinnung des öffentlichen Vertrauens. Ein Lehrbuch der Markentechnik*, Hrsg. Peter Sumerauer 7. Aufl. Wiesbaden.
Grey. 2003. *Werkbuch M wie Marke*, Hrsg. Bernd M. Michael

Paradigmenwechsel durch Verfassungen und absurde Geschichten 12

Zusammenfassung

Nie wird Ihnen Erlebnismarketing näher und klarer sein als in diesem Kapitel!

Die Erkenntnisse aus der Public-Viewing-Studie in der Arena in Recklinghausen anlässlich der EM 2008 zeigen auf, wie wichtig es für den Einzelnen ist, in der Gemeinschaft mit allen Sinnen zu erleben und zu genießen. Ein gemeinsames Erlebnis, das so wichtig erscheint, dass man sich dafür sogar eigens Urlaub einträgt und nimmt. Es scheint, dass sich die Gesellschaft in einem *Paradigmenwechsel* befindet, der sich als Basisbewegung vom „Haben" zum „Sein" beschreiben lassen könnte. Dabei ist noch nicht ganz klar, inwieweit die zukünftigen Parameter, bestehend aus Nachhaltigkeit, öko, sozial, grünem Luxus und sozialem Reichtum, ineinander greifen werden beziehungsweise welche von diesen Komponenten vorherrschen.

Diese Entwicklung erfordert ein komplettes Umdenken bei Kommunikationsprozessen und bei der Entwicklung von Event- und Erlebniskonzeptionen. Bisherige Erlebniskonzepte waren oftmals mehr an Überbietungs- und Steigerungsspiralen orientiert. Also immer noch „eines drauf setzen". Vor dem Hintergrund, dass das zukünftig wertvollste Gut vielleicht sozialer Reichtum ist und die emotionalen Konten Liebe, Nähe, Anerkennung möglichst hoch angefüllt werden wollen, sollte sich die grundsätzliche konzeptionelle Leitlinie für Events und Erlebnisse ändern. Dieser Prozess führt von *Beeindruckung* hin zur *Erkenntnis*.

Im Zentrum steht also die Frage: Wie kommt Eventmarketing zu „above-the-line"? Oder: Wie kann man mit Information-Overload umgehen, und wie kommt man von Low- zu High-Involvement? – Die Antworten hierzu können sicherlich zu weiten Teilen aus der

© Springer Fachmedien Wiesbaden 2017   89
J. Thinius, J. Untiedt, *Events – Erlebnismarketing für alle Sinne*,
DOI 10.1007/978-3-658-07135-6_12

Neuropsychologie oder dem Neuromarketing gegeben werden. Damit im Zusammenhang steht auch die Erweiterung des Begriffes Event weg von großen Beeindruckungsshows in Richtung auf ein breites, individuelles Angebot.

Während man bisher angenommen hat, dass alle Gehirne gleich sind, geht es jetzt um die „individuelle Kommunikation" – von den Einbahnstraßen („hier steht die große, starke Marke und will dir irgendetwas sagen") hin zum Wechselverkehr.

Entscheidend ist auch das Thema Erfolgskontrolle. Hier geht es um die Optionen quantitativ und qualitativ und die Interpretation von Forschung, um die Frage, inwieweit Erfolgskontrolle via tiefenpsychologischer Untersuchung, zum Beispiel Gruppendiskussion, als valide angesehen werden kann.

## 12.1	Fallbeispiel Fanta aus dem Jahr 1996

Die Firma Coca-Cola stand Mitte der 90er-Jahre vor der Situation, dass die Marke FANTA in der Verbraucherwahrnehmung damals lediglich als ein Getränk für Kinder empfunden wurde. Die Ansprache für Familien mit dem Slogan „FANTA, weil es Spaß macht und schmeckt" war aus der Mode gekommen. Die „coole Zielgruppe" der 14- bis 25-Jährigen lag für die Marke FANTA zur damaligen Zeit außer Reichweite. FANTA, als nicht koffeinhaltiges Getränk, wurden oftmals nur den jüngeren Geschwistern zu trinken gegeben. Somit war das Image von FANTA „uncool" für eine Generation, die sich im Alter zwischen 14 und 25 Jahren gänzlich anders positionierte. Alles, was die jüngeren Geschwister bzw. die Familie zu dieser Zeit konsumierte, lehnte die Zielgruppe förmlich ab. Diese Ergebnisse ergaben sich bei der Analyse von Gruppendiskussionen in der avisierten Zielgruppe.

Deshalb war es aus damaliger Markensicht zwingend erforderlich, Maßnahmen zu entwickeln, die das Markenimage von FANTA wesentlich verändern und die die avisierte Zielgruppe der 14- bis 25-Jährigen ansprechen bzw. erreichen konnten. Strategische Vorgabe war, den Imagewandel mit Hilfe von Eventmarketing zu vollziehen. Systematisch wurden deshalb damalige Trendsportarten analysiert. Dabei kam eine Sportart in Betracht, die gerade dabei war, sich zu positionieren: Inline-Skating. Skaten anstelle von Rollschuhlaufen, Fitness für Menschen im Alter zwischen 18 und 30 Jahren. Half-Pipes, Hindernisparcours und sonstige coole Stunts mit hoher Akzeptanz in der Zielgruppe 14 bis 18 Jahre. Die Firma Rollerblade war damals absoluter Marktführer. Es gab aber keine professionellen Inline-Skate-Veranstaltungen, die man für die Marke FANTA hätte belegen können.

Aus diesem Grunde wurde ein eigenständiges Konzept für eine Event-Tour entwickelt, die im Jahr 1995 zunächst als FANTA Rollerblade Tour gestartet wurde, im darauffolgenden Jahr als FANTA Inline-Skate Connection und noch ein Jahr später als World of FANTA durchgeführt wurde (Abb. 12.1 und 12.2).

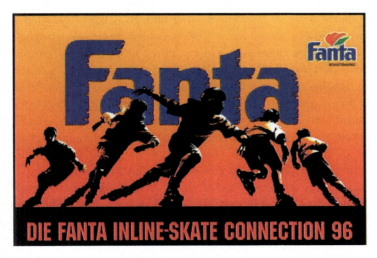

Abb. 12.1 Logo der Fanta Inline-Skate Connection, das eigens für die Event-Serie 1996 entwickelt und durch The Coca-Cola Company™, Atlanta, USA freigegeben wurde

Abb. 12.2 „Fanta Inline-Skate Connection", München 1996 (Foto: Jan Untiedt)

Gleichzeitig dienten die Event-Themen als zentrales Kommunikationselement auf den verschiedensten Kanälen. Neben einer klassischen TV-Kampagne mit Ankündigung der Event-Orte und einem nationalen Gewinnspiel wurden Plakate und PR mit einbezogen. Darüber hinaus wurden das Event-Motiv sowie das nationale Gewinnspiel auf

Produktpackungen gedruckt (0,33-Liter-Dose und 1-Liter-PET-Flasche) und parallel als Kampagne am POS in verschiedenen Märkten eingesetzt. So gelang es unter anderem auch, Absatz in dem einen oder anderen Inline-Skate Shop in Deutschland zu generieren. Damals ein bis dahin einzigartiger Vorgang, den das Unternehmen Coca-Cola bis in die heutige Zeit wesentlich verfeinert hat.

Nach drei Jahren und über 200 Eigenveranstaltungen in ganz Deutschland fand auf mehreren Veranstaltungen eine Befragung der avisierten Zielgruppe statt. Übergreifendes Ergebnis: Es konnte eine hohe Akzeptanz in der avisierten Zielgruppe nachgewiesen werden.

Damit war nach drei Jahren ein Imagewechsel für FANTA erfolgt, der die Verkäufe in einer neuen Zielgruppe steigerte. Parallel zu der Event-Tour wurden eine Vielzahl von FANTA Varianten für die neue gewonnene Zielgruppe entwickelt. FANTA Pink Grape Fruit, FANTA Mandarine und viele andere Geschmackssorten folgten nach. Ohne die Akzeptanz von FANTA in der Zielgruppe 14 bis 25 Jahre wäre dies mit Sicherheit ein erfolgloses Unterfangen gewesen.

12.2   Eventmanager als Schöpfer kollektiver Verfassungen

Wie sich aus den dargestellten Überlegungen und dem Fallbeispiel zeigt, kommt Eventmarketing die Verpflichtung zu, reale Verfassungen zu produzieren, mit deren Hilfe Menschen und damit Prosumenten ihre individuellen Verfassungen ausleben können. Der Prosument muss über alle Sinneskanäle Input erhalten, um seine eigene Erlebniswelt gestalten zu können. Dieser Ansatz ist neu und kehrt die bisherigen Betrachtungsweisen des Eventmarketings um, das sich mehr als Schöpfer von Erlebniswelten durch das Marketing verstand. Es wurden nach dem AIDA-Prinzip erlebnisorientierte Veranstaltungen konzipiert und realisiert, ohne zu wissen, welches Erlebnis der Konsument eigentlich antizipieren will und wie eine Vielzahl oder die größtmögliche Zahl an Verfassungen beim Prosumenten erreicht wird.

Eventmanagement muss sich zukünftig als Erzeuger und Innovator von Verfassungen sehen. Beim Eventmarketing geht es darum, unterschiedliche Verfassungen unter ein gemeinsames Dach zu bringen. Eventmarketing und damit Eventmanagement müssen in ihrer Zieldefinition so viele Verfassungen wie nötig produzieren. Das gilt für Messen, Konzerte, Tagungen, Produktpräsentationen, Giga Conventions, Tage der offenen Tür etc.

Story-Telling und Verfassungen

Das Management von Verfassungen muss zukünftig sehr stark mit Story-Telling verbunden werden. Es kommt aber darauf an, neue Erlebniswelten in Interaktion mit dem Prosumenten zu schaffen. Das Verfassungsmanagement, und damit die Gestaltung von Events und Eventmarketing-Tools, nehmen dabei die Rolle eines Mediators zwischen den beteiligten Prosumenten und dem Unternehmen ein. Dabei sollten immer wieder neue Erlebniswelten geschaffen werden, paradoxe und absurde Situationen, die sich im Gehirn zu neuen Erlebniskonstrukten und Denkorganisationen verbinden. Damit ist gemeint, immer wieder neugierig machende Informationen zu kommunizieren nach der Regel: „Die Regeln kennen, um die Regeln zu durchbrechen."

Wichtig ist dabei immer wieder, dass das menschliche Gehirn neue neuronale Verschaltungen aufbaut und der Prosument selbstgestalterisch und eigenverantwortlich seine Verfassungen ausleben kann. Neue Storys und Informationen sind dabei genauso wichtig wie unvollständige, fragmentarische, paradoxe oder absurde Inhalte der Erlebniswelten.

Hier ist zu überlegen, inwieweit eine ganzheitliche Betrachtung des neuen Eventmarketings als Management realer, virtueller und kollektiver Verfassungen sinnvoll ist. In den Zeiten von gelebtem Web 2.0 und dem beginnenden Web 3.0 macht es teilweise keinen Sinn mehr, Events isoliert, nur als erlebnisorientierte Ansprache der Prosumenten zu betrachten. Der Prosument verbindet heute schon Virtualität und Realität, informiert sich im Internet, um in der Realität davon zu profitieren, knüpft Kontakte im Internet, um diese in der Realität ausleben zu können, und vernetzt sich mit Gleichgesinnten.

Anarchie contra „schöneres Leben"

Events erschaffen eine kollektive Verfassung, das heißt, aus einer Menge von individuellen Verfassungen unterschiedlichster Menschen wird ein gemeinsames Ziel. Dabei wird eine Reihe von Wahrnehmungsebenen angesprochen. Diese kollektive Erlebniswelt wird erreicht, indem Prosumenten den für sie unbekannten, fragmentarischen Inhalten und Informationen begegnen und sich mit diesen neuen Inhalten auseinandersetzen. Daraus kann eine Erlebniswelt abgeleitet werden, die das eigene Bewusstsein transformiert und dort neuronal gespeichert wird.

Dieser Vorgang bestätigt wiederum die Selbstreferentialität und Zirkularität des Verfassungsmanagements im Eventmarketing. Alles ist im Fluss, verändert sich ständig und entsteht laufend neu. Manchmal ist ein Ende nicht in Sicht, was durchaus als wünschenswert angesehen werden kann. Ziel ist eine permanente Interaktion mit dem Prosumenten, aus der sich immer wieder neue Verfassungen ableiten und generieren lassen.

Eine Geschichte kann so, über mehrere Stufen mit der Durchbrechung aller Wahrnehmungsregeln, in neue Erzählformen geführt werden. Das alles findet nicht nur anlässlich von Events an einer bestimmten Location statt, sondern Geschichten werden damit nicht nur am Veranstaltungstag, sondern weit im Voraus und ebenso hinterher erzählt.

12.3   Sieben Thesen zu „Anarchie", Verfassungen, Irrsinn und Regelbruch

These 1:
Das Wesen der Menschen ist eine sich ständig ändernde „Anarchie", die in eine feste Ordnung verpackt werden will.

These 2:
In der Anarchie verhalten sich Menschen absurd und paradox, denn erst in ihrem Entwicklungsprozess erfahren sie, wie sie sind.

These 3:
Das entstehende Chaos ist die andere Ordnung mit dem Entwurf des „schöneren Lebens"

These 4:
Die Medien und das Marketing sind Multiplikatoren des „menschlichen Irrsinns".

These 5:
Klassische Medien sind in ihrer Wirkungsweise stumpf geworden, weil sie nicht ins implizite, sondern nur ins explizite System gelangen.

These 6:
Menschen leben ihren „persönlichen Irrsinn" dort, wo sie Freiheiten dafür haben.

These 7:
Events finden statt, wenn mehrere Menschen ihrem „persönlichen Irrsinn" verfallen.

Damit ist Eventmarketing heute das Konzipieren von Events und Eventmanagement im weitesten Sinne die Entdeckung des ganz persönlichen Irrsinns.

Darf es ein Sinn mehr sein? – Von Sinn, Unsinn und Artverwandtem

13

Zusammenfassung

Der Mensch hat fünf Sinne. Das wussten Sie. Wenn Sie den 6. und 7. Sinn kennenlernen wollen, erfahren Sie in diesem Kapitel alles darüber.

Wenn wir uns dem Thema Sinn nähern, fallen uns zuerst die vielen Redensarten „das macht Sinn", „das macht keinen Sinn", „das ist Unsinn", „das ist Blödsinn" und ähnliche Formulierungen ein. Die deutsche Sprache ist reich an Sprichwörtern und Redensarten, was das Wort Sinn betrifft, allerdings in unterschiedlichen Bedeutungen. Wir wollen uns hier zunächst mit Sinn im Hinblick auf die Sinnesorgane auseinandersetzen.

Wie viele Sinne hat der Mensch? Oder genauer gesagt und gefragt: Wie viele Sinne brauchen wir, um beim Thema zu bleiben? Um auf Events Erlebnismarketing (Event-Marketing) mit allen Sinnen zu erleben?

Die klassischen fünf Sinne sind: Riechen, Hören, Sehen, Schmecken und Tasten (Fühlen). Diese Sinne werden den körperlichen Funktionen oder Körperteilen Augen, Ohren, Nase, Zunge und Haut zugeordnet. Das ist allerdings nur der Anfang. Sinnempfindungen gehen viel weiter und wesentlich tiefer. Wichtig ist auch zu beachten, dass wir nicht mit den Augen sehen, nicht mit den Ohren hören, nicht mit der Nase riechen, nicht mit der Zunge schmecken und nicht mit der Haut Taktiles wahrnehmen, denn alles läuft über das Gehirn. Dort sind die Ursachen, der Ursprung, und von dort aus werden die Sinneseindrücke in den Körper projiziert.

Umgangssprachlich ist der sechste Sinn, nicht wie oben ausgeführt, der Gleichgewichtssinn, sondern der Sinn, der dazu führt, dass wir über die fünf Grundsinnesorgane hinaus etwas wahrnehmen! Volkstümlich wird das als übersinnlich bezeichnet. Also Telepathie, Hellsehen, Präkognition und Psi-Fähigkeiten. Es gibt dazu verschiedene Ansichten. Die wissenschaftliche Forschung ist hier nicht einheitlich. Teilweise kommen diese außer- oder

© Springer Fachmedien Wiesbaden 2017

J. Thinius, J. Untiedt, *Events – Erlebnismarketing für alle Sinne*,

DOI 10.1007/978-3-658-07135-6_13

übernatürlichen Sinne durch eine Verbindung zum Unbewusst-Sein. Die Fähigkeit dazu ist bei jedem Menschen unterschiedlich. Es kommt wie immer auf die Vielzahl der „Antennen" an!

Die Antenne, hirnwissenschaftlich gesehen, ist der cinguläre Cortex. Dieser sogenannte Frontallappen versetzt uns in die Lage, Signale aus unserer Umgebung überhöht – also über die fünf Sinne hinaus – wahrzunehmen, um dann sofort zu entscheiden: Gefahr oder keine Gefahr. Wenn eine Gefahr früh genug erkannt wurde, führen das Menschen häufig auf ihren sechsten Sinn zurück.

Natürlich gibt es noch viel mehr Sinne. Wir wissen, wenn es warm oder kalt ist. Wir haben Schmerzen. Auch das wird über das Gehirn gesteuert! Wir empfinden dadurch Schmerzen in unterschiedlicher Stärke und Intensität. Wir haben vor allen Dingen noch den Gleichgewichts- oder auch vestibulären Sinn. Und selten beachtet, eine Körper-empfindung, die als Tiefensensibilität bezeichnet wird. Das nehmen wir wahr, wenn wir uns auf Events zu nah vorne an die Boxen gestellt haben und das Wummern der Bässe körperlich spüren. Tiere haben noch viel mehr Sinne. Denken wir an Fledermäuse und Zitteraale, die im Dunklen ihre Gegner durch die Wahrnehmung von elektrischen Feldern erkennen können. Auch bei Zitterrochen erfolgt die Wahrnehmung über ihre Körperelektrizität. Manche Schlangenarten haben ein sogenanntes Grubenorgan, mit dem sie Infrarotstrahlung wahrnehmen und ihre Entscheidung, Flucht oder Standhalten, treffen! Im Nachfolgenden werden wir uns überwiegend auf diese Sinne, auf den sechsten Sinn und siebten Sinn bis möglichweise zum zehnten Sinn, konzentrieren.

Sinne sind also die Fähigkeit, unser neuronales Reiz-Leiter-System im Körper in Gang zu setzen. Wir nehmen Reize der Umwelt und so auch auf Events wahr. Die klassischen Reize, die bei Events Gültigkeit haben, sind mechanische Reize, chemische Reize und Lichtreize. Alle weiteren Wahrnehmungen gehen über die fünf Sinne hinaus. Vieles tun wir auch unbewusst und sind dann in der Lage wie Tiere zu handeln, wie beispielsweise Fische, die elektrisch im Wasser navigieren oder Vögel, die sich am Erdmagnetfeld orientieren. Anders ausgedrückt: Wir verfügen dann über eine erhöhte Form der Wahrnehmung, die wir häufig nicht näher begründen können! Sie werden teilweise von Esoterikern, Bau-Biologen oder ähnlichen Fachleuten erläutert, indem sie mit der Wünschelrute oder anderen Geräten unser Schlafzimmer vermessen und nach Wasseradern oder Magnetfeldern suchen. Diese Form der Wahrnehmung lässt sich trainieren, zum Teil mit dem entsprechenden Zubehör: Es gibt Magnet-Armbänder, Magnet-Matten und eine Reihe von Therapien, die im Grunde genommen immer darauf zurückführen, dass im Körper eine wünschenswerte molekulare Struktur entsteht, die den Körper auf erhöhte und auch vor allen Dingen auf entspannte Wahrnehmung ausrichtet.

Reize kommen nicht nur von außen, sondern auch aus dem Körper. Wir kennen Kopfschmerzen und Seitenstiche. Wir kennen noch aus der Schulzeit oder von früheren Feten den Test, bei geschlossenen Augen den Finger zur Nase zu führen, also die Fähigkeit, den eigenen Körper wahrzunehmen. Der Terminus hierfür ist Pro-Priozeption. Unser Körper besitzt dafür spezielle Rezeptoren und ein unabhängiges System, das vegetative Nervensystem, wo über langsame und schnelle Nervenbahnen Informationen laufen. Diese

Informationen lassen uns Temperaturen – hoch oder niedrig – spüren, zum Beispiel: Hand weg von der heißen Herdplatte. Oder, wir kennen das wunderbare Beispiel aus vielen Seminaren und Trainings der 80 Jahre, in dem die Aufgabe darin bestand, über heiße Kohlen zu gehen. Alles ist letztlich eine Sache der neuronalen Verfassung, und wie ein Fakir können wir uns über Autosuggestion oder Selbsthypnose koordinieren. Das Aufblättern all dieser Möglichkeiten soll darstellen, welche Wahrnehmungsfelder es im Event-Marketing noch gibt, die sich auf Tasten, Fühlen oder „Dialog im Dunklen" beziehen.

Wir haben noch weitere vegetative Wahrnehmungsbereiche: die viszeralen Sinne! Dabei handelt es sich um Wahrnehmungen, die aus unseren inneren Organen kommen und die uns als Bauchschmerzen, Hunger oder Durst gegenwärtig werden. Alles in allem haben wir damit also viel mehr als die fünf Sinne. Wenn wir alle zusammenzählen, kommen wir auf mindestens zehn Sinne. In Bezug auf Events wird also die Hälfte unserer Sinne noch gar nicht genutzt.

Wir können Sinne trainieren, wir können sie reduzieren, wir können sie eventuell sogar ganz ausschalten. Die Modeerscheinung der Restaurants im Dunklen oder der Dialoge im Dunklen, die vor etwa 20 Jahren begannen, hält noch an. Jeder, der mit blinden Menschen einmal zu tun hatte, weiß, dass dort Folgendes passiert: Dadurch, dass ein Sinn nicht funktioniert oder betätigt werden kann, erhöhen sich Wahrnehmung und Reizschwellen der anderen Sinne. Sinne können noch weiter überhöht, ausgedehnt oder trainiert werden.

Im Kapitel zu den Themen Trance und Extase wird ausgeführt, dass es noch eine Reihe von sinnlichen Wahrnehmungen gibt, die sich uns im normalen Wahrnehmungsprozess und Alltag nicht erschließen. Wir sprechen sie hier an, als Perspektive oder Denkvorgang für neue und erweiterte Event-Konzeptionen. Damit ist nicht nur Frontalbeglückung on stage gemeint, sondern insbesondere das weite Feld erhöhter sinnlicher Wahrnehmung durch Tasten, ohne zu sehen, und Hören, ohne zu tasten bzw. zu fühlen. Das heißt, durch den Ausschluss von einem oder mehreren Sinnen und die Intensivierung eines Sinnes entstehen neue Erlebnisformen und Tiefenerlebnisse in Bezug auf die neuronalen Reiz-Leiter-Systeme im menschlichen Körper.

Wer so etwas schon einmal mitgemacht hat, weiß, wie tief solche Erlebnisse sein können.

Beispiel Unsicht-Bar: Persönliches Erlebnis Jochen Thinius

Der 200 Quadratmeter große Parcour bestand aus Feld, Wald, Wiese und Bachplätschern. Das Ziel war eine Gaststätte oder eine Bar. Dort wurde Musik gespielt. Vorne und am Ausgang dieses Parcours waren Lichtschleusen. Das Areal wurde von Blinden betrieben. Die Bar war normal bestückt. Einiges war umgefallen. Es klebte, es spritzte auch manchmal! Es fielen Gegenstände runter! Die Situation in diesem Raum war für mich in den ersten 15 bis 20 Minuten noch einigermaßen gut und zu ertragen. Dann bekam ich Angstgefühle, weil ich nicht mehr Herr meiner Sinne war. Ich habe einen der blinden Serviceleute angesprochen. Der sagte mir: „Kein Problem, ich bringe Dich hier raus." Und er ist mit mir herausgegangen, als wenn wir bei Tageslicht durch uns bekannte Räume oder Gelände gehen.

Bei den ersten Tests mit Warenpräsentationen im Dunkeln, die von Thinius Partner in den 90er-Jahren durchgeführt wurden, zeigte sich, dass es viel intensivere Wahrnehmungen gab und damit eine höhere Wertschätzung der Artikel. Es ging damals um Kosmetik- und Geschenkartikel, die zunächst im Dunklen präsentiert und wahrgenommen wurden. Die Probanden wurden befragt, welche Artikel sie vermutet haben und was sie dafür möglicherweise ausgeben würden. Es zeigte sich, dass die Preisbereitschaft höher war als der tatsächliche Preis. Wertschätzung, Wertempfindung sowie fluides und luzides Denken werden durch Warenwahrnehmungs- und Einkaufserlebnisse im Dunklen gesteigert.

13.1   Vom Sinn des Unsinnigen, Absurden – Eventmarketing oder doch Erlebnismarketing?

Unsinniges! Absurdes! Irrsinniges! Rhetorisches! Kristallines! Magisches! Alles außer gewöhnlich! Reiner kann Ratio nicht sterben! Bisher haben wir in diesem Buch bewusst den Begriff „Eventmarketing" verwendet. Allerdings wird in diesem Zusammenhang Eventmarketing oftmals auch mit dem Begriff „Erlebnismarketing" gleichgesetzt. Das ist grundsätzlich nicht falsch. Dennoch existiert nach unserer Ansicht ein Detail, das die Begrifflichkeiten differenziert. Denn, wie bereits angedeutet, schafft Eventmarketing Verfassungen. Zugleich wird die These aufgestellt, dass Menschen, wenn sie sich auf Events treffen, ihren „persönlichen Irrsinn" ausleben. Deshalb erscheint es hilfreich, Begriff und Inhalt von „Erlebnismarketing" ein wenig genauer zu betrachten.

Wenn wir über Erlebnismarketing sprechen, müssen wir über Erleben nachdenken. Und zwar nicht nur über die Dimension „Leben", die das Marketing häufig eindimensional als bloßes Etikett ohne Inhalt verwendet hat, sondern „Leben" im Sinne von erleben. Eventmarketing hat demnach eine klare Struktur, die erlebt werden kann. Eventmarketing ist demnach auch Erlebnismarketing. Aber aus unserer Sicht beinhaltet Erlebnismarketing eine weitere Dimension und damit ein entscheidendes Detail mehr. Erlebnismarketing sollte etwas Absurdes enthalten.

Warum macht Absurdes im Erlebnismarketing Sinn? Auch hier müssen wir wieder tief in das Unbewusstsein einsteigen und nachschauen, was es wirklich ist, das im Gehirn neue Synapsen-Verbindungen und divergente Erlebniswelten entstehen lässt. Schauen wir uns zunächst die historische Entwicklung an, dann sehen wir die Erfahrungen, die wir mit absurden Erlebnissen und Tatbeständen haben.

Es begann bei der babylonischen Sprachverwirrung, ging weiter über Figuren, die aussehen wie von Giacometti gestaltete, auf Wandbildern steinzeitlicher Höhlen in der Darstellung von Jägern mit dünnen Körpern und zeichnerisch überzogenen Taillen, wie etruskische Figuren. Als Verfremdungen und Überhöhungen, die bis heute immer noch neue visuelle Begegnungen erzeugen und das implizite Bewusstsein ansprechen. Das Absurde kommt also nicht aus der Kunst, auch wenn es heute häufig darauf zurückgeführt wird. Ein berühmtes Beispiel gab es 1970 in Los Angeles. Der amerikanische Konzept-Künstler Robert Berry hängte zur Eröffnung seiner Ausstellung ein Schild an die Galerie: „Während der Ausstellung ist die Galerie geschlossen!"

13.2   Sinn versus Irrsinn

In der heutigen Kommunikations- und Marketingwelt gilt: Wohin man auch schaut, gibt es Sinn. Das Problem des Absurden ist, dass sich Inszenierungen aus der Kunst nicht einfach auf andere Inszenierungen übertragen lassen. Zunächst einmal sind die Menschen also auf der Suche nach Sinn, oder aus sozialpsychologischer Betrachtung auf einer Suche nach Sinn-Illusionen. Die Märkte überschütten die Menschen und die Ziel- oder Stilgruppen mit reichhaltigen Vorstellungen von Schönheit, Liebe, Glück und Sinn. Die Kunst macht das weniger und verweigert sich häufig dem menschlichen Bedürfnis nach Sinn.

Kunst kann offensichtlich auch nicht die Sinnillusionen erzeugen, die für laufende Steigerungen in der „Spirale" und für den Entwurf des schöneren Lebens notwendig sind. Eventmarketing oder Erlebnismarketing können das schon. Dabei ist das Absurde allgegenwärtig. Das 20. Jahrhundert war reich an Erfindungen, unzählige Produkte kamen auf die Märkte, wie zum Beispiel elektrisches Licht, Medizin und Medikamente, die Leben retten, neue Untersuchungsverfahren in der Medizin, Autos, Gussstahl und viel neue Technik. Zunächst emphatisch begrüßt gingen die Sinneffekte bald wieder verloren. Heute ist es so, dass wir unter der Last immer neuer Produkte und der bereits häufiger beschriebenen „Kommunikationsbesoffenheit" fast zusammenbrechen.

Die Märkte haben heute einen Hebelmechanismus: Das neuere ist das bessere Produkt! Produktzyklen werden immer kürzer, und wer das neueste Handy, iPod oder iPad nicht hat, ist rückständig. Damit kommen wir weiter, damit können wir mehr, aber die Distanz zwischen Produktnutzen und Produktmehrwert wird immer kleiner. Das Absurde, der nichtgreifbare Nutzen, kommt immer näher!

Wie Süchtige begründen wir aus der sogenannten Realität und den Sachzwängen heraus, warum wir an dem Spiel des „Höher-schneller-weiter" und der unaufhaltsamen Steigerungsspirale teilnehmen müssen. Doch je mehr es darum geht, in einer sinnvollen Art und Weise beschäftigt zu sein, umso mehr kommt das Ende der Steigerungsspirale in Sicht. Sie beruhigt, sie versorgt uns mit Glaube, Liebe, Hoffnung und dem absurden Zyklus: Bauen! Forschen! Erfinden! Abreißen! Wegwerfen! Haben wir jedoch die Ziele erreicht, ist der Hype vorbei. Kommunikation oder Werbung der alten, klassischen Art sollte den Konsumenten alter Lesart davon abhalten, die Spielkästen beiseitezustellen oder aus den Sandkästen auszusteigen.

Was ist der Sinn von neuen Produkten? Was ist überhaupt der Sinn von Erneuerung? Natürlich ist er ein gutes Mittel gegen die Langeweile. Er wirkt in Richtung des sozialen Steigerungsspiels und integriert sich in die Spirale auf oft wundersame Weise. Man kann beobachten, dass dabei die Grenzen verschoben werden. Der Mehrwert des Dazugewonnenen ist oft zweifelhaft. Damit sind wir wieder beim Absurden, bei der Kritik am Entwurf des schöneren Lebens, die sicherlich von Vielen wiederum als absurd empfunden wird und nicht zwangsläufig eine konzeptionelle Vorlage für Erlebnismarketing sein muss. Zumindest muss im Rahmen von Erlebnismarketing und seinen Konzepten nachgedacht werden, ob die Etiketten und Steigerungsformeln „immer schneller, besser, weiter, höher" ausreichen.

Warum? Natürlich suchen Menschen nach Orientierung. Die Steigerungsmechanismen und der Haupthandlungsstrang, die Steigerungsspirale, bieten dazu reichlich Nahrung. Anhänger gegenläufiger Entwicklungen, ob nun „Grüne" oder welches andere Betroffenheitsmuster auch immer, nutzen die Dynamik der Steigerungsspirale, um in gegenläufiger Richtung Aufbruchsstimmung in Richtung Stagnation oder Rückwärtsgewandtheit zu verkünden. Der größere Teil macht so weiter wie gewohnt und wie es in der Geschichte als Erfolg bewiesen wurde: Wachstum, neue Produkte, Innovationen.

13.3   Kreiselkompass sucht Magnetfeld

Neue Orientierungen sind schwer zu finden. Ein Zurückdrehen der Steigerungsspirale, das nicht immer negativ sein muss, ist nicht einfach. Das zeigen die Diskussionen um den Klimawandel, um den CO_2-Ausstoß, die zwischen Pro und Contra oszillieren und im Hinblick auf die Reduzierung von vielen Wissenschaftlern auch infrage gestellt werden. Aber es ist Sinn! Es ist ein neuer Sinn, auch wenn die Spirale zurückgedreht wird. Mit der Reduzierung der Treibhausgase können wir noch lange Zeit eine neue Form von Orientierungssicherheit herstellen, die die Steigerungsspirale scheinbar zurückdreht. Wahrscheinlich ist es ein neues Steigerungsspiel im Sinne von Sinn! Hier treten wir in den Wirkungskreis des Absurden ein. Das Absurde setzt andere Benchmarks und andere Orientierungen!

Als Menschen verwirklichen wir uns in unseren Lebensentwürfen: gerne arbeiten, eine Wohnung schön einrichten, Hobbys haben, Freunde vorzeigen können, eine Familie gründen und uns in Bezug zu den Ressourcen der Umwelt einigermaßen gut organisieren. Absurd betrachtet: Wir können nicht nicht leben. Deshalb ist es wahrnehmungstechnisch leichter, in einer Zwangssituation zu leben und sich dort zu orientieren.

Das Problem entsteht erst, wenn wir uns in Spielräumen mit großen Freiräumen orientieren müssen. Für diese Orientierungen suchen wir Antworten in der Kunst. Eventmarketing hat sie in der Vergangenheit auch dort schon häufiger gesucht, aber nur mit oberflächlichen Konzepten und wenig Erfolg. Events fanden in Museen statt oder es wurde ein bestimmter Duktus oder Gestus aus der Kunst übernommen. Heute ist Kunst aber zur Freizeitbeschäftigung geworden, und die Zahlen sehen so aus, als gingen mehr Besucher in Museen als in Fußballstadien. Der Grund: die Suche nach Sinn! Die Suche nach dem Sinn läuft häufig über das Absurde. Die Kunst ist hier ein guter Zulieferer; auch wenn wir häufig nicht alles verstehen, was die Kunst uns liefert, sind wir doch bereit, uns damit auseinanderzusetzen.

Dazu zwei Beispiele, eines aus der Kunst und ein gerade sehr aktuelles Event-Thema:

Ein spätes Werk, ein Bild des Malers William Turner

Viel beachtet, von vielen angeschaut und bei Museumsbesuchen glühend verehrt: die Unterzeile dieses Bildes lautet: „Schneesturm, Dampfer vor Einfahrt in den Hafen, im flachen Wasser signalgebend und mit einem Lot bestimmen, der Autor war mit an Bord!" Dieses Bild ist eine kognitive und abstrakte Herausforderung, denn das Bild zeigt weder das Schiff noch den Hafen, die Einfahrt oder die Seeleute und den Autor. Denn den hatten die Matrosen während der Überfahrt an einen Mast festgebunden, damit er körperlich nicht kollabierte. Was wir wirklich sehen, ist ein Wirbel aus Wasser, Wind, Rauchfahnen, ein Leuchten und stückweise blauen Himmel. Alles andere muss man sich dazudenken.

Flashmob Events

Über das Internet (soziale Netzwerke), E-Mails oder Viral-Marketing verabreden sich Menschen zu einer bestimmten Zeit, um gemeinsam etwas vor Ort durchzuführen. Das kann das Innehalten für drei Minuten in einer Kaufhauspassage sein. Genauso aber treffen sich Hunderte von Menschen auf einem großen Platz, um dort eine Kissenschlacht zu veranstalten. Oftmals kennen sich die Teilnehmer untereinander gar nicht. Die einzige gemeinsame Verbindung ist die Information über das Treffen bzw. Teilnehmer zu sein und mitgemacht zu haben. Flashmob Events sind sinnfrei. Dennoch treffen sich die Menschen zu solchen Events bzw. beteiligen sich. Ist das schon Kunst? Einige wenige Flashmob-Events werden bereits von Markenartiklern initiiert und damit kommerzialisiert. Für den Prosumenten kann das ein Grund sein, erst recht dort hinzugehen oder vielleicht doch wegzubleiben.

In einer Zeit, in der kaum noch politisches Interesse in Form von Kundgebungen gezeigt wird und die Menschen nicht einmal mehr bereit sind, für ihren eigenen Vorteil auf der Straße zu demonstrieren, ist dies ein erstaunliches Phänomen. Oder gerade weil es ein so großes, politisches Desinteresse gibt, suchen Menschen sich solche sinnfreien Aktionen. Sie müssen nichts bewirken. Im Gegensatz zu politischen Demonstrationen, die schon fast einer Ohnmacht gleichkommen, weil selbst die Gruppe kaum noch Hoffnung hat, mit ihrem Zusammenkommen Stärke zu zeigen und vielleicht etwas zu verändern. Die Zeit des „Wir sind das Volk" scheint endgültig vorbei zu sein. Stattdessen erfolgt die Teilnahme an sinnfreien Events. Sich einfädeln in bestehende Mega-Staus, um den Rekord „Staulänge" zu brechen, um von sich sagen zu können, dass man dabei war. Das ist absurd.

Dennoch setzt hier ein Hebel an, der das Absurde zum nachdenkenswerten Instrument für Erlebnismarketing macht. Eine Art neue Metaebene für visuelle, aber auch audiovisuelle Darstellung. Auf einer reinen Produktionsbühne, wo bisher klassische Events stattfanden. Die Zukunft könnte so aussehen, dass Events regelrecht produziert werden, mit oder ohne Publikum. Einzig und allein dazu da, starke Bilder absurder, fragmentaler oder surrealistischer Art zu produzieren. Denn in der Kunst ist es so, dass der ästhetische Reiz und auch die Neugier darin bestehen, dass nicht alles eindeutig ist, sondern in dem Kunstwerk entdeckt werden kann. Sicher eine richtige und wichtige Überlegung für Eventkonzeptionen.

Was bringt das? Jedes Event wird im Sinnkosmos eines Besuchers neu erschaffen. Gewissermaßen als subjektive Rekonstruktion für sich selbst, ganz in der Funktion von Neuromarketing oder neuropsychologischen Erkenntnissen. Events sind nicht nur Überbringer von Informationen und Botschaften, sondern Rohstofflieferanten für neuen Sinn oder Absurdes, was im Ernstfall das Gleiche sein kann. Ein Event wäre damit nichts Gefälliges, für möglichst große Zielgruppen Geschaffenes oder allgemein Zugängliches, sondern etwas, das in jedem Betrachter etwas neu Entstehendes auslöst. Also neuronale Privatsache in den Gedankenkonstrukten und Synapsenwegen des eigenen Kopfes. Wie in der Kunst stellt sich also nicht die Frage: „Was will mir die Marke oder das Unternehmen mit dem Event sagen?", sondern „Was sagt mir das Event?" Um das erreichen zu können, ist eine Dramaturgie zwingend.

Dramaturgie des (Irr-)Sinns

Dramaturgien im Marketingbusiness sind häufig Strategien oder umfassende Konzepte, wo Schritt für Schritt eine bestimmte Abfolge von Ereignissen geplant wird. Wir sind nicht gegen Schritte, wir sind auch nicht grundsätzlich gegen eine bestimmte Abfolge. Wir sind allerdings dafür, diese Abfolgen zu ändern und den Dramaturgie-Begriff zu erweitern, um nicht bei dem Versuch, Gehirne von Prosumenten – ob kollektive oder das Einzelgehirn – mit dem immer Gleichen zu speisen. Das „mehr vom selben", das das Gehirn so liebt, weil es einfach ist und weil das Gehirn im ersten Ansatz immer bequem ist, reicht im Event- bzw. Erlebnismarketing nicht mehr aus. Solche Formate brauchen Drehbücher. Die Dramaturgie dieser Drehbücher ist im Idealfall fraktal, absurd, episodisch, vielleicht auch episch, dis-ruptional, surreal. Das Fraktale ist das Unvorhergesehene, das Unvermutete. Die Episoden werden unterschiedlich immer wieder neu geordnet oder gemischt. Das Disruptionale sind kognitive Brüche und Inspiration für neue Wahrnehmung. Das Surreale liegt, wie das Wort sagt, unterhalb der Realität. Und das Absurde ist der Lieblingsstoff des Gehirns, um zu neuen Gedankenstrukturen zu kommen.

Wenn Sie wissen wollen, wie das funktioniert, schauen Sie sich einen Film von Quentin Tarantino oder auch von Lars von Trier an. Auch ein Klassiker von Berthold Brecht tut hier gute Dienste. Ein Meister in diesem Fach ist sicherlich auch Steven Spielberg, der übrigens früher auch bemerkenswerte Commercials produziert hat. Ein Gang ins Museum und das Betrachten von Künstlern des surrealen und absurden Fachs, allen voran René Magritte, können wir zur Veranschaulichung empfehlen.

Wir glauben, dass sich Eventmarketing in einer Zeitspanne von drei bis vier Jahren zum Erlebnismarketing gewandelt haben wird und nach zwei bis drei weiteren Jahren Marketing voll und ganz Erlebnismarketing geworden sein wird. So oder so ähnlich kann es funktio-nieren. Es kann – und da sind wir ziemlich irritationsfeste Kompensationsfanatiker – aber auch eine Gegenbewegung geben. Wir wissen auch nicht welche, glauben aber, dass sich langfristig Erlebnismarketing durchsetzen wird.

13.4   Events im Dunklen? – Die Sinne schärfen mit geschlossenen Augen!

Was zunächst revolutionär klingt, ist nichts anderes als eine Fragestellung, die sich noch keiner getraut hat, zu thematisieren. Wir alle wissen, dass bei blinden Menschen die ande-ren Sinne besonders stark ausgeprägt sind. Sie haben zum Beispiel einen ungeahnten Hör- und Tastsinn. Das kommt daher, weil blinde Menschen auf diese Sinne ganz besonders angewiesen sind und sie laufend trainieren und nutzen.

Eindringlicher kann nicht darauf hingewiesen werden, dass es an der Zeit ist, sich über Events, die die Sinne schulen und verstärken, Gedanken zu machen. Denn wir nehmen unsere Umwelt zu 80 Prozent über den Sehsinn wahr. Weil das so ist, gibt es auch vielfach die Meinung, dass blind zu sein das Schlimmste wäre, was einem widerfahren kann.

Blinde Menschen können grundsätzlich nicht besser hören, tasten oder riechen als andere. Aber sie haben ihre restlichen Sinne stets und ständig trainiert wie Sportler, die sich auf Höchstleistungen vorbereiten. Sie sind deshalb geübt, die verbleibenden Sinne gezielter einzusetzen. Sie haben gelernt, offen zu sein für unterschiedliche Eindrücke und setzen diese Eindrücke zu einem neuen Muster in ihrer Wahrnehmung zusammen. Wenn wir nicht sehen können, brauchen wir ein großes Vertrauen in unsere restlichen vier Grundsinne und auch in die eigene Erlebnis- und Lernfähigkeit! Wir benötigen auch Vertrauen zu unseren Mitmenschen und unserer Umgebung, weil die Möglichkeiten unserer eigenen Wahrnehmung nicht mehr ausreichen und wir auf Unterstützung angewiesen sind.

Nach dem Sehen kommt das Hören. Wir können die Entfernung eines fahrenden Autos einschätzen und auch, wie weit eine Hupe oder ein Skate-Board entfernt ist. Aber wir können noch viel mehr hören. Aufgrund der Reflektion des Schalls können wir nicht nur die Entfernung, sondern auch die Größe von Gegenständen einschätzen. Am besten kann das die Fledermaus, die in der Dunkelheit lebenstechnisch in ihrem Element ist. Auch Tasten, Riechen und Schmecken hat im Dunklen eine erhöhte Wahrnehmung und Intensität.

Events sind nichts anderes als Wahrnehmung – möglichst neue Wahrnehmung, die uns von den bekannten Wegen auf neue Wege und neue Gedanken bringen. Machen Sie den Test. Joggen Sie mal im Dunklen durch den Wald. Bei Schnee ist es am schönsten. Putzen Sie sich im Dunklen die Zähne und öffnen Sie mal Ihre Weihnachtsgeschenke im Dunklen. Diese multisensorischen Tiefenerlebnisse haben Sie sonst nicht. Wir sind der Ansicht, dass solche Ansätze es wert sind, auf Event-Konzeptionen übertragen zu werden.

Das nächste große Feld ist das Feld der Haptik, das Feld des Fühlens. Dazu gab es von Thinius Partner vor vielen Jahren im Zusammenhang mit einer neuen Karstadt-Konzepten die Idee „Der Kunde tappt im Dunklen" – also der Einkauf mit reduzierten Sinnen, um festzustellen, wie stark Sinne in der Einkaufssituationen wirken., speziell dann, wenn die Augen üblicherweise einem optischen Feuerwerk ausgesetzt sind. Weil das so ist, haben wir uns ziemlich starke Aussortierungs- oder Filterverfahren angeeignet, um von den optischen Reizen nicht zu sehr zugedeckt und ihnen schutzlos ausgeliefert zu sein.

Beispiel Sales-Convention

Was bringt ein Mitarbeiter-Team-Building Event im Dunklen?

Es muss einfach so sein, denn das Trainingszentrum der Allianz AG in München macht das schon seit langem. Die Überschrift für das Trainingszentrum heißt „Dialog-Trainings-Center". Die Zielsetzung dahinter sind Persönlichkeits- und Personalentwicklungen. Die Dialoge im Dunklen haben sich als wirksame und kreative Trainingsmethode erwiesen. Im Dunklen sind die Teilnehmer nicht abgelenkt und lernen, sich wieder auf ihre Instinkte und schöpferischen Kräfte zu verlassen. Wer nicht sehen kann, muss umso besser verbal kommunizieren können und stellt sehr schnell fest, wie wichtig die gestischen und mimischen Eigenschaften und Ausdrucksformen sind. Denn dadurch verändert sich auch die Sprache. Das Dialog-Trainings-Center der Allianz formuliert den Prozess so: Norming, storming and performing – sind bei völliger Dunkelheit wesentlich intensiver, als es bei einem üblichen Training mit Tageslicht wäre.

Es gibt eine Reihe von Institutionen, Agenturen oder auch Einzel-Restaurants für Essen im Dunklen, Dialoge im Dunklen. Alle haben ein und dasselbe Ziel, die Sinne zu schärfen. Es gab auch ein Dialog-Museum in Frankfurt. Inzwischen gibt es ein neues oder weiteres in Hamburg. Hier kann jeder das testen, was als Postulat in diesem Kapitel aufgestellt wird. Events im Dunklen können Events sein, in denen man mit Ohren und Händen sehen gelernt hat. Das dunkle Nichts wird durch Geräusche in wundervolle Erfahrungen verwandelt. Hören Sie mal Musik im Dunklen. Sie erfahren eine neue „fremde" Welt, die die Augen weiter für den Alltag öffnet. Ein Zauber mit bleibendem Eindruck und ein Event-Konzept, um Grenzen zu erfahren und Horizonte zu erweitern.

Erlebnismarketing der rhetorischen und visuellen Kristalle

Begegnungen und Erlebnisse als Modelle des Absurden in der Konzeption von Erlebnismarketing brauchen nicht nur Gefühle, sondern auch Worte. Diese Worte sollten rhetorische Kristalle sein, d. h. kein Spontan-Vokabular, kein Wichtig- oder Dreivierteltakt-Sprech. Erst eigene authentische Worte machen es möglich, gemeinsame Gefühle anlässlich von Events zu entdecken, hinterher darüber zu sprechen oder kritisch darüber nachzudenken! Wichtig ist manchmal nur der eine Moment, der sich gelohnt hat, weil dieser Moment, anlässlich eines Events erlebt, mein Leben bereichert hat!

Früher gab es bei Events fast nur Publikum, das nicht aktiv beteiligt war. Heute ist der Interaktionsanteil viel größer. Das Problem dabei allerdings ist: Wenn ich von einem Event nach Hause komme und eine wirkliche neue positive Begegnung hatte, sind gleich die Kritiker auf dem Plan, die das Neue als misslungen und Illusionen als Störung bezeichnen. Es geht über unsere üblichen Sehgewohnheiten und Sichtweisen hinaus! Kreativität heißt das sehen, was alle anderen sehen, aber etwas anderes dabei zu denken! Es ist also das schöpferische Sehen, das zukünftig eine Verpflichtung für Events sein sollte.

Ein gutes Beispiel dafür gibt es in dem Film „American Beauty"! Ein junger Mann zeigt seiner Freundin, was Schönheit ist, und führt ihr ein Video vor, die das Spiel des Windes mit einer Plastiktüte zeigt! Deshalb ist es wichtig – für den Prosumenten, aber auch für die Gestalter von Erlebnismarketing –, auf die Kunst, insbesondere die surreale und absurde Kunst, zu schauen und dort das Wahrnehmen zu lernen!

Wahrnehmen ist nicht Konsum. Die Anregungen zur Wahrnehmung bei Events schaffen Überraschungen, fördern die Selbstentwicklung und inneres Wachstum. Man ist dabei nicht allein auf sich selbst zurückgeworfen. Gerade weil die Dinge von einer anderen Ebene kommen und eine andere Denkform darstellen, sind sie interessant und lassen sich in unseren Synapsen und Reizleitersystem leichter einspeisen.

Der Sinn des Absurden im Erlebnismarketing ist die Deutungsoffenheit, das Verwirrende, das Irritierende, das Inspirierende oder teilweise auch Faszinierende. Alles das, was wir normalerweise tagtäglich nicht erleben, weil der Wecker klingelt, der nächste Stau vorprogrammiert ist und die Wetteraussichten so schlecht wie immer sind. Wir leben in bestimmten Fahrplänen und auf geführten Pfaden, die mit Leitplanken flankiert sind, und folgen gerne

Gebrauchsanleitungen, die heute Manuals heißen. Die Aufgabe von zukünftigen Events: das Herauskatapultieren aus diesen Welten! Es wirkt, auch wenn Absurditäten kein populärer konzeptioneller Mechanismus sind. Wenn z. B. ein hellgrauer Wollfaden in einem leeren weißen Raum in der Münchener Pinakothek der Moderne gespannt wird und wir uns fragen, was das soll. Werden wir auf den Arm genommen? Ist das einfach nur blöd? – Oder ist es eben das, was wir brauchen, um wirklich andere Denkmuster zu entfalten? Und zwar Muster, die uns in einen neuen Reichtum an Fantasieerlebnissen und -deutung transportieren.

13.5   Events als Identitäts-Stifter

Event- und Erlebnismarketing als identitätsstiftendes Mittel? Was können Events dazu beitragen? Was haben die Begriffe Selbsterkenntnis und Selbstbestimmung mit Identität und Events zu tun?

Identität ist im kulturellen Sinne ein Begriff, der weit über das basale erlernte Wissen, die Ausbildung hinausgeht. Es handelt sich um die kulturelle Identität, um die Aneignung einer bestimmten Kultur. Kultur ist die Summe aller Lebensformen, Eigenheiten, Interessen und alltagsphilosophischen Praktiken.

Durch Sprache können wir Kultur verstehen. Wir können uns mit der Sprache als System von Gedankenkonstrukten in einer Welt von Symbolen zurechtfinden! Auch die Erfahrung läuft über dieses System begrifflicher Organisation. Durch Begriffe schaffen wir Prädikate. Prädikate sind Wörter in Aktion! Damit können wir das, was wir erlebt und erfahren haben, einordnen, klassifizieren und auch bewerten.

In Bezug auf das Erlebnismarketing sind hier sicherlich konzeptionelle Ebenen und Handlungsstränge zu berücksichtigen, die in bestimmten Identitäten anregen und reflektieren bzw. sich auf entsprechende Zeichenvorräte und Sprachmodi einstellen können. Umgekehrt können Erlebnisse als Events auch neue Identitäten, Sprachformen, Rhetorikformen und Diktionen stiften. Mit der Sprache sind wir Mitglieder einer Gemeinschaft. Gemeinschaften sind dazu da, die begehrte Ware Anerkennung zu erwerben. Mit der Sprache können wir nachdenken und uns in der Welt von Symbol- und Zeichensystemen zurechtfinden.

Sprache ist Geschichte und Kulturgeschichte und damit auch Konvention. Sprache ist, wenn sie sich ideal entwickelt, auch ein lebendiges Konstrukt. Wir leben das tagtäglich durch eine Vielzahl von neuen Sprachformen. Ob es Denglisch ist, sich im Internet abspielt oder in bestimmten Szenen.

Das Wort „Auto" hätte auch „Stuhl" bedeuten können. Die Konventionen und sprachlichen Vereinbarungen haben allerdings festgelegt, dass „Auto" eben „Auto" bedeutet.

> Sprache ist im Erlebnismarketing ein wichtiges Medium für den Ausdruck der eigenen – persönlichen – Inhalte und dient als Brücke zu anderen Inhalten, das heißt zu den vielen Einzelgehirnen wie auch zum kollektiven Gehirn.

Was heißt es nun, sich Sprache anzueignen? – Die erste Stufe, die Aneignung, ist das Nachplappern, ohne Korrekturen und Regeln, also blindes Befolgen. Events können eigene Sprache schaffen.

Es gibt heute eine Reihe von Marken und Markenwelten mit eigener Sprache. Zum Beispiel Ikea, Mini oder Apple. Auch bei vielen anderen Produkten und Marken wissen wir ganz genau: hier spricht Audi, hier spricht Mercedes und dort Hollister. Die zweite Stufe ist die Aneignung von Sprache durch Besetzen von sprachlichen Räumen. Diese Stufe geht über in die Bereiche der Raumaneignung und des Behaviour-Settings. Sprache schafft Bewusstsein und damit auch die Möglichkeit, Inhalte zu adaptieren, die einem auf Events begegnen, ganz gleich, ob sie nun ganz neu, halb neu, dreiviertel neu oder total bekannt sind. Ich kann damit umgehen, mir die neue Sprachform aneignen und sie in mein eigenes Repertoire übernehmen, um dann zu entscheiden, ob ich damit in die dritte Stufe einsteige, in der Sprache als Ausdruck von Mentalität Form und Muster gewinnt. Auf der vierten Stufe entstehen Vergleiche. Wir vergleichen die Sprachformen. Wir sortieren sie in den Erlebnisraum ein, denn die erlebten Erlebnisse sind nichts anderes als sprachliche Konstrukte, die wir nur dann in unsere verschiedenen Gehirnbereiche transportieren, wenn wir sie sprachlich formulieren können und in entsprechende Speicher ablegen. Das fängt beim präfrontalen Kortex an und geht über das Kleinhirn in das Großhirn. Was im Unbewussten geschieht, sind die Muster der signifikanten Erlebnisse, die dann wiederum auch wie Sprachmodule, in Form von Bildern, aufgenommen werden.

Das alles hat viel mit Selbsterkenntnis zu tun, weil wir darüber die Sprache der anderen adaptieren können. Damit sind nicht Fremdsprachen gemeint, sondern die Fremdheit von anderen „Sprachen". Diese ermöglichen es uns, andere Denkstrukturen kennenzulernen: unser Leben, das Leben der anderen! Damit ist Sprache ein ganz wesentliches Instrument für die Selbstbestimmung. Das gilt auf der anderen Seite aber auch für die Fremdbilder „Wer bin ich?" und „Was denken die anderen über mich?" Ein Wort wie „subito" eröffnet eine ganz andere Welt als „plötzlich".

Die Königsdisziplin ist die „eigene Sprache", die eigene Sprachform. Das erfordert Training, viele Begegnungen, ob es nun Erlebnisse sind oder zum Beispiel auch eine neue Sprache. Eine neue Sprache ist immer wie ein neues Leben. Hier docken wir sofort an das Erleben, an Events an. Für das Gehirn macht es eigentlich keinen Unterschied, ob wir eine neue Sprache oder neue Zusammenhänge erkennen und lernen wollen, sie für uns sortieren und in eine nächste, neue Erlebniswelt transferieren.

Mehr als Sprache – magisches Denken

Es gibt noch eine Disziplin über der Königsdisziplin des inneren Voice-Setting, der eigenen Sprache – das ist das magische Denken. Es ist in verschiedenen Kulturen sehr unterschiedlich. Wenn wir auch das beherrschen, erleben wir Begegnungen, Events und die Sprachformen anderer viel intensiver.

Zum magischen Denken gehören natürlich auch Stimuli, wie Körper, Erotik, Nacktheit etc. Die Regel für Events kann wie folgt aufgestellt werden: Bloßes Verstehen reicht nicht aus! Wir müssen uns die Dinge, die Sprache der Marke, der Markenwelt, aber auch der ganz speziellen, individuellen Markenarchitektur aneignen können. Darüber sammeln wir Erfahrungen, die wir in uns und für uns klären.

Unsere sprachlichen Gedankenkonstruktionen, die wiederum in die Synapsenkonstruktionen hineinwirken, erhalten dadurch klare Konturen, und wir können damit Ansichten und Sichtweisen verändern. Diesen Prozess nennt man Bildung. Durch Bildung via Aneignung werde ich sensibel und aufmerksam, weil Transparenz und Übersicht ihre Plätze einnehmen und letztlich auch die Fähigkeit, diese Übersicht, im Sinne von reduzierter Komplexität, zu erfahren. Das müssen Events leisten können, um wirksam zu sein und weniger das, was Menschen hören wollen.

Ein Zeichen setzt Zeichen – können Marken oder Institutionen mit Eventmarketing neue Zeichen setzen?

Wenn in uns neue Bedeutungen entstehen, sind Zeichen beteiligt, aber nicht ausschließlich. Allerdings ist für die Entwicklung von neuen Erlebnissen in unseren Köpfen und Gehirnen die Bedeutungskonstruktion entscheidend. Wichtig ist es dabei, zwei grundverschiedene Arten von Enttäuschungen zu untersuchen. Die Enttäuschungen stehen der Erwartung gegenüber und werden unterschieden in die Enttäuschung des „Nicht-Habens" und die des „Nicht-Erlebens".

Beim „Nicht-Haben" fehlen die Mittel, um sich die Zeichen für ein Erlebnis zu verschaffen. So zum Beispiel muss man wieder nach Hause gehen, weil das Konzert mit Robbie Williams in der Philips-Halle ausfällt, denn Robbie Williams hat wegen Krankheit abgesagt. Weil er abgesagt hat, wird man von der Vorstellung gepeinigt, was man alles in dem Konzert hätte erleben können.

Im Gegensatz zum Nicht-Habenden geht der Nicht-Erlebende zweieinhalb Stunden später aus der Philips-Halle. Er hat Robbie Williams gesehen, aber nicht so wie vorher, sondern mit einem neuen Programm und neuen Arrangements. Sozialpsychologisch ist es so, dass die zweite Art der Enttäuschung viel stärker ist als die erste und die erste ziemlich schnell wieder verschwindet. Wenn man anschließend sagt, das Konzert sei nicht gut gewesen, werden meistens die wahren Tatsachen verschleiert. Aus dem Nicht-Erlebnis entsteht die Enttäuschung. Das Zeichen oder sein Produzent wird dafür verantwortlich gemacht, dass man weder Genuss noch etwas Neues oder Divergentes gesehen und erfahren hat. Sagt man jedoch: „Er war nicht gut", wird die Bedeutungskonstruktion auf das Zeichen, also Robbie Williams und die von ihm gesetzten Erlebniszeichen, abgewälzt. Dabei fragt man sich zu wenig, welchen Anteil man selbst an der Entstehung des Erlebnisses oder Events hatte.

Also hängen im Eventmarketing Erlebnisse oder das wirkliche Erleben nicht nur von der Qualität und Menge der Zeichen ab, sondern auch davon, wie wir persönlich in uns Bedeutungen und Bedeutungskonstrukte aufbauen können. Je mehr wir uns zum Beispiel mit Kunst, Neuem, Überraschendem oder Absurdem beschäftigen, umso mehr ist unser Gehirn geschult und umso eher können wir eigene, im neuropsychologischen Sinne implizite Zeichen, die tief ins Unbewusste gehen, produzieren!

13.6   Eventmarketing als Tsunami-Marketing

Die Vergangenheit und die Gegenwart im Eventmarketing sehen so aus, dass immer mehr Zeichen produziert werden, eine immer größere Flut von Kommunikation, Sinnesreizen und stimulierenden Situationen. Je mehr diese Flut angeschwollen ist, umso unübersichtlicher wird die Situation und umso unklarer und schwerer wird es, diese Zeichen und Bedeutungen für sich selbst zuzuordnen. Es ist einfach schwerer geworden, noch etwas zu erleben. Hier setzt das neuronale Marketing an, um neue Bedeutungsmuster in uns zu produzieren, die wir durch alltagsästhetische Episoden wecken können. Es bedarf also einer regelrechten Schulung und Sensibilisierung in den neuen Nomenklaturen und Kategorien des Eventmarketings, um darin Erlebnisse zu üben und neue, aber auch feste Verbindungen von Zeichen und Bedeutungen zu erschaffen.

Das Anschwellen der Zeichenmenge ist der Tatbestand kollektiver Enttäuschung. Wenn es in den 50er-Jahren noch reichte, am Sonntagnachmittag mit Freunden eine Schallplatte von Elvis Presley zu hören oder, über die nächste Straßenbahnendstation hinaus, im Wald ein Picknick zu machen, muss es heute etwas Besonderes, Ausgefallenes sein.

Mit der Verdichtung der alltagsästhetischen Episoden und kommunikativen Reizschwellen sank die Fähigkeit, Zeichen noch Bedeutung zuzuordnen. Darauf wurde teilweise mit Askese reagiert, teilweise wurde auch abgeschaltet. Die Überdosis dieser vielen Zeichen und insbesondere Events des Big Bangs – also gute Musik, gutes Essen, eine tolle Band und schmissig oder lässig hingeworfene Kernsätze – haben Langeweile aufkommen lassen. Auch das dort produzierte Ungewöhnliche wurde normal.

Die Zeichen rauschen an uns vorbei, wir könnten aus dieser Zeichenflut keine neuen Bedeutungen konstruieren. Es kam immer mehr zu einer Standardisierung der Erlebnisangebote, die Events ähnelten sich. Der individuelle Anteil, der zu Anfang noch ausreichte, ging stetig zurück. Alltagsästhetik und ihre Episoden fangen mit der Aneignung von Verhaltensweisen, Behaviours und Lebensentwürfen aus diesen Events allerdings erst an. Es kam und kommt immer auf Überzeichnung, Überformung und Deutung an. Weil das alles nicht mehr ausreichte, wurden diese alltagsästhetischen Episoden als individuell bezeichnet. Jede Szenemarke, jede Modemarke, die etwas auf sich hält, ist individuell, und durch den Besitz oder das Tragen wird man zum Mitglied einer Gemeinschaft von Individualisten. Konzepte und Strategien dieser Art kann man am besten im Bereich von Szeneprodukten, wie Surfbrettern oder Skateboards, aber auch bei Motorrädern, Autos und Mode beobachten.

Eine Zigaretten- oder Spirituosenmarke lebt fast allein vom Impetus des Individuellen. Individuell-Sein bedeutet originell sein und führt zur Empfangssensibilität für neue Zeichen, das heißt Moden, Sportarten, Musikstile, Redensarten und auch Ansichten. Es entstehen neue Milieus, Submilieus! Das Ganze schwappt rüber in die Selbstverwirklichungsmilieus, in unsere Alltagsästhetik und damit in Stammkneipen, in Studentenkneipen, den Franzosen, Italiener oder Griechen, genauso wie in das Bistro, das Weinlokal oder das Stammcafé! Daraus resultierten Konsumstile und Milieus. Ob Jeans und T-Shirt zum Kaschmir-Sakko, die Oszillation zwischen Nonchalance und Chic hat sich zu neuen Symbolen entwickelt. Es ist nicht nur die teure Markenkleidung, sondern sportlich legerer Chic selber zusammengestellt zwischen Aldi und Tankstelle, aber auch ganz viel aus dem Internet. ebay lässt grüßen! Die Vorreiter waren die kreativen und psychosozialen Berufe, die, weg vom Jaffa-Möbel-Stil hin zu einer sorgfältigen Komposition von avantgardistischer Lebensauffassung, die Treiber waren. Aber auch in den klassischen Anpassungsberufen, wie zum Beispiel unter Managern oder Ingenieuren, wird mehr und mehr auf Distinktion und eine selbstbestimmte Lebens- und Berufsauffassung gesetzt.

Hier gilt es für das Eventmarketing und zukünftiges Erlebnismarketing neue Bedeutungskonstrukte und Zeichen zu liefern, die sich als Ausdruck des Persönlichkeitsambientes und damit als genügender Zeichenvorrat beim Prosumenten ansammeln lassen.

Aufmerksamkeit allein kann es nicht sein!

Mit lautstarken Konzepten und Strategien versuchte Eventmarketing in der Vergangenheit, Aufmerksamkeit zu erzeugen. Wahr und klar ist, dass Aufmerksamkeit alleine heute nicht mehr ausreicht. Geht es nicht weiter, geht es nicht ins implizite System und damit ins Unbewusstsein, bedeutet Aufmerksamkeit gar nichts. Wichtig ist es nicht, die Augen aufzureißen und die Köpfe zu drehen, sondern etwas *in* den Köpfen zu drehen. Das ist das wesentliche Anliegen von neuropsychologischem Eventmarketing, das dann zu Recht die Bezeichnung Erlebnismarketing trägt. Die früheren Erlebnisproduktionen waren häufig „l'art pour l'art", anlässlich von Events in die Welt gesetzt, groß und meistens für sich selbst gefeiert. Damit waren Events häufig nützlicher für den Anbieter als für den Konsumenten, weil sich jedes Unternehmen und jede Marke mit dem Event feiern konnte – ungeachtet der Tatsache, ob dort über eine bestimmte Zahl von Kontakten und Reichweite hinaus das produziert wurde, was wir den „share of heart" nennen.

Am einfachsten war es, bei den Events Wirkungen der eigenen Subjektivität zu entfalten und zu kontrollieren. Soziale Anerkennung als psychologische Innenwirkung war die Hauptwährung. Das eigene Erleben wurde in eine euphorische Richtung gesteuert, ohne zu wissen, wo genau es hingehen sollte. Der Grund dafür war auch, dass Eventmarketing häufig als Neben- und Unterspur im below-the-line des klassischen Marketings lebte. Die Dynamik des zukünftigen Erlebnismarketings wird zeigen, dass die Produktion von Erlebnisangeboten immer die Sache einer konzeptionell angelegten Erlebnisproduktion sein wird – ungeachtet eines Beifall klatschenden Publikums und mehr darauf geeicht, Zeichen zu setzen und neuronale Wirkung durch „irrsinnige Begegnungsmomente" zu erzielen.

Damit kommt es immer mehr zu Entkollektivierung des kollektiven Bewusstseins. Wo Erlebnisse und Erleben zum beherrschenden Thema werden, beginnt man, sich mit sich selbst zu beschäftigen. Die gültigsten Urtriebe im Menschen – Neid, Geiz, Geltungstrieb und Aufstiegsstreben – sie nehmen damit ab oder werden außer Kraft gesetzt!

Das Eigene, die eigene Marke, das Branding der eigenen Persönlichkeitskultur entsteht und wächst. Erlebnisse sind die unmittelbarste Form der Suche nach Glück, gerade in einer Zeit, in der die Wunschliste des Glücks unter der Überschrift „subito" regiert!

Das Aufschieben, das Sparen, das langfristige Arbeiten auf ein Ziel hin, der zähe Kampf, Enthaltung und Entsagung als höchster Genuss – ob nun als Ausdruck protestantischer Askese oder guter Erziehung – alles das gehört der Vergangenheit an. Das Glück rückte bei all dem immer in eine ferne Zukunft. Heute ist es so, das Glück immer sofort verfügbar sein sollte. Events und Erlebnismarketing können dieses sofortige Erleben von Glück leisten bzw. Glücksgefühle erzeugen.

Damit aber umgekehrt heute Glück psychologisch wirkungsvoll hergestellt werden kann, also in Form von Event- oder Erlebnismarketing als psycho-physische Konstruktion, ist es erforderlich, nicht nur Zeit, Geld und Aktivitäten in den Big Bang zu investieren, sondern anzubieten, was unter die Haut ins Unbewusstsein geht.

Das geschieht vor dem Hintergrund eines neuen gesellschaftlichen Szenarios, dem Verschwinden traditioneller Großgruppen, dem Auslaufen des Modells Angestellter, der Auflösung klassischer proletarischer Milieus und dem Entstandardisieren von Lebensläufen. Bedeutungsverlust ist damit nicht nur eine Sache sozialer Hierarchie, sondern auch Möglichkeit zu erleben und sich aus diesem Erleben neu zu erfinden.

Entsteht damit vielleicht ein neuer Sozialtyp, der „Homo Eventus"? Ein Mensch, der die Lebensachsen und Perspektiven verlässt, verlängert und verlagert und aus dem „Wie erreiche ich XYZ?" heraus sich die Frage stellt: „Was will ich eigentlich?" Das Erleben des Lebens rückt ins Zentrum. „Erlebe dein Leben" ist die Devise, und damit wird dieser Typus, als Spezialtypus des Prosumenten, kollektive Erlebnismuster beeinflussen und Erlebnisgemeinschaften prägen. Der Lebensentwurf des schöneren Lebens reicht dazu nicht aus. Es geht um innenorientierte Lebensauffassung, die den Prosumenten selbst ins Zentrum des Denkens und Handelns stellt, mit eigenen – in seinem impliziten System entwickelten – Lebensauffassungen.

Unsicherheiten und Enttäuschungen, die beiden typischen Probleme eines erlebnisorientierten Lebens, machen ihn empfänglich für immer neue und weitere Erlebnisangebote, fern jeder Kalkulierbarkeit. Die Bedeutungskonstruktionskomplexe „Genuss, Distinktion und Lebensphilosophie" sind für ihn entscheidend. Und da kommt alles zusammen, der Homo Eventus oder der Liebhaber des Absurden. Es geht um den neuen, mehrdimensionalen Raum fraktaler Besonderheiten und individuell abgeleiteter Gedankenkonstrukte.

Ist Eventum mehr als „Momentum"? – Absurdes und Surreales Aphrodisiakum fürs Gehirn

Events waren in der Vergangenheit sicherlich Hauptkatalysatoren für den Steigerungsmechanismus. Steigerungen sind heute immer noch en vogue. Profit, Produktivität, Ausdrucksformen, Kommunikationsprozesse: all diese Tätigkeitsfelder und funktionalen Abläufe sind der Beweis.

„Momentum"[1] ist die ein achtzehntel Sekunde, die darüber entschiedet, ob Botschaften und Informationen ins Unbewusstsein gelangen. Eventum ist so betrachtet die härtere Währung, weil Absurdes und Surreales als zusätzliche Wirk-Komponenten eingepreist werden.

Es scheint, als würde das, was sich nicht mehr steigern lässt, seinen Sinn verlieren.

Auch hier sind wir wieder beim Absurden und in der Gegenwart angekommen, die sich so beschreiben lässt, dass wir zunehmend in einer Kultur von Überschüssen, Steigerungen und Erwartungen leben. Das „Höher, schneller, weiter" oder „Mehr, besser, perfekter" ist der kollektive Rausch unserer Gesellschaft. Darüber gibt es Transparenz, das können wir sehen und spüren. Das Paradoxe oder Absurde daran wollen wir aber häufig nicht erkennen.

Wir kleben immer noch zu sehr an der Vorstellung, man könne alles, aber auch wirklich alles, ins Grenzenlose steigern. Spezialisten (und das gilt für alle Branchen) treiben ihre „technischen Kompetenzen" bis zum Exzess. „Der moderne Könner kann immer weniger besser" (Peter Sloterdijk[2]). Es erfordert Mut, das Absurde, das mit Sicherheit tolle Wirkungsweisen in Events haben kann, sichtbar zu machen und Neues zu finden.

Das Absurde ist die Erfahrung eines ganz speziellen Moments. Ein Moment in einer Art Sinnspaltung, in dem Sinnwirklichkeit, Funktion und Fiktion für einen Moment auseinander fallen. An die Stelle von Sinn und Bekanntem tritt eine Unbestimmtheit, und diese Leere einer absurd gewordenen Welt hinterlässt einen fühlbaren Raum von Unwirklichkeit.

Daraus folgt und entwickelt sich eine positiv irritierende Form von Realität. Zwischen der Kunst und dem Leben entsteht damit zum Beispiel ein neues Spiel aus Absurdem und Nicht-Absurdem. Das Absurde spielt immer mit den Grenzen und Freiheiten seiner eigenen, häufig paradoxen, Kommunikationsfähigkeit. Es eröffnet und verkörpert den Ort oder die Schwelle vom Übergang zwischen Sinn und Sinnleere. Mit unseren individuellen Erfahrungen gehen wir auf eine Reise durch die kollektive Wahrnehmung und begegnen dort unterschiedlichsten Formen von Steigerungen und Steigerungsspiralen und sogenannten Wirklichkeiten. Das Absurde entsteht, wie es der Soziologe Gerhard Schulze treffend geschrieben hat, durch funktionale Steigerungsleistungen.[3]

Sicher ist es legitim, wenn Sie sich und uns jetzt fragen: „Was ist das ultimative, das wirklich wirkende Erlebnismarketing, noch genauer gesagt: das Marketing via Neuropsychologie – richtig konzipiert, richtig durchgeführt, bahnbrechend und wegweisend?"

Schwer zu sagen, besonders dann, wenn ein Buch Wege aufzeigen und beschreiben soll und aus einer Perspektive geschrieben wurde, in der für das, was es noch nicht gibt, Konzepte für die Zukunft abgeleitet und entwickelt werden sollen. Ganz einfach nach der Methode: Das Ziel ist der Weg. Wenig zweckdienlich wäre es an dieser Stelle, Events oder Performances in den genannten Kategorien hervorzukramen und sich anzueignen. Alles, was mit „es gab einmal" oder „es war einmal" anfinge, wäre verdächtig, weil Aneignungen das sind, was sie sind: nichts Eigenes!

---

[1] Jung und von Matt (2002).

[2] Sloterdijk (2007).

[3] Schulze (2004).

Ein Beispiel für Eventum: Night of the Raging Bulls (NOTRB)

Es war einmal! Ein Seminar von Jochen Thinius, veranstaltet an der Hochschule für Wirtschaft und Medien im Fach Sozialpsychologie. Der Titel: Entwickeln von Kommunikationskonzepten „The Unexpected". Freies Denken, Lösungen, die nicht plausibel sind, waren gefragt.

Frank Dahlmann, hochtalentierter Surfer, Veranstalter von Surfevents, gelernter Eventkaufmann und Student von Jochen Thinius, nahm teil und die Herausforderung an. Events bzw. Event-Formate, die so tief und wirksam ins Unbewusstsein kommunizieren, dass sie im Erregungsmuster unauslöschlich werden. Entfesselungs- und Entgrenzungsmaximen inklusive. Auf jeden Fall nichts, das mit Ratio und Vernunft hätte betitelt werden können.

Frank Dahlmann hatte und hat übrigens ein archaisches Hobby: Boxen! So zum Spaß mit Freunden. Oder vielleicht eine Art kleine Privat-Events nach dem Muster: „Ich boxe gegen dich und wir laden dazu ein paar Freunde ein!"

Das war der Nukleus. Das war der Markenkern für ein Veranstaltungsformat, das heute NOTRB heißt – Night of the Raging Bulls! Schrill, wirklich-unwirklich, aber doch real. Eine extreme, abgefahrene, stylische Parallelwelt. Storybuilding und Storytelling in Reinkultur. Später ergänzt, geführt, weiterentwickelt und perfektioniert von Sönke Andersen, diplomierter Theaterwissenschaftler der Universität Köln.

Die beiden haben Geschichten rund um diese Art „Privatbox-Kämpfe" herum entwickelt (Abb. 13.1). Sie haben die handelnden Protagonisten „Highroller" und „Tank" erfunden und damit zugleich eine Art Ansprechpartner für Interessenten dieses Laienboxsports geschaffen, der wahrscheinlich einzigartig in der Welt ist.

Abb. 13.1 Laienboxkampf von NOTRB (Quelle: NOTRB)

Abb. 13.2   Sieger eines Laienboxkampfes von NOTRB (Quelle: NOTRB)

Jeder darf mitmachen. Männer wie Frauen sind aufgefordert, gegeneinander zu kämpfen. Allerdings entscheidet bei NOTRB nicht nur der Ringrichter, sondern jeder Gast
kann sich mit seiner Stimme an der Kampfwertung beteiligen. Der Jubel der Massen
entscheidet letztendlich über Sieg und Niederlage. Im Rahmen der Philosophie schreibt
NOTRB darüber: „Egal ob im oder am Ring: eine NOTRB bedeutet Schweiß aus allen
Poren. Laienboxer, Szenegrößen und Feierwütige treffen aufeinander und sorgen für
eine süffisante Mischung aus Menschen und Emotionen".

Entsprechend kann sich jeder, der will, anmelden. Ein cooler Name und eine kultige
Story über sich selbst gehören dazu. Dann können die Kämpfe samt zugehöriger Party
beginnen (Abb. 13.2).

Funktionale Steigerung

Absurdes entsteht durch die Steigerung von gegenseitigen Wirklichkeiten. Perfekter, besser, effizienter im Produktionsprozess ist die eine Seite, die andere Seite ist der Wunsch
nach immer weiterer Steigerung dieser Eigenschaften. Dann kommt der Moment, wo die
Sucht oder der Wunsch nach mehr in das Gegenteil umschlägt. Wer das Absurde einkal-
kuliert, beobachtet gesellschaftliche Prozesse immer kritisch. Ist das Absurde das Nicht-
Absurde oder das Nicht-Absurde das Absurde? Ja genau, vielleicht kann das so vereinfacht
als eine Form „der Verselbstständigung des instrumentellen Handelns" (Gerhard Schulze[4])
ausgedrückt werden. In dem das Absurde zum Prozess der Selbstreflexion wird, erzeugt es
in uns Fragen und neue Themen.

Das Absurde lebt zwischen dem Unbekannten, das es noch zu beobachten gilt, und der
Gegenwart, die mit dem Überraschenden rechnet. Abgesehen von der Diskussion in diesem Buch, inwieweit Eventmarketing daraus Relevantes für sich ableiten kann, ist das

---

[4] Schulze (1995).

Absurde oder Fiktionale vielleicht auch das Irrationale, wie es beispielweise in den Arbeiten von René Magritte schon immer zu sehen war. Die Wahrnehmung seiner Bilder weckt eine Art inneres Erstaunen, so als erhelle sich schließlich alles im Geiste eines jeden und als würden die Träume wahr. Oder Camus hat es so ausgedrückt: „das Absurde ist die erhellte Vernunft, die ihre Grenzen feststellt!"[5]

Das Absurde im Eventmarketing kann das Bedürfnis nach mehr auslösen, weil sich im Absurden Assoziationen visueller Art in schnellerer oder größerer Reihenfolge oder End-losigkeit steigern können.

Literatur

Camus, A. 2009. *Der Mythos des Sisyphos*. 13. Aufl. Reinbek bei Hamburg: rowohlt Verlag.
Jung, H. von Matt, J.-R. 2002. *Momentum. Die Kraft, die Werbung heute braucht*. 3. Aufl. Passau.
Schulze, G. 1995. *Die Erlebnisgesellschaft. Kultursoziologie der Gegenwart*. 5. Aufl. Frankfurt am Main: Campus Verlag.
Schulze, G. 2004. *Die beste aller Welten. Wohin bewegt sich die Gesellschaft im 21. Jahrhundert?* Frankfurt am Main: FISCHER Taschenbuch.
Sloterdijk, P. 2007. *Der Ästhetische Imperativ*, 2. Aufl. Hamburg: Suhrkamp Verlag.

---

[5] Camus (2009).

Eventmarketing und der kommunikative Dreiklang

14

Zusammenfassung

Leben ist Fluss! Leben ist Veränderung! Erlebnismarketing ist stetiger Wechsel! Nichts ist ohne Risiko! Aber ohne Risiko ist auch nichts!

Eventmarketing verursacht fortlaufend Vorgänge im Gehirn, die vom Menschen selbst nicht steuerbar sind, sondern automatisch und individuell ablaufen. Dies entspricht der Erkenntnis, dass der Mensch in seinem Bewusstsein, seiner Wahrnehmung und seinen Verfassungen ein autopoetisches System ist – er tauscht sich aus, bildet Gemeinschaften und verwirklicht sich in ihnen. In diesen Gemeinschaften lebt das Kollektiv, befeuert durch die Kommunikation. Damit werden menschliche Erlebniswelten geprägt und damit auch Events, als Schöpfer dieser Erlebniswelten.

Alle diese Vorgänge und Elemente sind permanent in Entwicklung. Wie kann damit der kommunikative Dreiklang formuliert werden?

> Dreiklang heißt die Psyche, der Dialog und die Erlebniswelten der Menschen bzw. Prosumenten.

Am besten entsteht der kommunikative Dreiklang dort, wo „Anarchie" und „Chaos" herrschen. In diesen situativen Bedingungen und Milieus kommt es zu einem erhöhten Output von Kreativität. Der kommunikative Dreiklang entsteht auch dort, wo sich Handlungsstränge des Eventmarketings zwischen realen und virtuellen Welten bewegen. Dieser Dreiklang kommt nicht zum Stillstand, er ist eben der vorher schon erwähnte zirkuläre Prozess. Er geht nicht nur unter die Haut, sondern trifft die Prosumenten mitten ins Herz und in den Bauch. Beide Verortungen sind Hauptbühnen des impliziten Systems.

Events produzieren hier ein neues Rollenverständnis, lösen Muster auf, die Menschen bewusst oder unbewusst gelebt haben, um neue, unbewusste Muster zu aktivieren. Wenn die gewohnten Muster sich zum Beispiel auf den bisherigen Entwurf des „schöneren

© Springer Fachmedien Wiesbaden 2017
J. Thinius, J. Untiedt, *Events – Erlebnismarketing für alle Sinne*,
DOI 10.1007/978-3-658-07135-6_14

Lebens" konzentriert haben, wird plötzlich ein neues Szenario sichtbar. Dieses Szenario kann eine Verfeinerung des Entwurfs des „schöneren Lebens" oder eine Weiterentwicklung, also eine Entfesselung und Entgrenzung der alten Muster, bewirken. Menschen entwickeln sich mit Events wie von selbst. Damit sie gut und auch gerne überlebensfähig bleiben, ist es wichtig, eine ständige Ablösung von stabilen zu neuen, bewegenden Mustern zu stimulieren. Für den Wechsel und das Hin- und Herfloaten zwischen alten und neuen Mustern ist die bereits vorher erwähnte Disziplin des Story-Tellings entscheidend.

Hier geht es um das neuronale Story-Telling. Aus der Hirnforschung wissen wir, dass die Eindrücke, Empfindungen und Wahrnehmungen, die oft gleichzeitig auf das Gehirn einströmen, zu einer schlüssigen Geschichte zusammengefügt werden. Neuronales Story-Telling baut auf der Vermutung auf, dass im Gehirn keine Fakten und Objekte gespeichert werden, sondern Strukturen mit vielen weiteren Strukturen als Unterelementen. Das sind Muster, die in bestimmten Hierarchien als neuronale Netze gespeichert werden: der *„share of heart"*.

14.1   Events im Wendekreis des „share of heart"

Die Speicherung dieser Strukturen ist letztendlich gleichbedeutend beispielsweise mit der Erinnerung an einen Event und damit verbunden ist wiederum eine Emotion. Wie wichtig Emotionen sind, wird unter anderem im Abschn. 14.4 weiter ausgeführt. Die Messbarkeit dieser Emotionen wäre ein entscheidendes Tool, um den Erfolg oder Misserfolg von Events zumindest teilweise bewerten zu können. Die „Währung" dazu könnte der „share of heart" sein. Die Studie anlässlich des Public Viewings bei der EM 2008 zeigt Ergebnisse auf, die in die Währung share of heart einzahlen. Die Probanden schilderten beispielsweise unterschiedliche Glücksgefühle, die unmittelbar mit dem Besuch, dem Erlebnis des Public Viewings, verbunden sind. Die Verbindung dieser Glücksgefühle mit einem Unternehmen oder einer Marke – das wäre aus unserer Sicht eines der Wunschergebnisse von Eventmarketing. Unternehmen oder Marken, denen es auf diesem Wege gelungen ist, in das implizite System des Menschen einzudringen, würden von einer nachhaltigen Wirkung profitieren, die zugleich die intensivste Form der Kundenbindung darstellt. Wir gehen davon aus, dass diese unterbewussten Emotionen dann wieder ins Bewusstsein rücken, wenn der Proband vor dem Verkaufsregal steht und aus einer Vielzahl von beispielsweise Bierprodukten auswählen muss. In dem Moment, in dem die Probanden dann die Marke Bitburger auswählen und kaufen, würde die Währung share of heart auch in Form von Zahlen und Absatz messbar.

14.2   Geschichten fürs implizite System

Beim neuronalen Story-Telling geht es um die unbewussten menschlichen Wahrnehmungen, die sich in Bildern ausdrücken, die in den Köpfen zirkulieren. Das bedeutet, dass Story-Telling ständig mit bestimmten Darstellungen menschlicher Emotionen, Gedanken und Gefühlen beschäftigt ist und „spielt". Events haben nicht den Sinn und

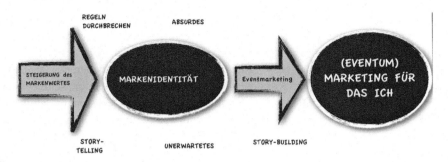

Abb. 14.1 „Nur Implizites kommt durch"

das Ziel, eine schöne Location in einem wunderschönen Zelt oder einer Kongresshalle
mit Leben und Spaß zu füllen, sondern Prosumenten Anreize zu geben, um ihre vielfältigen Verfassungen von Glück und Freude auszuleben und innerhalb einer Gemeinschaft
zu verwirklichen.

Dabei ist es entscheidend, in Events durch immer wieder wechselnde Formen und Formate
eine ständige Metamorphose von Wirklichkeiten stattfinden zu lassen. Was Prosumenten dann
im ersten Moment absurd erscheint, bezeichnet das, was sich von ihren gewohnten Wahrnehmungen unterscheidet. Das Überraschende, Absurde, vielleicht auch Surreale wird damit zum
Initiator zusätzlicher Erfahrungen und Erkenntnisse. Erwartungen und Einschätzungen der
Menschen werden auf absurde Art und Weise – im Idealfall – positiv gebrochen (Abb. 14.1).

Der Prosument führt damit einen Dialog mit sich selbst, einen Dialog der Absurditäten.
Er setzt sich mit eigenen vorhandenen Mustern, aber auch Absurditäten auseinander und
begibt sich in einen Dialog: „Wer bin ich?", „Was kann ich sein?", „Was kann ich werden?"
Events sollten bzw. müssen sich auf diesen inneren Dialog einstellen und würden damit zum
Marketing für das Ich.

14.3   Stetiger Wechsel statt mehr vom Selben

Die Prosumenten als selbstreferentielle Wesen suchen etwas, womit sie ihre Wunsch-
vorstellungen der Verfassung ausleben können. Events sind Produzenten dieser Verfas-
sungspotentiale. Sie müssen die Signale der Prosumenten aufnehmen und sie mit den
gespeicherten Erkenntnissen und Erfahrungen der Prosumenten, immer angereichert durch
neue Inhalte und Informationen, in neue Beziehungen umsetzen. Daraus entwickeln Events
ein Angebot für Prosumenten, das diese wiederum mit ihren eigenen Erfahrungen und
Erkenntnissen in Verbindung bringen.

Diese Abläufe bedeuten einen fundamentalen Paradigmenwechsel im Eventmarketing.
Nicht nur die Prosumenten sind selbstreferentielle Wesen, sondern auch die Events als Produzenten der gewünschten Verfassungen selbst. Die Prosumenten entscheiden als Individuen dabei immer mehr, wie sie die Botschaften interpretieren und in ihre Verfassungsmuster
aufnehmen.

Menschen betrachten gleichzeitig die Gegenstände, die sie umgeben, die Botschaften, die sie erreichen, und die Welt, in der sich diese Dinge befinden. Dadurch werden Interaktionseinheiten gebildet. Diese Interaktionseinheiten erweitern bestehende neuronale Muster als Gewohnheiten und Überzeugungen oder sie werden mit neuen neuronalen Verbindungen gekoppelt und somit in bestehende Erfahrungen und Erkenntnisse integriert. In den Prosumenten entstehen Dialoge. Im Idealfall begibt sich der Prosument damit in den kreativen freien Fall, der ihn dazu bringt oder zwingt, festgefahrene Einsichten und Einstellungen zu hinterfragen und zu überwinden (Abb. 14.2).

Prosumenten entdecken sich neu, können ihre Muster und ihr Selbst freilegen und sich damit verwirklichen. Dieser Vorgang ist Entfesselung und Entgrenzung in reiner Form und der wichtigste Katalysator, den zirkulären Prozess des Menschen aufrechtzuerhalten.

Voraussetzung dafür ist, dass Menschen als autopoetische Wesen mit den Eigenschaften der Selbsterschaffung, Selbsterhaltung und Selbstreferentialität gesehen werden. In der

Abb. 14.2 Was wirklich wirkt: „Im Maschinenraum des Fahrstuhls zur Spontaneität!"

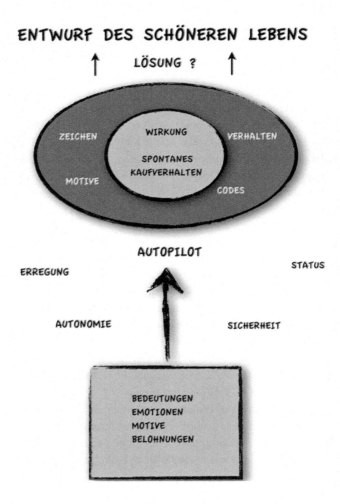

Bewusstseinsforschung wird diese Innenwelt vom Menschen als ein System der Anarchie definiert, die sich hauptsächlich einer Regel unterordnet – der Regel der eigenen, nachhaltigen Entwicklung, ohne den vorsätzlichen Entschluss, etwas in dieser Richtung zu unternehmen.

António Damásio bestätigt, dass Menschen sich ihre Ordnung dort suchen, wo sie sich selbst erhaltend entwickeln können.[1]

14.4   Fühlen, um sich zu entwickeln

Emotionen und das neue Eventmarketing gehören zusammen. Man kann sich jedoch angesichts der ständig zunehmenden Beispiele von emotionalem Marketing die Frage stellen, ob Marketing und insbesondere Events nicht schon immer emotional waren.

Emotionen stellen eine äußerliche Repräsentation oder Reaktion auf bestimmte innere Prozesse der Menschen dar. Auf der untersten Ebene sind es Stoffwechselprozesse, Grundreflexe und Mechanismen des Immunsystems. Auf der mittleren Ebene gehören Verhaltensweisen zu den Emotionen. Hier hebt Damasio die beiden Hauptdimensionen Lust und Schmerz hervor. Auf der obersten Ebene gehören Triebe und Motivation wie Hunger, Durst, Neugier, Spiel und Sexualität dazu. Die edelsten Emotionen sind nach António Damásio Freude und Leid.

Der Einfluss von Emotionen auf den Menschen wird durch drei klassische Denkschulen bestimmt:

* Klassischer Behaviorismus
* Neo-Behaviorismus
* Kognitivismus

Diese Denkschulen haben zum Teil nach wie vor Gültigkeit, werden aber heute durch den Einzug der Neurowissenschaften in das Eventmarketing wesentlich aktualisiert.

Emotionen ersetzen fehlende Informationen und werden so unbewusst Teil von Entscheidungssituationen im Sinne der Frage: „Nehme ich sie in meine Denkmuster auf oder nicht?" bzw. „Kaufe ich oder kaufe ich nicht?" Seit einigen Jahren weiß man, dass Denkprozesse im Gehirn und auch Entscheidungen ausschließlich emotional erfolgen und getroffen werden. Wir haben uns entschieden, bevor wir uns entscheiden. Wie schon an anderer Stelle gesagt, geht es dabei um die tieferliegenden, impliziten Ebenen, also die Gründe hinter den Gründen.

Neuromarketing, als eine der wichtigsten Entwicklungsperspektiven für das neue Eventmarketing, beschäftigt sich mit diesem Ablauf von Kauf- und Wahlentscheidung im menschlichen Gehirn. Die Hirnforschung und Neuropsychologie im Rahmen des Neuromarketing ergründet, was wirklich wirkt und wie das emotionale System beim Treffen von

---

[1] Damasio (2007).

Entscheidungen funktioniert. Das Gehirn weiß immer mehr, als das Bewusstsein offen-
bart. Es geht darum, Spuren zu hinterlassen und das Unterbewusstsein oder Unbewusstsein
zu durchdringen jenseits des expliziten Aufmerksamkeitsmodells AIDA.

Literatur

Damasio, A. R. 2007. *Ich fühle, also bin ich. Die Entschlüsselung des Bewusstseins,* 7. Aufl. Berlin:
    List Taschenbuch.

Die neue Gesellschaft im Bewusstseinszeitalter

15

Zusammenfassung

Die Realität ist nicht die Realität, sondern das, was Menschen dafür halten!

Das Ende der Steigerungsspirale ist erreicht. Es gibt neue Wahrnehmungsschwellen, durch Kunst und Kultur teilweise regelrecht kreiert und begünstigt. Es geht um neue Werte und neue Rangfolgen in den Werten. Um „Sein" statt „Haben", aber insbesondere um Regelbruch und Grenzüberschreitungen sowie um das bewusste Erleben von Begegnungen.

Die Fähigkeit zu neuen Begegnungen ist in unserer heutigen Zeit, und damit in der Moderne oder Post-Moderne, noch recht wenig verankert. Das vorherrschende Prinzip (im Gegensatz zu überraschenden Begegnungen und etwas Neuem und damit vielleicht auch Absurden) ist eine Sachbezogenheit, an der sich heute noch vieles im Sinne des Zeitalters der Aufklärung orientiert.

Zur „Sache" kommen heißt: Technik, Ökonomien, Natur, Wissenschaft, Standardisierung, Rationalisierung, Objektivierung. Alles das, aber nichts Absurdes, nichts Irreales, keine Emotionen und damit keine neue Vernetzung in den Gehirnen.

Der Prosument möchte nicht nur sachorientiert und ratiobezogen durch die Welt gehen, sondern Begegnungen haben, in denen er etwas erlebt! Ob mit anderen Menschen, der Kunst oder der Natur ist nicht entscheidend! Mit neuronalen und auch absurden Begegnungen entscheidet der Einzelne, ob er diese glücklich und gelungen findet oder nicht.

Wichtig ist es, für zukünftige Events Inhalte zu produzieren, für die es sich zu leben lohnt. Damit sind das Unkalkulierbare, das Plötzliche, das Überraschende, das Schöne, das Glückliche, die vielleicht exzessiven Momente im Leben, bis hin zu tiefgehenden phänomenalen Erlebnissen auch in Sexualität und Erotik, gemeint.

Wozu wir leben, fällt uns meistens schnell ein: Beruf, Familie, Kinder und so weiter. Wofür wir wirklich leben, ist etwas anderes: tief empfundene Liebe, die letzte Reise auf einem Schiff, der Besuch in einem Museum oder unsere Hand, die die Hand eines kleinen Kindes umfasst – was auch immer. Solche Begegnungen sind wichtiger als der rationale Alltag. Das können Erlebnis-Marketing-Konzepte liefern!

© Springer Fachmedien Wiesbaden 2017
J. Thinius, J. Untiedt, *Events – Erlebnismarketing für alle Sinne*,
DOI 10.1007/978-3-658-07135-6_15

Diese Begegnungen müssen so gestaltet sein, dass sie uns von den alltäglichen Erlebnissen und Sorgen Abstand nehmen lassen, sei es das Ergebnis der ärztlichen Untersuchung, die nächste Steuererklärung oder die Reparatur des Autos. Eventmarketing kann in das Beste und Wichtigste von Menschen und Prosumenten investieren: Zeit, Aufmerksamkeit, Energie!

Damit sind Events wesentlich effektiver als klassische Maßnahmen, die aber nach wie vor notwendig sind, um die Eventmaßnahme im Sinne einer 360-Grad-Kommunikation zu begleiten und den höheren Anforderungen der Multisensorik, Nachhaltigkeit und Glaubwürdigkeit gerecht zu werden.

Darüber hinaus wird Story-Telling in zukünftigen Event- und Erlebniskonzepten ein wichtiger Faktor sein. Allerdings wird es eine andere Form von Story-Telling sein, vielleicht eine Mischung aus „Fiction" und „Story-Telling", die zu der Wortschöpfung „Fic-Tellity" führt. Mit Fic-Tellity sind die Wahrheiten gemeint, die gut erzählt werden und durch entsprechende Events erst kommuniziert werden können. Dies ist nur mit Hilfe von Kreativität möglich, und es gibt mehrere Wege zur kreativen Exzellenz.

15.1   Was ist Kreativität wirklich?

Kreativität ist im Grunde genommen das, worin man seinen ganz persönlichen Irrsinn entdeckt. Also die Achse zwischen Sinn und Irrsinn oder das (Irr-)Sinnige. Es sind die Wege, die Höhenflüge und die Selbsterkenntnisse auf dem Weg zu kreativer Exzellenz, die man mit Hilfe von neuropsychologischen, kreativen Prozessen für eine Marke oder in einem Unternehmen implementieren könnte. Absurdes und Surreales treiben unsere Synapsen zur Bindung im Gehirn an.

Was hindert uns daran, Kreativität zu entfalten? Meistens befinden wir uns in irgendwel-

> „Kreativität ist das Gleiche sehen, was alle anderen sehen, nur etwas anderes dabei zu denken."
> *Jochen Thinius*

chen inneren Zuständen von Krisen oder Angst. Weitere Kreativitätsbegrenzer sind Erziehung, Schulen und vorgefasste Vorurteile. Sei es nun im Elternhaus oder später von Vorgesetzten. Es fängt damit an, dass wir in der Schule lernen, in fest umrissenen Formaten auf liniertem oder kariertem Papier zu schreiben. Wir schreiben etwas mit, ohne es zu durchdenken, und behindern uns in unserer Kreativität.

Kreativität ist eine Sache des impliziten Systems und damit der Tiefenpsychologie, das Denken ohne Geländer, das freie Denken. Kreativität erscheint, wenn sie wirklich disruptiv daherkommt, zunächst surreal, fraktal oder fiktional. Dabei könnte alles so einfach sein, weil am Anfang die Selbstbestimmung, die Selbsterkenntnis, die Identität, aber auch vor allem die Authentizität stehen.

Das Gehörte und Geschriebene ist dabei ein Anfang, setzt einen Prozess in Gang, der es ermöglicht, Kreativität abseits von Methoden zu erkennen. Sein kreatives Potential zu erhöhen – denn 80 bis 90 Prozent unserer Gedanken sind alt, das heißt, wir sortieren sie immer nur wieder neu. Wichtig sind also die Denkprozesse und Wege zur Erkenntnis. Ein riesiges Geflecht von Gedanken über die Gedanken, in dem das Neue sich in komplexen Erfahrungen und überkomplexem Rahmen darstellt.

Wenn wir eine neuropsychologische Indikationstypologie anlegen würden, wäre Kreativität der (Irr-)Sinn, das Absurde, das Verrückte, das Unglaubliche, die Spinnerei, das Surreale, die Fantasie, die Traumtänzerei und vor allem: wir oder Sie selbst in voller Authentizität.

Kreativität ist Selbstbestimmung

Am Anfang steht die Selbstbestimmung. Wir wollen unser Leben leben, und wenn wir es selbstbestimmt leben wollen, heißt es, denkend zu leben. Dieser Vorgang wird zunächst leidenschaftliche Zustimmung finden, denn er handelt von den beiden wichtigsten Dingen, die wir im Leben haben: unserer eigenen Würde und unserem Glück. Doch wie kommen wir dahin? Wie können wir eine Idee entwickeln? Und was kommt dabei alles zum Vorschein?

Selbstbestimmung bedeutet, dass wir im Einklang sein wollen, im Einklang mit unseren Gefühlen und Wünschen. Wir möchten möglichst wenige Regeln und Befehle befolgen, auch nicht von anderen hören, was wir hören, denken und sagen sollen. Wir wehren uns gegen Bevormundung, gegen Eltern und Schule, sagen unserem Arbeitgeber entweder offen oder versteckt die Meinung. Auch politische Systeme, die uns gängeln, lehnen wir ab. Das heißt keine Rücksichtslosigkeit gegenüber anderen, sondern ein selbstständiges Leben in sozialen, gesellschaftlichen Gemeinschaften. Diese Gemeinschaften werden determiniert durch Recht, Gesetz und moralische Regeln. Die entscheidende Idee der Selbstbestimmung ist, dass wir ein Leben leben wollen, das frei ist von äußeren Zwängen, und wir selber entscheiden können, welche Regeln für uns gelten und welche nicht.

Die nächste Stufe der Selbstbestimmung ist nicht die Unabhängigkeit von anderen, sondern hier können wir selber Regisseur und Autor unseres Lebens sein. Wie kann ich mich gegen die tyrannischen Einmischungen der Außenwelt abschotten? Es geht darum, Autor und Subjekt unseres Lebens in einem zu sein. Wir wollen Einfluss auf unsere Innenwelt, unser Denken, Fühlen, Wollen und Erleben nehmen. Dabei können wir aus dem Inneren heraus unsere Person nicht verdoppeln, wir können nicht darüber bestimmen, wie wir denken, fühlen und handeln wollen. Es gibt also keinen Nullpunkt. Es gibt die Prägungen durch Kindheit und Sozialisation – und die werden relativ betonartig festgelegt, in den beiden entscheidenden Adoleszenzphasen vom ersten bis zum sechsten Lebensjahr und dann vom elften zum dreizehnten Lebensjahr. Abgeschlossen ist dieser Prozess erst im Alter von etwa 29 Jahren. Dann sind wir endgültig für uns selbst verantwortlich.

Das heißt, alle genetischen Voraussetzungen und Prägungen sind da. Wir können nicht über sie bestimmen. Wir stehen also vor der großen Aufgabe, unseren Willen – Charakter in Aktion – in eine eigene Lebensgeschichte einflechten zu müssen. Das wiederum heißt, dass wir zum eigenen Autor werden. Wir machen das Story-Telling mit uns selbst. Können wir das überhaupt? Sind wir nicht zu sehr konditioniert von der Außenwelt oder Spielball des Weltgeschehens? Natürlich, aber wir können etwas ändern, sodass wir uns nicht nur blind und willig treiben lassen müssen, sondern in kritischer Distanz zu uns selbst leben und uns in der Weise um uns selbst kümmern, dass wir am eigenen Skript des Lebens mitschreiben. Und somit die Fähigkeit erlangen, einen Schritt zurückzutreten und Abstand zum inneren Erleben aufzubauen.

Die nächste entscheidende Frage: Wie ist das eigentlich, wenn ich denke? Was ist das, wenn ich fühle? Wie ist es zu all diesen Gedanken, Gedankenkonstrukten, Gefühlen und Wünschen gekommen, die letztlich auch unser Ego ausmachen, also unsere persönliche Selbstüberzeugung, was wir sein wollen? Es könnte auch ganz anders sein, wir könnten anders denken, fühlen oder handeln.

15.2 Lügen sind eine Sache der Perspektive

„Das ist gelogen" sagt der eine, der andere entgegnet mit dem gleichen, stärkeren oder schwächeren Entrüstungsimpetus und gleichem Wortlaut „Das ist gelogen". Der Philosoph sagt: „Kann sein, kann auch nicht sein". Pörksen titelt sein Buch mit und über Hans von Förster: „Die Wahrheit ist die Erfindung eines Lügners"[1]. Alle haben Recht!

Die Vorstellung, dass es nicht nur den einen Weg gibt, ein Leben zu führen, sondern viele verschiedene, die auch noch wahr und richtig sind, macht uns unsicher. Es gibt nicht nur eine Wahrheit in diesem Punkt, sondern viele Wahrheiten. Wir müssen uns in unserer Selbstbestimmung zunächst fragen: Was ist das für uns Mögliche? Und dazu brauchen wir Fantasie, Visionen und innere Kraft. Wir müssen zu uns finden, wir müssen aus der gewohnten Sicht auf unsere Gedanken ausbrechen und uns fragen, ob unsere Angst, unser Neid, unser Hass wirklich notwendig sind. Wie wir dazu gekommen sind und ob wir nicht einfach nur Geschichten aus unserer Erziehung, von unseren Eltern oder aus der Schule weiterschreiben.

Ist es richtig, dass wir immer mehr materielle Ausstattung wie Geld, Wohnung, Auto, Altersversorgung anstreben? Ist es gut, dass wir uns immer auf unsere zuverlässigsten Urtriebe wie Eitelkeit, Geltungsstreben oder Neid verlassen und dabei im Rampenlicht stehen wollen und den Erfolg suchen? Oder könnten wir auf der anderen Seite ein zurückgezogenes, fast klösterliches Leben führen? Wie gelingt es, in all unseren Handlungen, Aktionen und Vorstellungen des Denkens, Fühlens und Wollens der zu sein, der wir wirklich sein möchten?

Diese Gedanken sind im Sinne von Kreativität zunächst nicht endgültig und lebensrelevant. Sie dienen der Selbstreflektion und der Erkenntnis über uns selbst und inwieweit wir aus unseren Gedanken und persönlichen Selbstüberzeugungen heraustreten können und Kreativität aufbauen. Dabei steht uns meistens eines im Weg: unser Selbstbild – unsere Vorstellung dessen, was wir sein möchten. Problematisch kann es werden, wenn zwischen Selbstbild und Wirklichkeit eine große Kluft entsteht. Wie kann diese Kluft vermieden werden? Im Grunde genommen nur durch ein hohes Maß an Selbst-Bewusstsein,

---

[1] von Förster und Pörksen (2006).

Kritikfähigkeit und Ehrlichkeit – Ehrlichkeit gegenüber sich selbst. Das ist die wesentliche Voraussetzung für effektive und gelingende Persönlichkeitsarchitektur.

Wie erreichen wir eine solche Persönlichkeitsarchitektur? Wie können wir diesen Umbau schaffen? Wie können wir uns vor unserem Selbstbild verneigen und dabei alle versklavenden Vorstellungen über Bord werfen? Der Prozess der inneren Umgestaltung ist nicht einfach. Wir sind nicht die Labor-Ingenieure unserer seelischen Alchemie, sondern wir brauchen die neue Erfahrung, die neue Begegnung, Erlebnisse, den Trainer, den Therapeuten oder einfach mal einen Kulissen- oder Szenenwechsel, einen neuen Wohnort oder eine neue Wohnung.

Hier entsteht ein innerer Kampf. Denn der Standpunkt, aus dem heraus ich mich beurteile, ist auch Teil unseres derzeitigen Ichs. Der Kampf in uns ist ein Kampf gegen innere Starrheit und Vorurteile. Er hindert uns oftmals daran, zu erleben. Wir leben zwar, (er)leben aber nichts wirklich!

Kreativität als Lebensentwurf

Der Weg in Richtung einer erfüllten Kreativität, also all dessen, was den kreativen und für uns im Leben wichtigen zirkulären Zustand des Fluxus oder Panta rhei darstellt, ist die Selbsterkenntnis.

Natürlich kann es passieren, dass wir betroffen sind, wenn wir erkennen, dass wir ganz anders sind, als wir gerne sein möchten. Aber auch hier können wir bei kritischer Betrachtung den Gründen nachgehen, warum es so ist.

Selbstbestimmung und Kreativität haben viel damit zu tun, inwieweit wir uns selbst verstehen. Es geht über unsere Lebensläufe und Biographien hinaus, die meistens nicht so reich an Emotionen, Gedanken und episodischen Geschichten sind.

Entscheidend ist das, was wir denken können, und wir können meistens nur das denken, was wir auch ausdrücken, also sprechen können. Deshalb ist Sprache eines der wichtigsten Instrumente auf dem Weg zur Kreativität. Ich muss die Dinge benennen können, ich muss nach semantischen Belegen gegen die gewohnten Überzeugungen suchen, um einen Veränderungsprozess einzuleiten.

Vieles, was wir denken oder glauben, verstanden zu haben, ist eine Meinung, ist lediglich durch Adaption, durch Nachplappern entstanden und damit kein Wissen und keine Selbsterkenntnis. Also auch nicht das glückselig machende Feld, denn das ist sicherlich auch ein Ziel der Selbsterkenntnis. Glück, das wiederum überführt wird in Kreativität. Das heißt, wir müssen uns immer die beiden entscheidenden Fragen stellen: Was genau bedeutet das? Und woher weiß ich das? Diese Fragen beziehen sich auf situative Lebensbedingungen, auf Entscheidungen, auf Meinungen und Einstellungen. Also auf unser Leben insgesamt.

Wenn wir selbstbestimmt leben wollen, haben wir einen harten Prozess vor uns, der uns unnachgiebig und leidenschaftlich nach Übersicht und Klarheit suchen lässt. Dabei müssen wir alles kritisch in Erwägung ziehen. Dazu zählt jede Art von Information und Kommunikation. Denn wir müssen uns davor hüten zu glauben, dass jeder schöne Text, jeder grammatisch richtig und schön formulierte Satz auch einen Gedanken ausdrückt. Es gibt heute so viel information-overload und die berühmte Informationsbesoffenheit, Sätze, die einfach gut klingen und grammatikalisch stimmen, aber nichts ausdrücken.

Der Weg zur Kreativität ist der Weg über sprachliche Wachheit und Genauigkeit. Noch einmal: Das, was wir ausdrücken können, können wir erkennen und können wir verstehen. Das heißt: So, wie wir sprechen, denken wir, und wie wir denken, so sprechen wir. Anders ausgedrückt: Das Erkennen schafft das Erkannte oder wir sprechen das Gesprochene. Vieles, was wir fühlen und denken, ist für uns erst einmal nicht klar, schwammig oder unverständlich. Aus diesem Gefühlschaos können wir uns allerdings mit emotionaler Bestimmtheit und Artikulation herausbegeben.

Wenn wir differenziert über unser Erleben sprechen, wird das Erleben selbst auch klarer. Hier gibt es die Möglichkeit, aus dem Unbewussten Dinge durch klarere Artikulation in das Bewusstsein zu transportieren, denn wenn wir über uns sprechen und Lebensumstände beschreiben und verstehen, arbeiten wir an unserer persönlichen Identität. Diese ist Voraussetzung für eine überdurchschnittliche Kreativität, die sich nicht auf Methoden konzentriert, sondern darauf, jene 80 bis 90 Prozent alter Gedanken, die sich in unseren Gehirnen und Synapsenverbindungen befinden, zu verlassen und auf neue Ebenen zu transformieren. Es geht darum, die Kraft zu entfalten, unsere eigenen Vorurteile, die innere Zensur zu überwinden oder unterdrückte Gefühle zuzulassen. Damit wird durch sprachliche Artikulation aus Unbewusstem Bewusstes.

15.3   Story-Building und Story-Telling – das komplette Programm

An dieser Stelle wird klar, wie stark Rhetorik und Kreativität miteinander verflochten sind. Ich kann nur dann Story-Telling und Story-Building entwickeln oder anwenden, wenn ich mein eigenes Zentrum der erzählerischen Schwerkraft kenne. Kenne ich es nicht, kann ich es auch nicht für eine Marke oder ein Produkt entwickeln, weil hier genau der gleiche Mechanismus der Person 2. Ordnung und des Sich-In-Frage-Stellens notwendig ist.

Das, was oft pathetisch als „klarer Geist" oder als „hellsichtig" oder „Lichtgestalt" beschrieben wird, erlebt hier seine Anwendung: Selbstbestimmung! Für die Kreativität bedeutet das, dass wir uns anhand unserer eigenen Geschichte ein eigenes Literaturverzeichnis anlegen. Dass wir zum Beispiel über unsere Fantasie, unsere Geschichten erzählen, uns insbesondere über unser Schreiben kreativ entfalten, unsere Identität damit verändern und mit der Sprache etwas zutage fördern, was sonst im Unbewusstsein im Dunkeln bleibt.

Nach einem solchen Prozess ist man nicht mehr der Gleiche wie vorher. Wir haben unser kreatives Potenzial erweitert. Dabei ist es wichtig, unsere eigene Sprache zu finden und sich im Grunde genommen darüber eine Liste anzulegen, welche Wörter und welche Diktion zu uns passen oder nicht. Auf der Grundlage dieser Identität können wir Kreativität entwickeln – über das uns bekannte Marketing hinaus!

Zum Glück Selbstbestimmung

Selbstbestimmung und damit auch Kreativität haben mit anderen Menschen zu tun. Wir leben nicht auf Inseln, die aus Gedanken, Gefühlen und Wünschen bestehen. Manchmal verzichten wir auf unsere Wünsche, um anderen Wünsche zu erfüllen. Wir nehmen Rücksicht, das moralische Bewusstsein meldet sich. Angst und Pflichterfüllung treten auf den Plan. Lässt uns das zu Underdogs der Fremdbestimmung werden, wenn wir nach den Erwartungen anderer leben? Die anderen können eine Gefahr für unsere Selbstbestimmung und damit für unsere Kreativität werden.

Das Glück liegt außerhalb von uns. Selbstbestimmung bedeutet, dem „Blick" der anderen zu begegnen und diesen Blick auszuhalten. Zusammengefasst heißt das: Wir müssen sehr stark differenzieren können. Wir müssen auf der einen Seite unser bewusstes Erleben ordnen können und auf der anderen Seite das Unbewusste erschließen. Dieser Prozess ist ideal, um ein Selbstbild zu entwickeln, zu dem wir in all unseren Empfindungen und in der Entwicklung unserer Identität stehen können.

Literatur

von Förster, H., und B. Pörksen. 2006. *Wahrheit ist die Erfindung des Lügners,* 7. Aufl. Heidelberg: Carl-Auer Verlag.

Die Wirkung von Events mit tiefenpsychologischen Instrumenten berechnen

16

Zusammenfassung

Lernen Sie mit dem Unsicheren, Absurden nicht Kalkulierbaren zu leben und sich nicht mit Zählen, Wiegen, Messen zu beruhigen! Umgekehrt geht es auf keinen Fall?

Eine Reihe von Untersuchungen hat ergeben, dass das Stimulanz-Zeit-Modell bei Events ausschlaggebend ist. Momentane, dauerhafte und finale Wirkungen stehen nicht isoliert nebeneinander, sondern verstärken und stören sich gegenseitig. Sie beeinflussen Reizleitersysteme sowie längerfristige Gedächtnisinhalte und sind im Erfolg deshalb auch nicht direkt zu messen.

Reichweiten, Kontaktfrequenzen und Tausender-Kontakt-Preise sind nur bedingt Kontrollinstrumente von Events. Das Eventmarketing-Controlling sollte im direkten Bezug zur Natur eines neuronal angelegten Events erfolgen. Das kann, wie bereits ausgeführt, eine gut gestaffelte tiefenpsychologische Fragenbatterie oder ein Gruppengespräch sein.

Es gab und gibt eine Reihe von Versuchen, Events klassischer Art zu messen, wie zum Beispiel die Infratest-Methode zur Wirkungsmessung. E-Bob hieß ein elektronisches Messverfahren der BobBomlizgroup. Über Chipkarten sollte das Verhalten von Reizleitersysteme registriert und auf den Ablauf von Events Einfluss genommen werden. Andere Eventveranstalter bieten Evaluierungssysteme an, die zwar Daten und Messergebnisse bringen, aber geringe Validität besitzen.

Ein subtil abgestimmter Gesamtauftritt zwischen Marke, den Markenzeichen, der Markensymbolik, den Inhalten des Events, Botschaften, Slogans, Bildern und zeitlicher Abfolge im Verbund mit allen anderen Kommunikationsinstrumenten eines Unternehmens oder einer Marke machen Markenwelten perfekt erlebbar. Dieser Erfolg lässt sich allerdings nur unter Einbeziehung von tiefenpsychologischen Instrumenten messen. An dieser Stelle kommt man automatisch zur Frage nach der Berechenbarkeit aufgrund tiefenpsychologischer Instrumente und auf das wichtige Thema Erfolgskontrolle.

© Springer Fachmedien Wiesbaden 2017

J. Thinius, J. Untiedt, *Events – Erlebnismarketing für alle Sinne*,

DOI 10.1007/978-3-658-07135-6_16

Dieses Buch liefert mit der Studie zur UEFA 2008 in Recklinghausen bereits ein Beispiel für den Einsatz von tiefenpsychologischen Instrumenten. Recklinghausen war ein Versuch, Emotionen zu erforschen und daraus Erkenntnisse abzuleiten. Getreu dem Motto: „Der Weg ist das Ziel."

Dass die Bitburger Brauerei bereit war, diese Studie in Auftrag zu geben, zeigt, dass dort über neue Wege zum Kunden, aber auch über Kundenbindung intensiv nachgedacht wurde. Veranstaltungen, wie zum Beispiel Stadtfeste oder Musikfestivals, zu sponsern und lediglich mit Brauereilogos in Form von Fahnen sowie Bannern und Ausschankständen zu „dekorieren", genügt nicht. Diese visuelle Form von „Marke machen" bzw. „Marke vor Ort zeigen" reicht bei weitem nicht mehr aus, um nachhaltig in die Köpfe der Besucher zu gelangen. Dies galt es, mit der Studie zu beweisen. Umso erfreulicher ist das Ergebnis, denn es zeigt auf, dass – trotz der durch die UEFA äußerst eingeschränkten Werbemöglichkeiten vor Ort – die Marke Bitburger von den Besuchern des Public Viewings eindeutig identifiziert wurde und positive Emotionen in Erinnerung blieben.

Dennoch löst die Durchführung der Studie nicht ganz die Fragestellung nach der Berechenbarkeit und Messbarkeit von Events mit Hilfe von tiefenpsychologischen Instrumenten. Es ergeben sich noch weitere Fragen hinsichtlich dessen, was bzw. wie gemessen werden soll. Hier lautet unsere These, dass vielleicht nicht nur – wie in der Vergangenheit oft geschehen – „share of spending" und „share of voice" gemessen werden müssen, sondern auch der „share of heart". Somit wäre eine Zielsetzung bzw. möglicherweise eine neue Währung des Event- und Erlebnismarketings zum Beispiel die Erfindung und Messbarkeit des „share of heart".

> Der „share of heart" wäre der Wert oder die Währung, die wirklich trifft, dass heißt im impliziten, unterbewussten System der Menschen wirkt.

Das positivste Ergebnis der Währung „share of heart" wäre, bereits bestehende Kunden noch enger an die Marke zu binden und damit eine Art „Absatz-Garantie" zu erzeugen. Darüber hinaus werden bei Events Verfassungen von Menschen berührt, die bisher noch nicht vom „share of heart" angesprochen wurden. Gelingt es, mit Hilfe des „share of heart" neue Kunden zu gewinnen, wäre dies ebenfalls absatz- bzw. umsatzrelevant und somit existenzsichernd.

16.1   Events im Raster von Strategie, Organisation und Briefing

Eventmarketing sollte nach unserer Auffassung eine eigenständige Disziplin im Sinne einer Abteilung und/oder einer Position innerhalb eines Unternehmens sein, die nicht nur die Umsetzung von Events umfasst, sondern auch die professionelle Vor- und Nacharbeit. Dazu gehört das Entwickeln von großen, starken Bildern mit tiefenpsychologischem Ansatz, die in den Gefühlsstrukturen und dem Unbewussten vom Menschen verankert werden können. Events unterliegen einem systematischen Planungsprozess. Dieser Planungsprozess umfasst Situationsanalyse, Ziele, Strategien, Maßnahmen sowie Kontrollfaktoren. Innerhalb einer Unternehmensorganisation arbeitet Eventmarketing abteilungs- bzw. bereichsübergreifend. Die eigenständige, professionelle Bearbeitung von Eventmarketing stellt eine strategische Entscheidung innerhalb eines Unternehmens dar. Sie muss dementsprechend in der Organisation und somit im Organigramm wiederzufinden sein. Desweiteren gehört ein professionelles Eventmanagement im Sinne von operativer Umsetzung mit dazu.

Eventmarketing als Teil der Unternehmensstrategie

Wachstumsdruck bzw. kurzfristig zu erbringende Absatzerfolge stehen vielfach im Widerspruch zu Planungs- und Veränderungsprozessen, die in der Regel über eine langfristig angelegte Strategie verfolgt werden. In der heutigen Zeit kommt es oft zu Kurzfristmaßnahmen, um möglichst schnell Erfolge zu erzielen. Quartalsergebnisse, die immer wieder dazu genutzt werden, kurzfristig vom eigentlichen Plan abzuweichen. Dem gegenüber steht die langfristig angelegte Strategie. Diese Strategie zu entwickeln, zu kommunizieren und umzusetzen, erfordert in der Regel einen gewissen Zeitraum. Dies gilt insbesondere für den Einsatz und die Umsetzung von Eventmarketing.

Die Festlegung und Implementierung einer Unternehmensstrategie stellt eine besondere Herausforderung für jede Unternehmensleitung dar. Eine Strategie ist in der Regel so angelegt, dass sie den Unternehmenserfolg sowohl in aktuellen als auch in zukünftigen Marktsituationen sichert bzw. den Erfolg weiter ausbauen soll. Mit der entsprechenden Kommunikation der Unternehmensstrategie an die Mitarbeiter kann die Strategie eine Art „roter Faden" sein, an der sich Mitarbeiter orientieren können.

Eventmarketing als Bestandteil der Unternehmensstrategie sollte deshalb intern genauso kommuniziert werden. Dabei sollte u. a. auf die abteilungsübergreifende Tätigkeit eingegangen werden. Mit dieser Art „Vorschuss" wird die Projektarbeit des Eventmarketings innerhalb des Unternehmens wesentlich erleichtert und vor allem ein effizientes Arbeiten ermöglicht.

Aus unserer Sicht haben die Umsetzung einer Strategie für das Unternehmen und die Umsetzung von Eventmarketing eine wesentliche Gemeinsamkeit: Wenn Eventmarketing kein Selbstzweck sein soll, muss es im Kontext des gesamten Unternehmens und somit

Es kommt auf jedes Detail an!

auch mit Bezug auf die Organisationsstruktur betrachtet werden.

„Ursache, Wirkung und Berücksichtigung von Events im Unternehmen!"

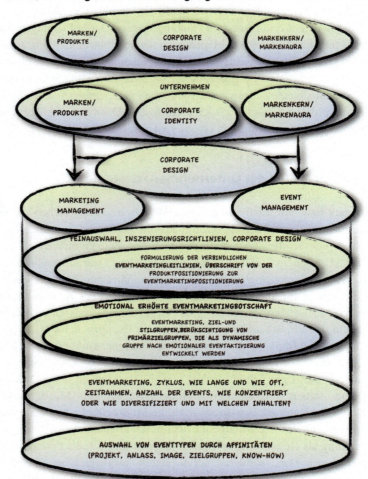

Abb. 16.1 Ursache, Wirkung und Berücksichtigung von Events im Unternehmen

Welche Ziele verfolgt die Event-Maßnahme? Welche Zielgruppe bedient sie innerhalb und außerhalb des Unternehmens? (Abb. 16.1) – Oftmals – und das sollte eine wesentliche Zielvorgabe für Eventmarketing sein – betrifft die Maßnahme den Vertrieb. In jedem Falle sollte die PR-Abteilung in Kenntnis gesetzt werden. Übergibt man den Event-Planungsprozess sowie die Umsetzung einzig und allein dem Vertrieb, übersteigt das häufig dessen Kompetenz und Aufgabengebiet. Die Gefahr, dass Corporate-Identity-Standards nicht mehr eingehalten werden, ist groß. Überlässt man die Zielvorgaben nur der Marketing- und Kommunikationsabteilung, wird man in der Regel ein einwandfreies Erscheinungsbild im Sinne der Corporate Identity erhalten, aber es kann passieren, dass andere Kennzahlen für den Erfolg der Maßnahme geplant werden als die, die beispielsweise der Vertrieb benötigt bzw. erreichen soll. Ebenso ist die Umsetzung von Eventmarketing innerhalb der PR-Abteilung nicht zu empfehlen, da dort nur ein Teil von Eventmarketing – nämlich die Kommunikation der Maßnahme – zu bearbeiten ist. Eventmarketing – strategisches Eventmarketing – ist deutlich mehr. An dieser Stelle tritt in vielen Fällen ein erstes, organisationsinternes Dilemma auf, das sowohl in kleinen, als auch in sehr großen Unternehmen vorkommen kann.

16.2   Ein Wirtschaftskongress im Umfeld einer Hochschule

Hochschulgelände in Iserlohn. Im Jahr 2005 initiierten Studenten einer privaten Hochschule mit Unterstützung der damaligen Hochschulleitung erstmalig auf dem Gelände der privaten Hochschule in Iserlohn einen Wirtschaftskongress. Zielsetzung der Studenten war es, das Marketing der noch recht jungen Hochschule zu unterstützen und mit Hilfe des Kongresses die Bekanntheit der Hochschule zu steigern. Dazu wurden aktuelle Themen entwickelt und international bekannte Redner eingeladen. Lange Zeit liefen allerdings die Hochschulkommunikation und die Kongressumsetzung nebeneinander her. Die Zugkraft von Rednern wie z. B. Bill Clinton konnte so nicht optimal genutzt werden.

Im Jahr 2009 wurde die strategische Ausrichtung der Hochschule überarbeitet und das Hochschulmarketing unter den Stichworten „Studium – Praxis – Internationalität" neu aufgesetzt. Die Umsetzung des Wirtschaftskongresses durch die Hochschulstudenten wurde ein Bestandteil der integrierten Hochschulkommunikation. Zugleich präsentierte sich die Hochschule als offizieller Partner des sogenannten Campus Symposiums. Darüber hinaus erfolgte eine Aufgabenteilung in den Bereichen Kommunikation und Öffentlichkeitsarbeit. Auf Hochschulseite wurden flankierende Maßnahmen rund um den Wirtschaftskongress übernommen, wie z. B. die Zusammenarbeit mit der regionalen Presse, wenn es beispielsweise um Sonderbeilagen ging. Zudem rückten Meet & Greets für besondere Gäste der Hochschule in den Vordergrund und wurden mit entsprechendem zeitlichen Vorlauf geplant. Weitere Hochschulmedien wie das Print-Magazin, die Radiostation und der TV-Bereich wurden kontaktiert und involviert. Außerdem informierten beide Seiten jeweils über den aktuellen Stand des Projekts auf ihren Homepages.

In Abstimmung mit dem studentischen Team wurde ein Zeitplan für die entsprechende PR- und Kommunikationsarbeit erstellt, und es wurde jeweils detailliert abgestimmt, welche Medien, zu welcher Zeit und von welcher Seite die jeweiligen Informationen erhalten würden.

Durch die Festlegung dieser Abläufe konnte sich das studentische Organisationsteam, in dem viele Mitglieder das erste Mal Teilbereiche einer Event-Organisation übernommen hatten, auf den wesentlichen Teil der Arbeit – nämlich der Vorbereitung und Umsetzung des Kongresses – konzentrieren. Denn für diesen Kongress wurde eigens eine eigene Zeltstadt auf dem Parkplatz des Hochschulgeländes errichtet (Abb. 16.2, 16.3, und 16.4).

Abb. 16.2 Zeltstadt Campus Symposium/Wirtschaftskongress im Umfeld einer Hochschule (Quelle: Campus Symposium GmbH, Iserlohn)

Abb. 16.3 Zeltstadt Campus Symposium Innenansicht I (Quelle: Campus Symposium GmbH, Iserlohn)

Abb. 16.4 Zeltstadt Campus Symposium Innenansicht II (Quelle: Campus Symposium GmbH, Iserlohn)

Für die Hochschule bestand darüber hinaus die Möglichkeit, die außergewöhnliche Praxiserfahrung ihrer Studenten, die sie neben dem Studium erwarben, entsprechend herauszustellen und damit u. a. ihr Image zu stärken, eine klare Positionierung zu erlangen und natürlich den Vertrieb auszubauen. Dem Campus Symposium gelang es, Redner wie Al Gore, Tony Blair, Kofi Annan, Lech Walesa und eine Vielzahl von Unternehmensvorständen aus dem In- und Ausland als Redner zu gewinnen und nach Iserlohn zu holen.

Ergebnisse dieser integrierten Kommunikation aus Sicht der Hochschule:

- Lob und Anerkennung für die überaus professionelle Leistung der Studenten von Kongressteilnehmern, der Presse und von Sponsoren.
- Die Projektleiterin des Campus Symposiums 2009 und 2010 wurde zur Event-Managerin des Jahres 2011 gekürt.
- Des Weiteren wurde dem Campus Symposium ein Sonderpreis für besondere Projekte INA im Rahmen der Best of Events in Dortmund verliehen (Internationaler Nachwuchs Event Award).
- Sehr hohe Medienwerte und Reichweiten vor, während und nach der Veranstaltung.
- Ausweitung der Hochschulbekanntheit, weit über die Region hinaus, die sich unter anderem bei Informationstagen und an „Tagen der offenen Tür" zeigte.
- Anstieg der Interessentenzahlen und letztendlich auch deutliche Steigerung der Studierendenzahlen an der privaten Hochschule.

16.3   Kein Nebenjob – Eventmarketing

Wenn Eventmarketing wirklich erfolgreich sein soll, dann kann diese Aufgabe nicht kurzfristig und schon gar nicht durch bestehende Mitarbeiter „by the way" organisiert werden. Eventmarketing-Manager besitzen schon seit Jahren ein eigenes Berufsbild und werden heute in vielfältigen Lehrgängen bis hin zu eigenen Studiengängen ausgebildet. Es müssen belastbare, detailgenau arbeitende Projektmanager sein, die in hohem Maße Kommunikationsfähigkeiten nach innen und nach außen hin besitzen. Hinzu kommen konzeptionelle und planerische Fähigkeiten sowie die Event-Kontrolle. Um diesen Anforderungen gerecht zu werden, muss der Event-Manager zeitlich sehr flexibel sein. Kurz gesagt:

> Eventmanager sollten „Multi-Tasking" fähig sein.

Eventmarketing als Beruf kommt einer „Berufung" recht nahe. Veranstaltungen finden fast immer dann statt, wenn andere Menschen, Verwandte oder Freunde Freizeit haben. Darüber hinaus muss sich der Eventmanager immer auch ein Bild von der Umsetzung vor Ort machen. Das bedeutet hohe zeitliche Flexibilität verbunden mit vielen Reisen – ebenfalls wichtige Kriterien für das Stellenprofil des Eventmarketing-Managers.

Events zu organisieren ist vor allem eines: sehr komplex. Nur wenige Unternehmen haben im Übrigen für diese komplexe Arbeitsaufgabe ein entsprechend variables bzw. angepasstes Vergütungssystem.

Die Weitergabe eines Eventprojekts beispielsweise an einen Produktmanager, der eher zahlenorientiert arbeitet, kann schon ein erster Schritt für den Misserfolg von Eventmarketing sein. Gleiches gilt, wenn eine Eventmaßnahme „mal eben so" an das Messeteam oder nebenbei an die PR-Abteilung weitergegeben wird. Keine Frage, Messeorganisation ist ebenfalls komplex. Allerdings folgt sie nach einem gewissen Zeitraum einer bestimmten Routine, weil sich Messestadt, Messehalle und Messestand in der Regel nicht ändern.

Eventmarketing hingegen erfindet sich immer wieder neu – muss sich immer wieder neu erfinden. Das können Event-Inhalte sein, aber vor allem sind es die sich ändernden Event-Orte. Jede Veränderung des Event-Ortes führt u. a. zu Konsequenzen für den Zugang zum Event, der Sicherheit oder der Event-Logistik. Das bedeutet, dass die Grundabläufe in der Event-Planung und die Einbindung von verschiedenen, internen und externen Dienstleistern zwar bestehen bleiben, aber aufgrund der Anforderung des jeweiligen Event-Ortes neue Prioritäten erhalten.

Es ist ein Unterschied, ob eine Kundenbindungsmaßnahme in einer Stadthalle oder beispielsweise auf der freien Wiese stattfindet. Rein aus organisatorischer Betrachtung heraus benötigen beide Locations z. B. Tische, Stühle, einen Empfang, Strom, Sicherheitskonzepte etc. In der Stadthalle sind 90 Prozent dieser Dinge vorzufinden bzw. durch bestimme Erfahrungen verhältnismäßig leicht abzuarbeiten. Bei der Durchführung eines Events auf der freien Wiese ist die erste Überlegung: Was passiert, wenn es regnet? Zelt bereitstellen –

ja oder nein? Mit der Entscheidung für oder gegen ein Zelt ergeben sich bestimmte Anforderungen an die Strom- und Wasserversorgung. Auf dem Arbeitsbogen bzw. der To-do-Liste des Eventmarketings lauten die Arbeitspunkte: Strom und Wasser. Beides muss organisiert werden und funktionsfähig zu einem fixen Zeitpunkt bereitstehen. Ein weiterer Punkt wird der Untergrund/Boden sein. Dieser muss ggf. gefestigt werden, damit ein Zeltboden verlegt oder eine Bühne aufgebaut werden kann.

Für einen Eventmanager ist es daher fast zwangsläufig notwendig, in Abläufen bzw. in Konsequenzen zu denken und zu handeln. Selbst ein so unscheinbar wirkendes Detail wie ein Aschenbecher zieht gewisse Konsequenzen nach sich. Steht er auf dem Tisch, sollte er jederzeit von der zuständigen Serviceperson mit im Auge behalten werden. Der Servicemitarbeiter sollte während des Events in der Lage sein, den Aschenbecher zeitnah abzuräumen und zu säubern sowie einen Ersatzaschenbecher einsetzen können. Das bedeutet wiederum, dass es eine Servicestation geben sollte, die nicht allzu weit weg ist, um Ersatzaschenbecher zu lagern bzw. benutzte Aschenbecher zu reinigen.

Gut, jetzt wird der eine oder andere von Ihnen sagen: „Rauchen ist out und findet in geschlossen Räumlichkeiten ohnehin nicht mehr statt. Dann hat sich das Thema mit den Aschenbechern auf dem Tisch erledigt." Ja, das stimmt! Dafür existieren heute Raucherzonen, draußen vor der Tür. Stehen dann dort große Aschenbecher, reicht die Fläche für die Anzahl zu erwartender Raucher aus? Lasse ich als Veranstalter Raucher ungeschützt im wahrsten Sinne des Wortes „im Regen stehen"? Stelle ich als Veranstalter im Winter einen Heizpilz für die Raucher auf?

Für die Erfolgskontrolle sind diese „Kleinigkeiten" nicht ganz unbedeutend. Raucher sind ggf. Kunden des Unternehmens und deshalb Meinungsmacher. Wenn diese nicht in der Konzeption bzw. Planung berücksichtigt werden, ist ein negatives Feedback vorprogrammiert.

Fazit: Die Beherrschung von Projektmanagement bzw. die fehlerfreie Umsetzung von komplexen Abläufen, sowie die Bearbeitung von Details – in der Regel unter Zeitdruck – sind die wichtigsten Eigenschaften, die ein Eventmanager mitbringen sollte.

16.4   Eventmarketing bedeutet dienstleistungsorientierte, organisationsübergreifende Projektleitung

Wie bereits ausgeführt, gehört Eventmarketing aus unserer Sicht in den Bereich Marketing und stellt dort im Rahmen integrierter Kommunikation ein zentrales Element dar. Da Eventmarketing abteilungs- und bereichsübergreifend agiert, treffen früher oder später Marketing und Vertrieb aufeinander. In diesem Zusammenhang ergibt sich hier eine weitere – nicht unerhebliche – strategische Fragestellung: Ist die Trennung von Marketing und Vertrieb organisatorisch heute noch haltbar? Unserer Meinung nach muss die Antwort „nein" lauten. Gleichzeitig ist aber eine „einfache" Umorganisation bzw. Zusammenlegung der beiden Bereiche nicht der alleinige Schlüssel zum Glück. Die Organisation muss intern eine richtungsweisende Änderung im Detail vornehmen. So wie Eventmarketing kein Selbstzweck ist, genauso wenig sollten Marketing und Vertrieb unabhängig voneinander agieren.

Beispiel

Eine Marketing-Abteilung, die einen Imagewechsel via TV-Kampagne zu bearbeiten hat, wird in der Regel nicht erfolgsabhängig bezahlt. Der Imagewandel erfolgt aus strategischen Gesichtspunkten. Für den Vertrieb bedeutet dieser Wandel, dass er ihn zum einen selbst vollziehen und zum anderen möglichst parallel dem Kunden „verkaufen" muss. Außerdem muss im Hinterkopf behalten werden, dass im Vertrieb erfolgsabhängige Gehälter bezahlt werden. Ein Imagewandel führt zwangsläufig nicht sofort zu verbesserten Absätzen – gleichbedeutend mit beispielsweise Steigerungen der erfolgsabhängigen Variablen in der Vertriebsorganisation. Um also einen gemeinschaftlichen Wandel für das Unternehmen zu vollziehen, liegt es in der Regel im Bereich Marketing, neben dem Imagewandel auch die relevanten Verkaufsmaterialien neu aufzulegen, diese CI-gerecht zu gestalten und zeitnah zu produzieren, damit der Vertrieb sie den Kunden präsentieren kann. Aufgrund der jeweiligen Zuständigkeiten erbringt das Marketing hier quasi eine Art Dienstleistung für den Vertrieb.

Dennoch bricht an dieser Stelle nicht selten der klassische Konflikt zwischen Marketing und Vertrieb aus. Um diese Situation von vornherein ausschließen zu können, existiert ein Schlüssel-Element, das diesen Konflikt bei der Planung und Umsetzung einer Eventmarketing-Maßnahme erst gar nicht aufkommen lässt und zugleich dienstleistungsorientiert für alle Beteiligten eingesetzt werden kann. Denn der Erfolg von Eventmarketing liegt in der sorgfältigen Planung und Erstellung, und diese muss für alle beteiligten Abteilungen und Bereiche eines Unternehmens verständlich, nachvollziehbar und möglichst messbar sein.

Das „Zauberinstrument" ist das schriftlich fixierte Briefing für die Eventmaßnahme!

16.5   Messbarkeit im Event- und Erlebnismarketing

Die Messbarkeit des Erfolgs von Event- oder Erlebnismarketing z. B. über den Verkauf vor Ort ist sicherlich eine Größe, die genau beziffert werden kann. Die Erkenntnisse der tiefenpsychologischen Studie mit Blick auf eine nachhaltige Erinnerung sind mit Sicherheit hilfreich, jedoch in Bezug auf das Thema „Messbarkeit" qualitativ und nicht quantitativ. Zudem ist solch eine Studie sehr aufwändig und daher nicht optimal als Messinstrument geeignet.

Dennoch steht nach wie vor die Frage im Raum, wie man den Erfolg von Eventmarketing bewerten und messen kann. Nach wie vor steht dem Eventmarketing kein Tool zur Verfügung, das sich mit dem TKP (Tausender Kontaktpreis) vergleichen ließe. Wünschenswert wären möglichst ein, zwei oder vielleicht mehrere Werte. Um diese erhalten zu können, gilt es, noch einmal einen Blick in die Zusammenhänge von Strategie und Umsetzung zu werfen:

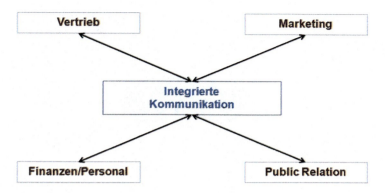

Abb. 16.5 Integrierte Kommunikation in der groben Unternehmensstruktur (eigene Darstellung)

Event- bzw. Erlebnismarketing-Maßnahmen im Sinne von integrierten Kommunikationskonzepten bedeuten eine strategische Nutzung und die Integration ausgewählter Kommunikationsinstrumente für bzw. rund um die Veranstaltung! Um dies zu realisieren ergeben sich zwei Dinge:

1. eine Zielvorgabe
2. eine Handlungsweise

Die Integrierte Kommunikation stellt die Zielvorgabe dar, ein vernetztes Denken steht für die Handlungsweise. Dies lässt sich sehr vereinfacht anhand von Abb. 16.5 veranschaulichen.

Jedes Unternehmen verfügt in seiner Grobstruktur über die Unternehmensbereiche Finanzen/Personal, Vertrieb, Public Relations und Marketing. Sie alle werden im Rahmen einer integrierten Kommunikation berücksichtigt, wenn es um die Umsetzung der Eventmaßnahme geht. Das setzt voraus, dass schon bei der Konzeption und der Erstellung des Briefings „vernetzt gedacht" wird (vgl. Abb. 16.6).

Die Herausforderung besteht darin, Zielsetzung, Zielmarkt, Zielgruppe, Markenpositionierung und die eigentliche Umsetzung, die durch eine interne und teilweise externe Bearbeitung erfolgt, bei der Event-Umsetzung in Einklang zu bringen. Die Berücksichtigung dieser Punkte ist wesentlich, wenn es um den Erfolg einer Eventmarketing-Maßnahme geht. Messbarkeit ist dabei ein wichtiges Stichwort beim Unterpunkt „Zielsetzung".

Mit Blick auf das Spinnennetz der integrierten Event-Kommunikation (vgl. Abb. 16.7) finden sich etliche Bereiche wieder, die – bei sorgfältiger Bearbeitung – Daten und Zahlen hergeben, die sich im Sinne von Messung des Erfolges nutzen lassen.

Dabei können der gezielte Einsatz von Sozialen Netzwerken, Microsites und Blogs eine entscheidende Rolle spielen. Denn diese dienen nicht nur als Kommunikationskanäle, sie bieten sich zudem als Messinstrumente an. Angefangen über Web-Analytics oder Google-Analytics, bei dem sich die Anzahl der Besucher einer Homepage, Microsite oder Blog beziffern lässt, über Likes und die Anzahl von Kommentaren und ergänzenden Posts bis hin zur

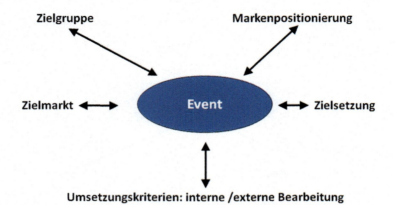

Abb. 16.6 Vernetztes Denken (eigene Darstellung)

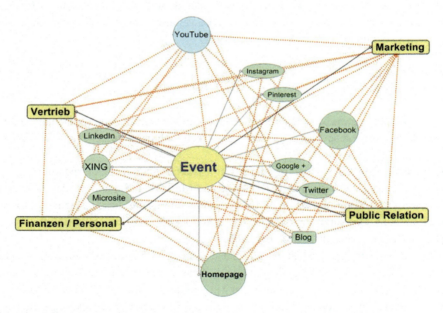

Abb. 16.7 Das nicht endende Spinnennetz der Kommunikation (eigene Darstellung)

Zahl der geteilten Inhalte. Darüber hinaus können Auswertung der Kommentarinhalte vorgenommen werden. Ein Ankündigungsvideo einer Erlebnismaßnahme in YouTube wird mit Likes genauso bewertet wie entsprechende Ankündigungs-Posts beispielsweise auf einer Fanpage in Facebook, Pinterest, Instagram und/oder Google+ – vorausgesetzt, es erfolgt ein redaktioneller Abstimmungsprozess, der im Vorfeld der Maßnahme konsequent genauso berücksichtigt wird, wie die PR-Maßnahmen vor, während und nach der Erlebnismarketing-

Maßnahme. Die Auswertung der Besucherzahlen auf der Homepage, in Anzahl der Likes der Fanpage, die Auswertung der Kommentare, die Statistiken der Besucher auf Stunden, Tages-, Wochen- und Monatsbasis ergeben messbare Kriterien, die sich zur Erfolgsmessung nutzen lassen. Social Media Marketing ist hier aber – ebenso wie die PR-Arbeit – eine parallel zu leistende Tätigkeit, die der Erlebnismarketing-Manager in der Regel nicht selbst noch „nebenher" leisten kann, sondern die von professionellen Projektmitarbeitern unterstützt wird.

Im Zusammenspiel mit der Messbarkeit vor Ort durch Befragung (Marktforschung), Anzahl Besucher, Ticketverkauf und Produktverkauf vor Ort eignen sich die Werte aus dem Social Media Marketing, um sie zur Erfolgsmessung mit einzubeziehen. Denn Social Media Marketing bietet neben der Kommunikation passende Tools, die für Monitoring, Effektivität und Controlling eingesetzt werden können. Im wahrsten Sinne des Wortes führt der Prozess der integrierten Erlebniskommunikation dazu, dass nicht nur vor Ort alle Sinne angesprochen werden können, sondern durch die zielgerichtete Einbindung sozialer Kommunikationskanäle eine Vernetzung entsteht, die nicht nur messbar wird, sondern zugleich auch eine Maßnahme zur Kundenbindung darstellen kann. Dieser skizzierte Prozess zeigt allerdings auch auf, dass hier professionelles Erlebnismarketing-Management auch auf professionelles Social Media Marketing Management zurückgreifen muss. Social Media Marketing bedeutet in diesem Fall die gezielte Kommunikation und Information vor, während und nach der Erlebnismaßnahme und benötigt, ebenso wie die PR-Maßnahmen, regelmäßige Redaktionssitzungen, um Inhalte, aber auch Reaktionen und Feedbacks aus den Sozialen Netzwerken bei der weiteren Umsetzung zu berücksichtigen.

Mit der strategischen Einbindung von Social Media Marketing lässt sich Erlebnismarketing konkret messen und könnte daher einen Weg darstellen, der anstelle des TKP gesetzt wird!

16.6   Das Briefing umfasst Konzept, Planung, Wirksamkeitsmessung und Erfolgskontrolle

Die Erstellung eines *Briefings* für eine Eventmarketing-Maßnahme stellt das zentrale Element für die erfolgreiche Umsetzung und die Erfolgskontrolle dar. Das Briefing fixiert in schriftlicher Form alle wesentlichen Inhalte der Eventmarketing-Maßnahme. Nur mit solch einem detaillierten Briefing, das im Vorfeld erstellt wurde, ist es möglich, ein sinnstiftendes Erlebnis zu gestalten, das zudem ergebnisorientiert im Sinnes des jeweiligen Unternehmens, der jeweilige Marke, gegenüber dem Konsumenten (B-to-C) oder dem Kunden (B-to-B) arbeiten kann.

Doch bereits bei der Erstellung des Briefings wird oftmals der Zeit- und Organisationsaufwand unterschätzt. Gleich zu Beginn des Briefings taucht nämlich eine wichtige Fragestellung auf: Wer erstellt das Briefing? Klare Antwort: der Projektleiter, der möglichst im Bereich Marketing angesiedelt sein sollte und somit Teil des Unternehmens ist.

Der *Projektleiter* ist dafür verantwortlich, das Briefing für die Event-Maßnahme schriftlich zu formulieren, das Gesamtprojekt anschließend zu steuern und entsprechende Abstimmungsmeetings zu koordinieren. Dabei ist zu berücksichtigen, dass das Briefing sowohl für externe als auch für interne Personen leicht verständlich ist und nachvollzogen werden kann. In der Regel ist das Briefing damit kein Zweizeiler mehr, sondern ein ausformuliertes Papier, aus dem hervorgeht,

- wer bzw. welches Unternehmen oder Produkt der Absender ist,
- welchem Zweck die Maßnahme dient,
- welche Zielgruppe anvisiert wird,
- welche Ergebnisse bzw. Zielsetzungen von der Maßnahme erwartet werden,
- wie der grobe Zeitplan aussieht und
- welches Budget zur Verfügung steht.

Die Erstellung des Briefings ist also von Beginn an das zentrale Element in der internen Kommunikation und später auch in der Zusammenarbeit mit Agenturen bzw. weiteren externen Dienstleistern. Damit Eventmarketing aufgrund des erstellten Briefings reibungslos abteilungsübergreifend arbeiten kann, muss es organisationsintern abgestimmt und schließlich gemeinschaftlich verabschiedet werden.

Integrierte Kommunikation bezieht sich somit nicht nur auf die Nutzung von externen Kommunikationstools, sondern auch auf die intern „betroffenen" Abteilungen wie z. B. Vertrieb, Finanzen, Marketing und PR. Im Zweifel ist die Geschäftsführung mit einzubinden. Nur mit dem Einverständnis und der verbindlichen Freigabe aller erwähnten Abteilungen und Bereiche kann gewährleistet werden, dass zum einen alle Beteiligten die Maßnahme unterstützen und zum anderen die Zielsetzungen von Eventmarketing gemeinschaftlich und erfolgreich erreicht werden können.

Durch die Erstellung und Freigabe eines Briefings entsteht quasi eine Art „Spielregel" für alle Mitarbeiter, unabhängig von Hierarchien und Dienstleistern. Werden diese Spielregeln aufgrund von kurzfristigen Änderungen – während der laufenden Projektarbeit – gebrochen, führt das in der Regel sehr schnell zu veränderten Abläufen, gleichbedeutend mit erhöhtem Aufwand, und es kommt automatisch zu Budgetüberschreitungen.

Übrigens, jeder Organisationsbereich kann und sollte bei der Erstellung des Briefings Anforderungen und Inhalte einbringen. Die Projektleitung hat die Aufgabe, diese Anforderungen zu bündeln und festzuhalten. Oftmals führen die Anforderungen zu Konsequenzen im Budget- und/oder Zeitrahmen. An dieser Stelle ist die Projektleitung gefordert, abzuwägen und mögliche Folgen aufzuzeigen. Allein die Einbindung von unterschiedlichen Abteilungen und/oder Mitarbeitern zeigt an dieser Stelle auf, dass innerhalb des Briefings ein Zeitrahmen unerlässlich ist und darüber hinaus ein erster grober Budgetrahmen fixiert werden sollte.

Dienstleistungsorientiertes Eventmarketing und gleichzeitig Projektleitung – steht das nicht im Widerspruch? Wir wissen aus der Praxis, dass das nicht so ist. Sicherlich stellt der skizzierte Prozess hohe Anforderungen an den Event-Manager. In der Tagesarbeit ist es daher umso wichtiger, dass Eventmarketing strategisch gewollt ist. Das heißt: von der Geschäftsführung implementiert, weil diese von der Wirksamkeit überzeugt ist und deshalb die Bereitschaft des Unternehmens besteht, sich auf Veränderungen und gegebenenfalls Neuerungen einzulassen, um nachhaltig unternehmerischen Erfolg sicherstellen bzw. schaffen zu können. Aufgrund dessen erfolgt nicht selten die organisatorische Einführung von Eventmarketing zunächst im Top-Down-Prinzip.

Hat Eventmarketing diese Berücksichtigung erfahren, dann beinhaltet das Briefing bereits die *Tools*, an denen der Erfolg von Eventmarketing gemessen werden soll. Das können beispielsweise

- Kennzahlen beim Absatz,
- neugewonnene Kunden,
- Markenbekanntheit,
- Medienpräsenz,
- Kundenbindung,
- Feedback auf Facebook etc.

sein. Entsprechend müssen Maßnahmen ergriffen werden, damit diese „klassischen" Kennzahlen oder Feedbacks erfasst und bewertet werden können.

Die Beauftragung von Medienausschnittsdiensten kann dabei ein Auftrag an die PR-Abteilung sein oder an eine externe Dienstleistungsfirma. Dieser Auftrag muss aber zeitlich so platziert werden, dass vor, während und nach der Eventmaßnahme „gemessen" werden kann.

Mit den skizzierten Briefing-Inhalten, der organisatorischen Einbindung von Abteilungen und/oder Dienstleistungsfirmen und einer professionellen Projektleitung besitzt Eventmarketing die Chance, am Ende ein Erfolgserlebnis zu werden bzw. zu sein. Denn nur eindeutige Vorgaben führen nachher auch zu eindeutigen Ergebnissen.

Als für die Marke Fanta der Imagewechsel durch eine Inline-Skate-Tour geplant und das Briefing erstellt wurde, beschloss bzw. fixierte man gleichzeitig, dass mit Abschluss der Maßnahme eine Marktforschung vor Ort zu budgetieren sei. Spezielle Fragenbogen wurden entwickelt und das erforderliche Budget bereitgestellt. Die Umsetzung erfolgte durch ein Marktforschungsinstitut mit Interviewern vor Ort. Dies wurde im dritten – und letzten – Jahr der Fanta Inline-Skate Tour realisiert. Die Ergebnisse wurden intern aufgearbeitet und gegenüber der gesamten Organisation in Form eines hochwertigen Flyers kommuniziert.

Ob es sich bei dem Briefing um Eventmarketing für B-to-B oder den B-to-C Bereich handelt, ist im Übrigen eher von geringerer Bedeutung. Mag sein, dass die B-to-C Bearbeitung ein wenig komplexer erscheint. Dafür ist im B-to-B Bereich die Kommunikation mit dem Kunden wesentlich intensiver und somit entscheidender.

Tab. 16.1 Event-Briefing-Leitfaden

Nr.	W-Fragen	Wesentliche Informationen	Details (optional)
1.	Wer?	Welche Firma, welches Produkt ist der Auftraggeber bzw. Absender der Maßnahme? Bei großen Unternehmen oder Konzernen sollte kurz auf die Unternehmensstruktur oder z. B. Produktzugehörigkeit eingegangen werden.	Hinweise auf Corporate Identity, Corporate Design
2.	Was?	Was für eine Aktivität soll durchgeführt werden?	emotional erhöhte Eventmarketing-Botschaft
		Aktuelle Produktpositionierung	
		Ziel- bzw. Stilgruppen, die angesprochen werden sollen	Angabe von bestimmten, bereits vorhandenen Event-Ideen/-Inhalten
		Kurze Beschreibung der Idee und Event-Typus	
		Abgrenzung zur Konkurrenz oder Konkurrenzprodukten	
3.	Wann?	Angabe des Zeitraumes der geplanten Maßnahme	Hinweis auf den Zeitplan für z. B. Kooperation mit weiteren Dienstleistern, Kommunikationspartnern (intern/extern) sowie anderen Firmen/Produkten
4.	Warum?	Detaillierte Hintergründe der Maßnahme	Hinweise auf die Konkurrenz
		Zielsetzungen, z. B. neue Produktpositionierung, andere Ziel-Stilgruppe	
		Messbarkeit/Erfolgskontrolle	
		Angabe der Instrumente zur Erfolgskontrolle	

Nr.			
5.	Wie?	eigeninitiiert, mit welchen Dienstleistern oder Kooperationspartnern soll umgesetzt werden	Wie lange, wie oft? Anzahl Events
		Angabe begleitender Kommunikationstools, mögliche Medienkooperationspartner	Grober Kommunikationsplan, z. B. PR, Einbindung soziale Netzwerke etc. Inszenierungsrichtlinien, Storyline, als Eventdramaturgie, Glaubwürdigkeit, Authenzität, Einzigartigkeit, Gruppenerlebnis
6.	Wo?	regional, national, international	Genaue Event-Orte, die angedacht sind
7.	Erwartung	Aufführen von Ergebnissen, die von dem externen Partner/ Agentur/Dienstleister nach Aussendung des Briefings erwartet werden. Dazu gehört ggf. auch ein Kostenvoranschlag.	
8.	Budget	vorgegeben oder in Abhängigkeit von Pitch-Ergebnissen	
9.	Zeitplan	Ab Aussendung des Briefings, Bearbeitung Briefing, Re-Briefing, Entwicklung Konzept, Präsentation Konzept, Entscheidungszeitraum für ein Konzept, Startpunkt Umsetzung	
10.	Verantwortung/ Projektverant-wortlicher	Angabe Name und Kontaktdaten des verantwortlichen Projektleiters	
11.	Anlagen		Corporate Identity Manual, Imagebroschüre, Flyer, Plakate o. ä.

16.7 Sechs offene Fragen und ihre zwingenden Antworten – das „W-Briefing"

Damit das Briefing in jeder Hinsicht dazu beitragen kann, sowohl eine perfekte Umsetzung als auch eine Erfolgskontrolle zu ermöglichen, müssen eine Vielzahl von „W-Fragen" detailliert vorab beantwortet werden. Die Antworten stellen dann den Briefing-Inhalt dar (siehe Tab. 16.1). Wobei an dieser Stelle gesagt werden kann, dass das englische Wort „brief" – übersetzt „kurz" – diesmal nicht wörtlich genommen werden sollte. Im Gegenteil! Je ausführlicher das Briefing, umso mehr erfährt der Außenstehende über die Beweggründe und ist in der Lage, punktgenaue Konzepte für die Realisierung zu liefern.

Je nach Unternehmensgröße und Projektumfang kann das Briefing mehrere Seiten umfassen. Ergänzend sollten bereits bestehende Verkaufsmaterialien hinzugefügt werden. Diese vermitteln einen ersten Eindruck über die Corporate Communication; darunter fällt zum Beispiel die Tonalität/Sprache rund um das Unternehmen/Produkt und die Corporate Identity (CI).

16.8 Messen: Eventmarketing – Vertriebstool oder Dienstleistung?

Im Messebereich gelten in puncto Kommunikation die gleichen Vorgaben, wie vorab schon für das Eventmarketing ausgeführt. Ob nun die Messe im B-to-B oder im B-to-C Bereich angesiedelt ist, spielt kaum eine Rolle. Entscheidend ist, dass jeweils eine entsprechende Kommunikation vorab stattfindet, die auf die Messe hinweist, den Kunden ggf. Terminreservierungen ermöglicht und dass natürlich eine entsprechende Nachbearbeitung der Messekontakte stattfindet. Dabei ist auch zu überlegen, welche Rolle die Messeanbieter in der Zukunft spielen. Abgesehen von der Erfindung von neuen Messethemen, die national und/oder international Bedeutung haben und zum Messebesuch führen, stellt sich auch die Frage, ob die heutigen Messegesellschaften lediglich Anbieter von Messeflächen sind oder ob sie nicht auch eine Dienstleistung in Richtung Kommunikation vor der jeweiligen Messe bieten. Dabei geht es nicht um die jeweilige Ankündigung via PR, sondern vielleicht wäre es aus Sicht der Messegesellschaften auch überlegenswert, beispielsweise mithilfe von Landingpages zu bestimmten Themen und Messethemen weitere Kommunikationsfelder zu eröffnen, um damit höhere Reichweiten zu erzielen und dazu beizutragen, dass beispielsweise mehr Messebesucher begrüßt werden können.

Bei der einen oder anderen Messe zeigt sich, dass das reine Vermieten von Messeflächen nicht mehr „state of the art" ist und dementsprechend eine Erweiterung der Dienstleistung hier und da zwingend notwendig erscheint. Auch hier geht es letztendlich um integrierte Kommunikationskonzepte, die eine Vielzahl von Vorteilen für die Messegesellschaft, die Aussteller und letztendlich auch für die Besucher haben können.

Kosten-/Nutzenrelationen

Das Briefing ist unserer Ansicht nach das wichtigste Element, um im Eventmarketing eine optimale Kosten-/Nutzenrelation zu gewährleisten. Denn nur, wenn vorher die wesentlichen Eventmaßnahmen und die entsprechenden Zielsetzungen festgelegt wurden, kann auch der Erfolg bemessen werden. Das eine oder andere Unternehmen vergibt gerne das Briefing an einen externen Dienstleister. Daraus ergibt sich zunächst ein scheinbarer Vorteil, weil das Unternehmen dem hausinternen Projektleiter die zeitaufwendige Arbeit bei der Erstellung des Briefings womöglich erspart. Die Agentur wird die Erstellung eines Briefings mit Blick auf den möglichen Auftrag sicherlich nicht ausschlagen wollen.

Doch sowohl aus Sicht des Unternehmens als auch aus Sicht der Agentur ist das eine falsche Überlegung und führt bei der Kosten-/Nutzenrelation in fast allen Fällen zu einem negativen Ergebnis. Warum?

Aus der Sicht des Unternehmens

Das Unternehmen kennt die Ausgangslage, die Anforderungen und Notwendigkeiten am besten, die berücksichtigt werden müssen, um ein Produkt zu verkaufen. Somit entsteht die Eventmarketing-Maßnahme vor allem dadurch, dass sich das Unternehmen/das Produkt entsprechend platziert und dies mithilfe von Eventmarketing kommuniziert wird. Damit sind in der Regel bestimmte Zielsetzungen verbunden, die aus Sicht des Unternehmens oder der Marke vertraulich sind. Diese Kenntnisse sowie die Unternehmensphilosophie können/sollten daher nur Mitarbeiter des Unternehmens haben. In der Regel besitzt bereits das Briefing eine hohe Vertraulichkeit. Gegenüber externen Parteien findet mit der Ausgabe des Briefings oft auch die Erstellung bzw. der Abschluss einer Vertraulichkeitsvereinbarung immer häufiger Anwendung. Sollte es aus organisatorischen Gründen unvermeidbar sein, das Eventprojektmanagement auszulagern, sollten von vornherein regelmäßige Abstimmungstermine fixiert werden.

Aus Sicht des Unternehmens ist es übrigens kaum von Vorteil, an einer bestimmten Stelle des Briefings die Agentur zu wechseln. Eine neue Agentur bedeutet neue Ansprechpartner, neuen Informationsaustausch und einen dementsprechenden Zeitaufwand, um alle Beteiligten wieder auf den gleichen Wissensstand zu bringen.

Aus Sicht der Agentur

Der Kunde „droht" mit Auftrag. Deshalb bietet man als Agentur selbstverständlich gerne den Service der Erstellung des Briefings mit an. Die Bereitstellung dieses Services verursacht auf Agenturseite bereits Kosten. Mit Blick auf den Gewinn des Eventmarketing-Etats ein kalkulatorisches Risiko. Zumal von außen nicht immer die strategischen und taktischen Planungen eines Unternehmens eingesehen werden können und daher die vollständige Erstellung des Briefings alleine durch die Agentur nicht möglich ist. Fallen dem Kunden bereits bei der Erstellung des Briefings z. B. immer wieder neue Umsetzungsideen ein, kann sehr schnell der ursprüngliche Zweck der Event-Maßnahme verloren gehen. Weil sie serviceorientiert denkt, wird die Agentur versuchen, viele Wege mitzugehen. Das

Risiko, dabei Zeit zu verlieren und fortlaufend Kosten durch die Abstellung eines Projekt-leiters zu produzieren, bleibt. Wenn der externe Dienstleister ehrlich zu sich selbst ist, kann er dem Kunden nur dann eine echte professionelle Hilfe sein, wenn der Kunde – sprich das Unternehmen – wirklich weiß, was es will und dies in Form eines Briefings schriftlich fixiert. Alles andere kann schnell zum Misserfolg führen.

16.9   Kurzfristigkeit – der Feind des Eventmarketings

Gewisse Abweichungen von den Planungen und Inhalten des professionellen Briefings können bei sorgfältig geplantem Vorlauf relativ kostenneutral bearbeitet werden. Kommt es aber zu kurzfristigen Änderungen unmittelbar vor der Event-Umsetzung, dann wird es kritisch. Sicherlich kann man im Event-Bereich sagen, dass mit einem entsprechenden Budget alles möglich ist. Getreu dem Motto: Geht nicht – gibt's nicht! Allerdings weiß jeder Mensch, dass dies – im wahrsten Sinne des Wortes – „seinen Preis" hat.

Kurzfristigkeit bedeutet in der Regel das Abweichen von einem Plan, der anhand des Briefings entstanden ist. Die Abweichungen stellen erhöhten Aufwand dar und führen zu höheren Kosten. Das gilt selbst für vermeintliche Kürzungen bzw. Streichungen von Eventbausteinen im laufenden Projekt. Mit dem Wegfall eines ursprünglich geplanten Eventmoduls werden ggf. Kosten eingespart. In der Regel muss es aber einen Ersatz dafür geben oder die Event-Dramaturgie muss konsequenterweise verändert werden. Dies wie-derum führt zu erheblichem Aufwand und Kosten in der Projektarbeit.

> **Fazit**
>
> Kurzfristigkeit führt sehr oft automatisch dazu, dass es bei der Erfolgskontrolle/Wirk-samkeitsmessung nur noch zu einem negativen Ergebnis kommen kann.

> **Beispiel**
>
> Im Rahmen einer Kundenbindungsmaßnahme wurde auf regionaler Ebene ein eigen-ständiger Event mit einem Abschlusskonzert konzipiert und entwickelt. Frühzeitig wurde ein Künstler engagiert, der unter bestimmten Rahmenbedingungen nur dieses eine Konzert in Deutschland gab. Somit war eine hohe Medienaufmerksamkeit für das Unternehmen/Produkt zu erwarten. Ungefähr acht Wochen vor dem geplanten Konzert kam es innerbetrieblich zu der Anforderung, die Gage des Künstlers zu verringern bzw. Mittel und Wege zur kurzfristigen Refinanzierung des Konzertes zu finden. Ein unter-schriebener Vertrag mit dem Künstler existierte bereits. Während der Nachverhandlungen ergaben sich Unstimmigkeiten. Der anvisierte Künstler sagte kurzfristig ab.
>
> Eine Absage des Abschlusskonzertes und somit des geplanten Events konnte aus Imagegründen nicht in Betracht gezogen werden. Kurzfristig musste ein anderer Künstler gefunden werden. Aufgrund des Zeitdrucks kamen nur noch Künstler in Frage, die bei weitem nicht die Popularität und Zugkraft der ursprünglich geplanten

Band hatten. Aufgrund der Kurzfristigkeit wurden höhere Gagenforderungen bei der Neuverpflichtung gestellt.

Ergebnis: Die kurzfristige Änderung des Eventkonzeptes führte letztendlich zu einer weniger anziehungsstarken Konzertveranstaltung zum Abschluss der Eventmarketing-Maßnahme. Die Medienberichterstattung fiel deutlich ab. Die Veranstaltung war nicht ausverkauft, und die Kosten für die Ersatzkünstler lagen am Ende nahezu auf dem gleichen Niveau, wie die Gage des ursprünglich geplanten Künstlers.

16.10 Zehn Regeln für die Strategische Event-Planung

1. Die Event-Planung sollte immer in die strategische Gesamtplanung eines Unternehmens oder einer Marke mit eingebunden sein und in Abhängigkeit mit den jeweils anvisierten Produktzielen und jeweiligen Zielgruppen geplant werden (B-to-B oder B-to-C).
2. Klare Formulierung der Zielsetzung, d. h. genaue Beantwortung der Frage: Was soll mit dem Event erreicht werden?
3. Abstimmung der vereinbarten Zielsetzung mit allen Ansprechpartnern innerhalb und außerhalb des Unternehmens in Form eines schriftlichen fixierten Briefings.
4. Eindeutige Zielgruppenansprache bei dem Events – möglichst keine Vermischung von Zielgruppen bzw. Ansprachen (B-to-B/B-to-C).
5. Zentrale Steuerung des Events (Projektleitung) mit entsprechender Handlungsvollmacht.
6. Fortlaufende Abstimmung mit internen und externen Fachabteilungen und Dienstleistern, um optimale Vorbereitung sowie entsprechende Kommunikation rund um die Veranstaltung gewährleisten zu können (z. B. PR-Kommunikation, Radio, Print, TV und Internet etc.).
7. Großzügiger Zeitrahmen bei der Konzeption und Umsetzung, um optimale Kosten-/Nutzen-Relation gewährleisten zu können.
8. Fortlaufende Überwachung durch Projektleitung während des gesamten Produktionsprozesse intern und extern und ggf. Korrekturen bei Detailplanungen.
9. Möglichst keine zusätzliche Einbindung von kurzfristig entwickelten Ideen in den geplanten Event, sofern die Idee nicht bereits Bestandteil im Rahmen des Briefings bzw. der Zielsetzung war.
10. Konzentriertes und sachliches Projektmanagement bis zum Start des jeweiligen Events ist erforderlich.

Die Einhaltung dieser Regeln ist in der Praxis nicht immer ganz einfach, da oftmals von vielen Seiten noch Ideen und Anregungen eingebracht werden. Aber im Rahmen der Umsetzung von Veranstaltungen hat sich gezeigt, dass nur die klare Fokussierung und Abarbeitung der vorher exakt formulierten Zielsetzungen zu einem Erfolg der jeweiligen Veranstaltung und somit zu einer optimalen Kosten-Nutzen-Relation führt.

Challenge today: Marketing- und Eventmarketing-Effizienz

17

Zusammenfassung

Die Einbindung des Internets und das Web-Monitoring rund um eine integrierte Event-Kommunikation bedeutet Erweiterung und zugleich Veränderung innerhalb der Organisation und bei den Abläufen – ein kurzer Einblick.

„Half the money I spend on advertising is wasted; the trouble is I don't know which half."

Dieses Zitat, das John Wanamaker (1838–1922) zugeschrieben wird, trieb Marketing-Mitarbeitern schon immer die Zornesröte ins Gesicht. Vielleicht war dieses Zitat der Anstoß, um den „Zahlenmenschen" in einem Unternehmen Beweise in Form von TKP, GPRs und Medienreichweiten liefern zu können? Die Recherche hierzu und die gewonnenen Erkenntnisse gäben genügend Stoff her, um ein weiteres Buch zu schreiben. Diesmal geht es nicht darum, was wirklich wirkt, sondern um Effizienz im Sinne von Organisation und Kosten.

Hier befindet sich Marketing, aber insbesondere Eventmarketing, in der Klemme. Wie in vorherigen Kapiteln bereits herausgestellt, lassen sich die alten „Währungen" für die Erfolgskontrolle von Eventmarketing nicht anwenden bzw. sie reichen nicht aus. Diese Feststellung bzw. These war schließlich eine der Hauptgründe dafür, die tiefenpsychologische Studie beim Public Viewing bei der EM 2008 in Auftrag zu geben. Umso mehr müssen also im Rahmen von integrierter Kommunikation rund um einen Event die PR-Evaluation, das Marketing-Controlling und vor allem das Web-Monitoring berücksichtigt und mit eingebunden werden.

In Zeiten von Kosten-/Nutzen-Relationen kommt kein Unternehmen um Effizienz herum. Dabei ist das Web-Monitoring allerdings nun ein sehr komplexes Element. Um es möglichst vollständig zu bedienen bzw. zu nutzen, wird es für alle Unternehmen in den nächsten Jahren zu Änderungen und Anpassungen im Bereich Kommunikation/Marketing kommen. Das bedeutet den auch in diesem Buch schon vielfach angesprochenen Umbruch. Ein Umbruch, der durch die Möglichkeiten, die das Internet bietet, zwangsläufig eingeleitet wird. Facebook – zunächst eine soziale Plattform für junge Leute, jetzt auf dem Weg zu

© Springer Fachmedien Wiesbaden 2017
J. Thinius, J. Untiedt, *Events – Erlebnismarketing für alle Sinne*,
DOI 10.1007/978-3-658-07135-6_17

einem weltweiten Kommunikationsraum für Privat-Menschen aller Altersgruppen und somit zugleich auch interessant für Unternehmen, die Produkte und Dienstleistungen anbieten – erzwingt es geradezu.

Alte Marketing- und PR-Strukturen müssen überdacht werden. Dabei handelt es sich im Moment um einen Übergang, in dem „alte" Marketing-Kommunikation und „neue" Marketing-Kommunikation miteinander zu verknüpfen sind. Obwohl das Web-Monitoring hilft, Marketing effizienter zu gestalten, taucht hier ein Widerspruch auf. Für das Web-Monitoring, die Bearbeitung von Sozial Media-Plattformen, müssen „neue Mitarbeiter" her. Es ist schon jetzt nicht mehr damit getan, solche Aufgaben als Teilaufgaben im Marketing, in der IT-Abteilung oder im PR-Bereich anzusiedeln. Was bedeutet dann Effizienz, wenn man dafür neue Mitarbeiter einstellen muss, zugleich aber in anderen Bereichen keine sofortigen Kosteneinsparungen realisieren kann?

Effiziente Kommunikation rund um Eventmarketing ist sehr komplex. Es wird zunächst nicht ohne eine gewisse Fokussierung gehen können. Denn mit dem Internet werden die Kommunikationsmöglichkeiten um ein mächtiges, arbeits- und zeitintensives Tool erweitert. Es muss im wahrsten Sinne des Wortes eine Vernetzung stattfinden, die auch als Spinnennetz der integrierten Event-Kommunikation bezeichnet werden kann (Abb. 17.1). Zugleich bleiben aber andere Abteilungen, wie beispielsweise die PR-Abteilung, erhalten. Die klassischen Medien spielen immer noch eine Rolle. Sie werden anders genutzt werden müssen, aber sie entfallen nicht gänzlich.

Die Zeit der reinen Image-Filme im TV läuft ab. Es geht hin in Richtung Ankündigung à la „Ab in den Urlaub.de". Das reicht aus, denn den Rest dazu findet man ausführlich im Internet unter der angegebenen Internetadresse.

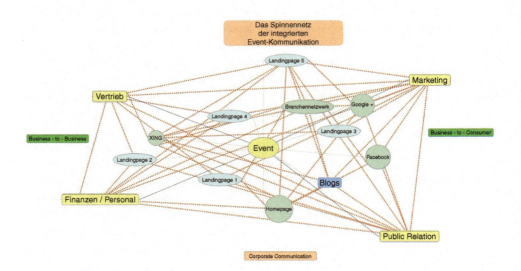

Abb. 17.1 Das Spinnennetz der integrierten Event-Kommunikation

Marketing-Effizienz bedeutet im Eventmarketing also nicht nur die Erstellung eines perfekten Briefings und die Einbeziehung bzw. Berücksichtigung der fünf Sinne. Die Eventmarketing-Maßnahme sollte schon in ihrem Titel Botschaften, Ausdrücke und/oder Inhalte liefern, die in den Suchmaschinen gefunden werden bzw. durch besondere Kampagnen wie Adwords etc. gleich unterfüttert werden. Und zwar möglichst schon weit vor dem Zeitpunkt des eigentlichen Events, um im Vorfeld mit Ankündigungen Bekanntheit zu schaffen und um beispielsweise auch einen Spannungsbogen im Sinne von Story-Telling aufbauen zu können.

Marketing-Effizienz – insbesondere Eventmarketing-Effizienz – muss aufgrund der angedeuteten Komplexität frühzeitig festlegen, welche Ergebnisse man erreichen will und welche Instrumente dafür genutzt werden sollen. In Sachen „Kosten" wirkt das Internet als Kommunikationsplattform zunächst „günstig". Betrachtet man die Abläufe und das „neue Wissen rund um das Internet", dann ergibt das neue Anforderungen, neue Stellen und somit neue Mitarbeiter und/oder neue Dienstleistungen, die miteingebunden werden müssen, um in dem „Ozean Internet" eine zielgruppenspezifische Ankündigungsmaßnahme effizient und professionell laufen lassen zu können.

Und all dies gehört dann zwangsläufig auch mit in ein Briefing, damit am Ende eine Erfolgskontrolle durchgeführt werden kann.

Bei aller Komplexität, die bei der Event-Umsetzung hinter den Kulissen stattfindet, bleibt ein kleiner Trost, eine Erkenntnis, die wir in diesem Buch immer wieder herausgestellt haben: Die virtuelle Welt ermöglicht zwar eine Vielzahl von zusätzlichen Kontakten, sie ersetzt aber nicht die Kommunikation des persönlichen Treffens. Events sind die perfekte Plattform, damit Menschen Anerkennung, Nähe, Liebe, Sinn und Gemeinschaft erleben. Zugleich können alle fünf Sinnesorgane angesprochen werden. So kann es eine Marke, ein Produkt, ein Unternehmen schaffen, nachhaltig in das Unbewusstsein des Menschen/Konsumenten/Prosumenten zu gelangen.

Nachhaltigkeit bedeutet, dass der Mensch aufgrund seiner Markenerkenntnisse bzw. Prägung bei der riesigen Auswahl an Produkten vor einem Verkaufsregal steht und eben nicht einfach nur nach dem Preis schaut, sondern zu der Marke greift, die ihn am meisten „beeindruckt" hat, positive Emotionen in ihm auslöste und somit ins Unbewusstsein gelangt ist. Die Marke, die das geschafft hat, wird den imaginären Kampf der Marken im Verkaufsregal gewinnen – sprich, der Konsument wird diese eine – seine – Marke gezielt auswählen. Dieser Verkaufsprozess lässt sich zum Glück wieder ganz genau messen, auch oder vielleicht sogar insbesondere rund um eine Event-Maßnahme!

Abschlussbetrachtung: Flux, Fluxus und Konsorten

Zusammenfassung

Wenn Ihnen viele oder alle sagen, dass Ihre Idee, Ihre Überlegungen, Ihre neuen Ansätze total blödsinnig sind, dann sind Sie auf dem richtigen Weg! Ob mit oder ohne flux-neuronales Marketing entscheiden Sie!

Wenn sich Künstler in ihren Arbeiten in einzelnen Momenten, Erlebnissen und Erwartungen durch das Exzessive im Arbeiten an sich selbst steigern, wirkt es auf den Betrachter absurd. Irgendwann ist dieser Steigerungsprozess zu Ende. Dann kippt das Ganze in eine überraschende neue Form – die Form des Unbekannten oder Divergenten. Erst wenn wir die Grenze zwischen nicht-absurd und absurd erkennen, sind wir in der Lage, unsere Welt und Umgebung freier, fantasiereicher, vielleicht auch freudvoller wahrzunehmen.

Wie schon gesagt, das Absurde und das Nicht-Absurde liegen nah beieinander. Es wird in stets wechselnden Formen, Ambivalenzen und Unwägbarkeiten sichtbar. Für das Erlebnismarketing heißt dies: Das, was absurd erscheint, kann zum Handlungsstrang oder zu einer neuen Konzeption zusätzlicher Wahrnehmungen werden. Damit können Events mit Realitäten anders als erwartet umgehen. Die Grenzen dafür sind genau die Grenzen dessen, was wir uns vorstellen können. Denn dort beginnen die Erlebnisräume aus Funktionalem und Fiktionalem ineinander überzugehen.

Vielleicht gibt es hier für das Erlebnismarketing die schon erwähnte neue Disziplin „Fic-Tellity", also die Mixtur aus Fiction und Story-Telling. Events würden damit einen übergeordneten oder ortlosen Raum erzeugen, in dem Wirklichkeiten absurd, fiktional/funktional gesteigert würden. Eventbühne wären damit die Räume oder die Orte, wo das Absurde eingefangen und sichtbar gemacht werden kann.

Unruhige, instabile, unvorhersehbare und unerwartete Dimensionen sind auf einer Eventbühne leichter zu ertragen. Ein weiterer Grund kann darin liegen, Absurdes über Events brauchbar zu machen, weil das Absurde noch immer den Spinnern zugeordnet wird und mit widersinnig, sinnlos oder unvernünftig gleichgesetzt wird. Genau das hat Marketing fast überflüssig und klassische Werbung zum Stagnieren gebracht, weil es dort wenig neuen Impetus gibt. Kurzatmiges Erfolgsdenken und der Glaube an quantitative

Statistiken hat Marketing fast obsolet gemacht, weil das Messen, Zählen und Wiegen in den unaufgeklärten Bereichen des Marketing noch nicht aus der Mode gekommen ist. Marketer orientieren sich heute besser bei Medizinern oder auf psychologischen Kongressen als auf dem Marketingtag.

Das „Panta Rhei" des neuen Marketing, des Erlebnismarketing, ist das „Flux" und damit die Kunst des Absurden. Fluxus, diese Kunstbewegung entstand in den 50er-Jahren. Führend war in Deutschland Wolf Vostell. Auf das Erlebnismarketing in der Zukunft übertragen heißt das nichts anderes als: das Fließende, Unkalkulierbare und das sich stetig Verändernde. Statt des Denkens in „Unique Stupid Propositions" oder Zielgruppen. Zielgruppen sind volatil, verändern sich laufend. Die Zielgruppendefinition von Swatch heißt: „Menschen von 8–80 Jahren".

Nach all diesen abschließenden kognitiven und fast philosophischen Betrachtungen ein operatives Fazit. Ein wichtiger Punkt für den Einsatz von integriertem Eventmarketing innerhalb von Unternehmen könnte sein, dass womöglich Organisations- und Ablaufprozesse geändert werden müssen. Doch welche Menschen, vor allem welche Mitarbeiter, mögen schon Veränderungsprozesse? Dass Veränderungsprozesse möglicherweise auch positive Veränderungen für Mitarbeiter bringen können, wird oftmals nicht kommuniziert und von Mitarbeitern auch oft gar nicht erst gesehen. Gleichzeitig verlangt das Unternehmen hundertprozentige Loyalität und Verlässlichkeit von seinen Mitarbeitern. Kommt es zur wirtschaftlichen Krise – wie in den letzten Jahren häufiger –, lässt sich oft beobachten, dass das Unternehmen die Loyalität, die es von seinen Mitarbeitern erwartet bzw. fordert, selbst nicht erbringt bzw. erbringen kann.

An dieser Stelle treffen wir auf ein wirtschaftspsychologisches Thema, dessen Ausführung hier zu weit führen würde. In Zukunft wird es jedoch für Unternehmen wichtig werden. Denn der Charakter eines Unternehmens – gleichbedeutend mit Authentizität und Glaubwürdigkeit – ist nicht nur ein entscheidendes Thema für Eventmarketing, sondern eben auch für die Mitarbeiter und deren Motivation. Vor allem, wenn es um den Wettbewerb von weniger jungen, qualifizierten Arbeitskräften geht. Die nachfolgenden Berufsgenerationen müssen ein Höchstmaß an intellektueller und geografischer Flexibilität mitbringen. Klar und deutlich ist zu sehen, dass in der heutigen Zeit ein Berufsanfänger seinen Job nicht lebenslang bei seinem ersten und somit einzigen Unternehmen ausüben wird. Deshalb entsteht eine sich öffnende Schere: die „Flexibilität" von Unternehmen, aufgrund von kurzfristig eintretenden Wirtschaftsereignissen Mitarbeiter freizusetzen, versus junge Mitarbeiter, die von vorherin wissen, dass sie Opfer der nächsten Wirtschaftskrise werden können. Insbesondere im Eventmarketing oder im Sponsoring werden derzeit recht schnell Budgetkürzungen vorgenommen, wenn Wirtschaftskrisen eintreten. Vor dem in diesem Buch aufgezeigten Hintergrund, was Eventmarketing alles kann, werden in manchen Unternehmen dennoch die Ausgaben für TV-Werbung nur marginal gekürzt, obwohl deren Wirksamkeit sehr in Frage gestellt werden muss.

Wie kann in so einem zu beobachtenden Zwiespalt ein Mitarbeiter Loyalität zum Unternehmen aufbauen? Ein junger Mitarbeiter scheint viel mehr darauf schauen zu müssen, wie und wodurch er sich in seiner beruflichen Tätigkeit stetig weiterqualifiziert, um im Fall der Fälle schnell wieder einen neuen Job zu finden. Das Prinzip von „Hire and Fire" aus den USA ist auf seine Art und Weise längst bei uns in Deutschland angekommen.

Sofern Eventmarketing nicht nur ein Ereignis, sondern ein integriertes Kommunikationsinstrument im Rahmen einer Gesamtmarketingkonzeption ist, wird der Wirkungsgrad mit dem Ziel einer dauerhaften emotional angelegten Markenpositionierung in Zukunft immer größer werden. Eine der ersten Kampagnen im Biermarkt dieser Art war Becks Bier 1997 mit der „Celebrity Tour". Die Botschaft und Identifikation waren: Freiheit und Abenteuer. Der Richtungsweiser: das Segelschiff „Alexander von Humboldt".

Nicht nur Konsummärkte werden sich in Richtung emotionaler Positionierung entwickeln, sondern auch Gebrauchsgüter und Dienstleistungsmärkte. Der Hintergrund sind Marktsättigung und intensiver Wettbewerb. Durch die Veranstaltungen und die Vermittlung von Erlebnissen im Rahmen eines Events können Produkte und Unternehmen ein eigenständiges Profil im Sinne einer Gesamt-Eventmarketingstrategie erreichen. Das Event ist hier oft nur Mittel zum Zweck. Empirische Studien haben in der jüngsten Vergangenheit gezeigt, dass positive Emotionen bei der Beurteilung von Produkt und Leistung kognitive Strukturen immer mehr überlagern.

Events sind häufig reine Auslöser für das Bedürfnis nach Kommunikation. Durch die Möglichkeiten der Interaktion und der aktiven Teilnahme an Handlungen im Rahmen von Events können Zielgruppen, das heißt Menschen, motiviert und damit andere, neue Gruppen überzeugt werden. Das Event kann möglicherweise komplett oder nach bestimmten Teilen ausgewählt rein medial in Kommunikationsmitteln erlebt werden.

Der Zugang zur Marke und die Möglichkeiten ihrer Mitgestaltung werden durch Interaktionen, durch das wechselseitige Hin und Her möglich. Darüber hinaus beinhalten eine Vielzahl von Definitionen des Eventmarketings auch, dass Eventmarketing

- Teil der Kommunikationspolitik des Unternehmens ist,
- zielgerichtet und erlebnisorientiert ist,
- die Präsentation von Produkten und Dienstleistungen beinhaltet und
- im Rahmen von öffentlichen Veranstaltungen dialogorientiert ist.

Hier ist insbesondere die Dialogorientierung gegenüber Kunden und/oder Geschäftspartnern gemeint, die ebenfalls Auslöser von emotionalen und physischen Reizen sowie interaktiver Prozesse ist.[1] Mit Blick auf den Begriff Erlebnismarketing ist das aber noch nicht alles. Was hier alles noch geschehen wird, kann im Augenblick noch nicht abschließend gesagt werden, weil sich die Strukturen des emotionalen Marketings auf Basis der neuesten Erkenntnisse der Neuropsychologie und Neurobiologie gerade erst entwickeln. Aber mit Blick auf die Zukunft könnte eine Definition für Erlebnismarketing wie folgt lauten:

---

[1] Vgl Weis 2007, S. 488.

▶ Erlebnismarketing ist eine zielgerichtete Kommunikationsform, die neuronale Wirkungen in Event-Konzepten berücksichtigt, in der Umsetzung alle fünf Sinne des Menschen bewusst anspricht, um emotionale und physische Reize auszulösen sowie nachhaltige Erinnerungen zu gestalten. Zudem findet rund um das Erlebnis die strategische Berücksichtigung bzw. Einbindung interaktiver Prozesse im Zeitalter von sozialen Netzwerken statt.

Aus unserer Sicht bietet diese Definition und Umsetzung von Erlebnismarketing optimale Chancen, um in das Unbewusstsein – in das implizite System des Menschen – zu gelangen. Dies wird zukünftig sowohl Anspruch als auch Herausforderung für Unternehmen und Produkte im Marketing, Eventmarketing und Erlebnismarketing sein. Kurz und knapp:

Eventmarketing 3.0, 4.0 oder 5.0 = Erlebnismarketing!

Literatur

Weis, Hans Christian. 2007. *Marketing*, Hrsg. Klaus Olfert. Herne: Kiehl NWB Verlag.

Literatur

Camus, A. 2009. *Der Mythos des Sisyphos,* 13. Aufl. Reinbek bei Hamburg.

Cateora, P. R., und J. L. Graham. 1999. *International marketing,* 10. Aufl. New York.

Damasio, A. R. 2007a. *Ich fühle, also bin ich. Die Entschlüsselung des Bewusstseins,* 7. Aufl. Berlin.

Damasio, A. R. 2007b. *Der Spinoza Effekt. Wie Gefühle unser Leben bestimmen*, 4. Aufl. Berlin.

Domizlaff, H. 2005. *Die Gewinnung des öffentlichen Vertrauens. Ein Lehrbuch der Markentechnik,* 7. Aufl. Wiesbaden.

Evans, J. R., und B. Berman. 1992. *Marketing*, 5. Aufl. New York.

Gabler Wirtschaftslexikon. http://wirtschaftslexikon.gabler.de/Archiv/8004/homo-oeconomicus-v9.html

Gerken, G. 1991. *Abschied vom Marketing. Interfusion statt Marketing*, 3. Aufl. Düsseldorf.

Grey. 2003. *Werkbuch M wie Marke,* Hrsg. Bernd M. Michael.

Jung, H., und von Matt, J.-R. 2002. *Momentum. Die Kraft, die Werbung heute braucht,* 3. Aufl. Passau.

Luhmann, N. 2006. *Einführung in die Systemtheorie,* 3. Aufl. Heidelberg.

Meffert, H. 1991. *Marketing,* 7. Aufl. Wiesbaden.

Schulze, G. 1995. *Die Erlebnisgesellschaft. Kultursoziologie der Gegenwart,* 5. Aufl. Frankfurt am Main, New York.

Schulze, G. 2000. *Die Erlebnisgesellschaft,* 8. Aufl. Frankfurt am Main.

Schulze, G. 2004. *Die beste aller Welten. Wohin bewegt sich die Gesellschaft im 21. Jahrhundert?* Frankfurt am Main.

Sloterdijk, P. 2007. *Der Ästhetische Imperativ,* 2. Aufl. Hamburg.

Traufetter, G. 2007. *Intuition – Die Weisheit der Gefühle.* Reinbek bei Hamburg.

Vester, F. 2006. *Denken, Lernen, Vergessen*, 31. Aufl. München.

von Föerster, H., und B. Pörksen. 2006. *Wahrheit ist die Erfindung des Lügners*, 7. Aufl. Heidelberg.

Weis, Hans Christian. 2007. *Marketing*. Herne.

Weiterführende Literatur

Ahler, D. 2005. Das Markenverständnis des brandsboards. Brandsboard mit Planung und Analyse. *Zeitschrift für Marktforschung und Marketing. Neue Ansätze in Markenforschung und Markenführung*. Frankfurt am Main.

Bartels, A., und S. Zeki. 2004. The Neural Zeki, correlates of maternal and romantic love. *Neuroimage*.

© Springer Fachmedien Wiesbaden 2017

J. Thinius, J. Untiedt, *Events – Erlebnismarketing für alle Sinne,*

DOI 10.1007/978-3-658-07135-6

Bauer, H., S. Exler, und N. Stockburger-Sauer. 2007. Die Rolle von Markenimages und Marken-commitment in Online-Brand-Communities – Eine empirische Untersuchung in der Fußball-Bundesliga. In *Psychologie der Markenführung*, Hrsg. A. Florack, M. Scarabis und E. Primosch. München.

Baumgartner, E. 2007. *Brand Communities als neue Markenwelten. Wie Unternehmen Marken-netzwerke initiieren, fördern und nutze*n. Heidelberg.

Bechara, A., H. Damasio, und A. R. Damasio. 2000. Emotion, decision making and the orbitofrontal cortex. *Cerebral Cortex* 10(3).

Bieri, P. 2011. *Wie wollen wir leben?* Salzburg.

Bleicher, J. K. 1999. *Fernsehen als Mythos. Poetik eines narrativen Erkenntnissystems.* Wiesbaden.

Blothner, D. 1999. *Erlebniswelt Kino. Über die unbewusste Wirkung des Films*, 2. Aufl. Bergisch Gladbach.

Brandmeyer, K. 2002. *Achtung Marke*. Hamburg.

Campbell, C. 1987. *The Romantic Ethic and the Spirit of Modern Consumerism.* Oxford.

Conrady, R. (2002a): Online-Marketing im Rahmen des strategischen Marketing-Management. In *Online-Marketing-Strategien*, Hrsg. R. Conrady, T. Jaspersen und W. Pepels. 60–84. Neuwied – Kriftel: Luchterhand-Verlag.

Deutsche Telekom AG, T-Com, Geschäftseinheit T-Online. 2006. Deutschland Online. Die Zukunft des Breitband-Internets. Bericht 2006. http://www.studie-deutschland-online.de/do4/DO4-Berichtsband_d.pdf. Zugegriffen am 20.09.2007.

Eco, U. 1984. Der Mythos von Superman. In *Apokalyptiker und Integrierte. Zur kritischen Kritik der Massenkultur*, Hrsg. U. Eco. Frankfurt am Main.

Erber, S. o. J. Eventmarketing. Erlebnisstrategien für Marken. http://books.google.de/books?id=-JRKPJu7wBfMC&pg=PA96&lpg=PA96&dq=eventmarketing&source=bl&ots=kiM91wYoJ4&sig=DmUKFJnBBQXVjoV72Xpvl-aigMs&hl=de&ei=btnzS6erLJvqmwPOouGpDQ&sa=X&oi=book_result&ct=result&resnum=9&ved=0CD4Q6AEwCA#v=onepage&q&f=false. Zugegriffen am 07.07.2010.

Ernst, H. 2003. Intuition. *Psychologie Heute* 3.

Esch, F.-R. 2007. *Strategie und Technik der Markenführung*, 4. überarb. u. erw. Aufl. München.

Esch, F.-R., P. Geus, J. Kernstock, und T. Brexendorf. 2006. Controlling des Corporate Brand Management. In *Corporate Brand Management. Marken als Anker strategischer Führung von Unternehmen,* Hrsg. F.-R. Esch, T. Tomczak, J. Kernstock und T. Langner, 2. Aufl. Wiesbaden.

Fuchs, W. 2008. Wie hirngerechte Marketing-Geschichten aussehen. In *Neuromarketing, Erkenntnisse der Hirnforschung für Markenführung.* Planegg/München.

Führer, B. 2005. *Werbung und Mythos. Grundlagen, Strategien, Praxis.* Saarbrücken.

Gerken, G. 1990. *Die fraktale Marke. Eine neue Intelligenz der Werbung.* Düsseldorf.

Görden, M., und H. C. Meiser. 1989. *Madonna trifft Herkules. Die alltägliche Macht der Mythen.* Frankfurt am Main.

Haderlein, A. 2006. *Marketing 2.0. Von der Masse zur Community. Fakten und Ausblicke zur neuen (Online-)Kommunikation.* Kelkheim.

Hartkemeyer, M., J. Hartkemeyer, und D. L. Freeman. 2005. *Miteinander Denken. Das Geheimnis des Dialogs,* 4. Aufl. Stuttgart.

Häusel, H.-G. 2005. *Think limbic. Die Macht des Unterbewussten verstehen und nutzen für Motivation, Marketing, Management.* München.

Häusel, H. 2007. *Neuromarketing. Erkenntnisse der Hirnforschung für die Markeneinführung, Werbung und Verkauf.* München.

Häusel, H. G. 2008. *Neuromarketing.* Planegg.

Horx, M., und P. Wippermann. 1995. *Markenkult: Wie Waren zu Ikonen werden.* Düsseldorf.

Kandel, E. R., und I. Kupfermann. 1996. Von den Nervenzellen zur Kognition. In *Neurowissenschaften: Eine Einführung,* Hrsg. E. R. Kandel, J. H. Schwartz und T. Jessel. Heidelberg.

Kenning, P., Hrsg. 2005. Neuronale Wirkungszentren der Marke. In *Neue Ansätze in Markenforschung und Markenführung.* Frankfurt am Main: brandsboard und planung & analyse.

Kern, H. 1999. Die Beziehung von Menschen und Marken. In *Marken Visionen,* Hrsg. P. Stegmaier. München/Köln/Kapstadt.

Kienitz, G. 2007. *Web 2.0. Der ultimative Guide für die neue Generation Internet.* Kempen.

Loewenstein, G., C. K. A. Hsee, und N. Velch. 2001. Risk as Feelings. *Psychological Bulletin* 127(2).

Maske, H. 2002. Online-Markenführung in der Praxis. In *Online Marketing Instrumente. Angebot/ Kommunikation, Distribution, Praxisbeispiele,* Hrsg. R. Conrady, T. Jaspersen und W. Pepels. Neuwied/Kriftel.

Mattenklott, A. 2007. Emotionale Bindung an Marken. In *Psychologie der Markenführung,* Hrsg. A. Florack, M. Scarabis und E. Primosch. München.

Maturana, H. R. 2000. *Biologie der Realität.* Frankfurt am Main.

Nickel, O. 2007. *Eventmarketing,* 2. Aufl. München.

o. V. 2008. *Ad Absurdum – Energien des Absurden von der klassischen Moderne bis zur Gegenwart.* Ausstellung, MARTa Herford/Städt. Galerie, Nordhorn, 18.4.–27.07.2008.

Paech, J. 2002. Intermedialität des Films. In *Moderne Filmtheorie. Eine Einführung,* Hrsg. J. Felix, 2. Aufl. Mainz.

Riekhof, H. 2001. *E-Branding-Strategien. Mit Fallstudien von Amazon, Dell, Eddie Bauer und Otto sowie Konzepten von Bosten Consulting, Elephant Seven, Grey, IFM, Scholz & Friends und Unykat.* Wiesbaden.

Rönnfeld, M. o. J. Konzeptioner gesucht: Erfolgreiche Events brauchen Strategie und Kreativität. http://www.public-relations-experts.de/index.cfm/Konzeptioner_gesucht:_Erfolgreiche_ Events_brauchen_Strategie_und_Kreativitaet/:var:site:content:coid:4130. Zugegriffen am 07.07.2010.

Salber, W., und C. Conrad. 2006. *Goethe zum Film, Morphologische Markt- und Medienpsychologie.* Bonn.

Scheier, C., und D. Held. 2007. Die Neuro-Logik erfolgreicher Markenkommunikation. In *Neuromarketing. Erkenntnisse der Hirnforschung für die Markenführung, Werbung und Verkauf,* Hrsg. H.-G. Häusel. München.

Scheier, C., und D. Held. 2008. *Was Marken erfolgreich macht. Neuropsychologie in der Markenführung.* München.

Schwarz, T. 2006. *Leitfaden Integrierte Kommunikation. Wie Web 2.0. das Marketing revolutioniert.* Waghäusel.

Simon, F. B. 2007. *Einführung in Systemtheorie und Konstruktivismus,* 2. Aufl. Heidelberg.

Sistenich, F. Eventmarketing. Ein innovatives Instrument zur Metakommunikation in Unternehmen. http://books.google.de/books?id=aFuP-oYFj44C&printsec=frontcover&dq=eventmarke-ting&source=bl&ots=f9jjEyORuX&sig=UxxTpvCOrv4Ooe2Hg1x9nwhx8yI&hl=de&ei=btnz-S6erLJvqmwPOouGpDQ&sa=X&oi=book_result&ct=result&resnum=3&ved=0CCsQ6AE-wAg#v=onepage&q&f=false. Zugegriffen am 07.07.2010.

Skarabis, M., A. Florack, und E. Primosch. 2007. *Psychologie der Markenführung.* München.

Sosis, R. Teure Rituale. Gehirn & Geist 1–2 (2005). http://www.gehirn-und-geist.de/artikel/838840. Zugegriffen am 07.07.2010.

Sträßer, A.-K. Eventmarkting. Neue Wege der Kommunikation. http://books.google.de/book-s?id=f9Yanc8emiEC&printsec=frontcover&dq=eventmarketing+neue+wege+der+kommunika-tion&source=bl&ots=AoXj_FFQa3&sig=49JZUIHnebmx_KqW3znEb2KGVIo&hl=

de&ei=IXA0TKPWBs7_OaHq3NwM&sa=X&oi=book_result&ct=result&resnum=1&-ved=0CBYQ6AEwAA#v=onepage&q&f=false. Zugegriffen am 07.07.2010.

Thinius, J. Designmanagement. http://www.thinius-partner.com. Zugegriffen am 20.05.2010.

Thinius, J. Die fluide und luzide Markenkommunikation. http://www.thinius-partner.com. Zugegriffen am 20.05.2010.

Thinius, J. Neuromarketing. http://www.thinius-partner.com. Zugegriffen am 20.05.2010.

Thinius, J. New Marketing. http://www.thinius-partner.com. Zugegriffen am 20.05.2010.

Thinius, J. Storytelling. http://www.thinius-partner.com. Zugegriffen am 20.05.2010.

Thinius, J. Unternehmenszukunft. http://www.thinius-partner.com. Zugegriffen am 20.05.2010.

Totz, C. 2005. *Interaktionsorientierte Markenführung. Bedeutung internetbasierter Formen der Kundeninteraktion für die Markenführung.* Dissertation, Westfälische Wilhelms-Universität, Münster.

Ullrich, M. 2008. *Haben wollen. Wie funktioniert die Konsumkultur?* Frankfurt am Main.

Untiedt, J. 2002. *Event-Marketing for a University: „Direct contacts as a tool to recruit students".* Master Thesis/MBA/Kassel International Management School GmbH.

Untiedt, J. 2008. *10 Strategische Event-Regeln.* Für IFAM AG, Düsseldorf.

Vester, F. 2007. *Die Kunst vernetzt zu denken*, 6. Aufl. München.

von Foerster, H. 2004. *Wissen und Gewissen, Versuch einer Brücke.* Frankfurt am Main.

Wuss, P. 2007. Filmanalyse und Psychologie, 2. Aufl. München.

Stichwortverzeichnis

© Springer Fachmedien Wiesbaden 2017
J. Thinius, J. Untiedt, Events – Erlebnismarketing für alle Sinne,
DOI 10.1007/978-3-658-07135-6

Ihr Bonus als Käufer dieses Buches

Als Käufer dieses Buches können Sie kostenlos das eBook zum Buch nutzen.
Sie können es dauerhaft in Ihrem persönlichen, digitalen Bücherregal
auf **springer.com** speichern oder auf Ihren PC/Tablet/eReader downloaden.

Gehen Sie bitte wie folgt vor:

1. Gehen Sie zu **springer.com/shop** und suchen Sie das vorliegende Buch
   (am schnellsten über die Eingabe der eISBN).
2. Legen Sie es in den Warenkorb und klicken Sie dann auf:
   zum Einkaufswagen/zur Kasse.
3. Geben Sie den untenstehenden Coupon ein. In der Bestellübersicht wird
   damit das eBook mit 0 Euro ausgewiesen, ist also kostenlos für Sie.
4. Gehen Sie weiter **zur Kasse** und schließen den Vorgang ab.
5. Sie können das eBook nun downloaden und auf einem Gerät Ihrer Wahl lesen.
   Das eBook bleibt dauerhaft in Ihrem digitalen Bücherregal gespeichert.

EBOOK INSIDE

eISBN   978-3-658-07135-6
Ihr persönlicher Coupon
t6rncGtyzqg5bE7

Sollte der Coupon fehlen oder nicht funktionieren, senden Sie uns bitte
eine E-Mail mit dem Betreff: **eBook inside** an **customerservice@springer.com**.

Printed by Printforce, the Netherlands